UNE BRÈVE HISTOIRE DE L'AVENIR

Jacques Attali

Une brève histoire de l'avenir

Fayard

ISBN : 978-2-213-63130-1

Alas ! It is delusion all :
The future cheats us from afar,
Nor can we be what we recall,
Nor dare we think on what we are

Hélas, tout est illusion :
L'avenir se moque de nous à distance,
Nous ne pouvons ni ressembler à nos souvenirs,
Ni oser nous accepter comme nous sommes.

LORD BYRON,
Stanzas for Music.

Aujourd'hui se décide ce que sera le monde en 2050 et se prépare ce qu'il sera en 2100. Selon la façon dont nous agirons, nos enfants et nos petits-enfants habiteront un monde vivable ou traverseront un enfer en nous haïssant. Pour leur laisser une planète fréquentable, il nous faut prendre la peine de penser l'avenir, de comprendre d'où il vient et comment agir sur lui. C'est possible : l'Histoire obéit à des lois qui permettent de la prévoir et de l'orienter.

La situation est simple : les forces du marché prennent en main la planète. Ultime expression du triomphe de l'individualisme, cette marche triomphante de l'argent explique l'essentiel des plus récents soubresauts de l'Histoire : pour l'accélérer, pour la refuser, pour la maîtriser.

Si cette évolution va à son terme, l'argent en finira avec tout ce qui peut lui nuire, y compris les États, qu'il détruira peu à peu, même les États-Unis d'Amérique. Devenu la loi unique du monde, le marché formera ce que je nommerai l'*hyperempire*, insaisissable et planétaire, créateur de richesses marchandes et d'aliénations nouvelles, de fortunes et de misères extrêmes ; la nature y sera mise en coupe réglée ; tout sera privé, y compris l'armée, la police et la justice. L'être humain sera alors harnaché de prothèses, avant de devenir lui-même un artefact, vendu en série à des consommateurs devenant eux-mêmes artefacts. Puis, l'homme, désormais inutile à ses propres créations, disparaîtra.

Si l'humanité recule devant cet avenir et interrompt la globalisation par la violence, avant même d'être libérée de ses aliénations antérieures, elle basculera dans une succession de barbaries régressives et de batailles dévastatrices, utilisant des armes aujourd'hui impensables, opposant États, groupements religieux, entités terroristes et pirates privés. Je nommerai cette guerre l'*hyperconflit*. Il pourrait lui aussi faire disparaître l'humanité.

Enfin, si la mondialisation peut être contenue sans être refusée, si le marché peut être circonscrit sans être aboli, si la démocratie peut devenir planétaire tout en restant concrète, si la domination d'un empire sur le monde peut cesser, alors s'ouvrira un nouvel infini de liberté, de responsabilité, de dignité, de dépassement, de respect de l'autre. C'est ce que je nommerai l'*hyperdémocratie*. Celle-ci conduira à l'installation d'un gouvernement mondial démocratique et d'un ensemble d'institutions locales et régionales. Elle permettra à chacun, par un emploi réinventé des fabuleuses potentialités des prochaines technologies, d'aller vers la gratuité et l'abondance, de profiter équitablement des bienfaits de l'imagination marchande, de préserver la liberté de ses propres excès comme de ses ennemis, de laisser aux générations à venir un environnement mieux protégé, de faire naître, à partir de toutes les sagesses du monde, de nouvelles façons de vivre et de créer ensemble.

On peut alors raconter l'histoire des cinquante prochaines années : avant 2035, prendra fin la domination de l'empire américain, provisoire comme celle de tous ses prédécesseurs ; puis déferleront l'une après l'autre trois vagues d'avenir : hyperempire, hyperconflit, puis hyperdémocratie. Deux vagues *a priori* mortelles. Une troisième *a priori* impossible.

Sans doute ces trois avenirs se mêleront-ils ; ils s'imbriquent déjà. Je crois en la victoire, vers 2060, de l'hyperdémocratie, forme supérieure d'organisation de l'humanité, expression ultime du moteur de l'Histoire : la liberté.

*
* *

Pour expliquer et étayer ce pronostic, j'entends raconter ici l'histoire de cet avenir.

Entreprise absurde, dira-t-on. Tant d'événements, tant d'individus peuvent en inverser le cours ! Et, de surcroît, si le fondement de l'Histoire est la conquête de la liberté individuelle, alors cette finalité même la rend imprévisible. Quelques exemples suffisent à s'en convaincre : si, en 1799, le général Bonaparte n'avait pas pris un tel ascendant sur ses contemporains, la Révolution française aurait pu immédiatement accoucher d'une république parlementaire, gagnant ainsi un siècle sur l'Histoire réelle. Si, en juin 1914, un assassin, à Sarajevo, avait raté sa cible, la Première Guerre mondiale ne se serait pas déclenchée, en tout cas pas de la même façon. Si, en juin 1941, Hitler n'avait pas envahi la Russie, il aurait pu, comme le général Franco, mourir au pouvoir et dans son lit ; si le Japon, la même année, avait attaqué la Russie au lieu des États-Unis, ceux-ci ne seraient peut-être pas entrés dans la guerre et n'auraient pas libéré l'Europe, comme ils n'ont ensuite jamais libéré ni l'Espagne ni la Pologne ; la France, l'Italie et le reste de l'Europe seraient ainsi peut-être restés sous la botte hitlérienne au moins jusqu'à la fin des années 1970. Enfin si, en 1984, le secrétaire général du parti communiste soviétique, Youri Andropov, n'était pas mort prématurément, et si le successeur de son successeur avait été, comme il était prévu, Grigori Romanov au lieu de Mikhaïl Gorbatchev, l'Union soviétique existerait probablement encore.

Absurde aussi de tenter de prévoir l'avenir, car toutes les réflexions à son sujet ne sont en général que des élucubrations sur le présent : ainsi, dès les premières sociétés humaines, les discours sur les temps futurs se résumaient à prédire un éternel retour des astres et des récoltes. Pour les prêtres et les augures, le monde ne pouvait survivre qu'en obtenant le retour de la pluie et du soleil ; un monde meilleur n'était possible que dans un au-delà cosmique, espace idéal, lui aussi stable, cyclique, dont l'avènement tenait plus au bon vouloir énigmatique des dieux qu'aux actions des hommes. Quand il devint clair que l'innovation pouvait améliorer la vie matérielle, intellectuelle et esthétique, apparurent, d'abord autour de la Méditerranée, quelques peuples déterminés à concevoir et mettre en œuvre un progrès terrestre. Ceux qui pensèrent ensuite l'avenir de la Terre (philosophes, artistes, juristes, puis savants, économistes, sociologues, romanciers, futurologues) le décrivirent encore, en général, comme le prolongement naïf de leur propre présent. Par exemple, à la fin du XVIe siècle, tous pronostiquaient que l'apparition en Europe des caractères mobiles de l'imprimerie ne ferait que renforcer les deux pouvoirs alors dominants, l'Église et l'Empire ; de même, à la fin du XVIIIe siècle, la majorité des analystes ne voyaient dans la machine à vapeur qu'une attraction de foire qui ne changerait rien au caractère agricole de l'économie ; de même encore, à la fin du XIXe siècle, l'électricité n'avait, pour l'essentiel des observateurs, qu'un seul avenir : permettre d'éclairer autrement les rues. Et si, au début du XXe siècle, certains prévoyaient l'apparition du sous-marin, de l'avion, du cinéma, de la radio, de la télévision, personne – pas même Jules Verne – ne pensait que cela pourrait venir modifier l'ordre géopolitique alors dominé par l'Empire britannique ; personne non plus *a fortiori* ne voyait venir le déclin de l'Europe, la montée du communisme, du fascisme et du nazisme ; encore moins la venue de l'art abstrait, du jazz, de l'arme nucléaire ou de la contraception. De même, à la fin du siècle dernier, beaucoup considéraient encore l'ordinateur personnel et Internet comme des curiosités de peu d'importance, et rares ceux qui imaginaient le mariage homosexuel. Enfin, récemment encore, très peu d'analystes ont vu venir le retour de l'islam au cœur de l'Histoire.

Aujourd'hui encore, la plupart des récits sur l'avenir ne sont que des extrapolations de tendances déjà à l'œuvre. Rares sont ceux qui se risquent à des prévisions décalées, à annoncer des bifurcations, des renversements, des changements de paradigme, en particulier en matière de mœurs, de culture ou d'idéologie. Moins encore à anticiper les crispations idéologiques qui pourraient ralentir ou même interdire ces profondes ruptures.

Et pourtant, dans le prochain demi-siècle, tout changera dans de multiples directions, qu'il est tout à fait possible de dessiner.

Après les avoir évoquées au début de cet avant-propos en quelques lignes, en voici un résumé en quelques pages.

Tout commencera par un bouleversement démographique. En 2050, sauf catastrophe majeure, 9,5 milliards d'êtres humains peupleront la Terre, soit 3 milliards de plus qu'aujourd'hui. L'espérance de vie dans les pays les plus riches approchera le siècle ; la natalité stagnera sans doute encore au voisinage du seuil de reproduction. En conséquence, l'humanité vieillira. On comptera 360 millions d'habitants de plus en Chine, 600 millions de plus en

Inde, 100 millions de plus au Nigeria et au Bangladesh, 80 de plus aux États-Unis, 9 de plus en France, 10 de moins en Allemagne et peut-être 30 de moins en Russie. Les deux tiers de la planète vivront dans des villes dont la population aura doublé, tout comme devrait doubler la quantité d'énergie et de produits agricoles consommés. Le nombre de gens en âge de travailler aura aussi doublé ; plus des deux tiers des enfants nés cette année-là vivront dans les vingt pays les plus pauvres.

Bien d'autres bouleversements auront lieu, qu'il est aussi possible de prévoir avec une certaine précision : à l'observer sur la très longue durée, l'Histoire s'écoule en effet dans une direction unique, entêtée, très particulière, qu'aucun soubresaut, même prolongé, n'a jusqu'à présent réussi à détourner durablement : *de siècle en siècle, l'humanité impose la primauté de la liberté individuelle sur toute autre valeur.* Elle le fait par le rejet progressif de la résignation à toute forme de servitude, par des progrès techniques permettant de réduire tout effort, par la libéralisation des mœurs, des systèmes politiques, de l'art et des idéologies. Autrement dit, l'histoire humaine est celle de l'émergence de la personne comme sujet de droit, autorisée à penser et à maîtriser son destin, libre de toute contrainte, si ce n'est le respect du droit de l'autre aux mêmes libertés.

Cette évolution, encore réservée aux plus riches, conduit à remettre en cause en permanence les pouvoirs en place et à faire naître de nouvelles puissances. En particulier, pour faire émerger cette primauté de l'individu sur la société, les peuples ont élaboré progressivement divers systèmes de répartition des biens rares. Pendant très longtemps, ils en ont laissé la charge au seul bon plaisir de chefs de guerre, de prêtres et de princes à la tête de royaumes et d'empires ; puis, une nouvelle classe dirigeante, plus vaste et plus mobile, celle des marchands, a imaginé deux nouveaux mécanismes – révolutionnaires – de partage des richesses : le marché et la démocratie. Apparus il y a près de trente siècles, ils se sont progressivement imposés ; ils façonnent désormais une part croissante de la réalité du monde et conditionnent l'avenir.

Progressivement, et malgré des réactions de plus en plus violentes, le marché a transformé, sur des territoires de plus en plus vastes, l'essentiel des services (l'alimentation, les vêtements, le loisir, le logement, le transport, la communication), rendus d'abord gratuitement – de bon gré ou sous la contrainte –, en services marchands ; puis il les a transformés en objets industriels produits en série, en véritables outils de l'autonomie individuelle.

Progressivement aussi, la liberté marchande a contribué à faire naître la liberté politique, d'abord pour une minorité, puis pour beaucoup, au moins formellement, sur des territoires de plus en plus vastes, remplaçant presque partout le pouvoir religieux et militaire. Au total, la dictature a laissé naître le marché, qui a engendré la démocratie. Ainsi se sont installées, à partir du XIIe siècle, les premières *démocraties de marché*.

Progressivement encore, leur espace géographique s'est étendu ; le cœur du pouvoir sur l'ensemble de ces démocraties de marché s'est peu à peu déplacé vers l'ouest : il est passé au XIIe siècle du Proche-Orient à la Méditerranée, puis à la mer du Nord, à l'océan Atlantique, et enfin, aujourd'hui, au Pacifique. *Neuf « cœurs »* se sont alors succédé : Bruges, Venise, Anvers, Gênes, Amsterdam, Londres, Boston, New York, et aujourd'hui Los Angeles. L'ensemble du monde, mis à part la Chine et le Moyen-Orient, est désormais partie prenante de cet Ordre marchand.

Progressivement toujours, la compétition a conduit à concentrer les pouvoirs sur les marchés et la démocratie – supposés être également accessibles à tous – en de nouvelles élites mouvantes, maîtres du capital et du savoir, creusant de nouvelles inégalités.

Si cette histoire multimillénaire se poursuit encore pendant un demi-siècle, le marché et la démocratie s'étendront partout où ils sont encore absents ; la croissance s'accélérera, le niveau de vie s'élèvera ; la dictature disparaîtra des pays où elle règne encore. Mais la précarité et la déloyauté deviendront les règles ; l'eau et l'énergie se feront plus rares, le climat sera mis en péril ; les inégalités et les frustrations s'aggraveront ; des conflits se multiplieront ; de grands mouvements de population s'amorceront.

Vers 2035, à la fin d'une très longue bataille, et au milieu d'une grave crise écologique, les États-Unis, empire encore dominant, seront vaincus par cette mondialisation des marchés, en particulier financiers, et par la puissance des entreprises, en particulier celles des compagnies d'assurances. Épuisés financièrement et politiquement, comme les autres empires avant eux, les États-Unis cesseront alors de gérer le monde. Ils resteront la puissance majeure de la planète ; ils ne seront pas remplacés par un autre empire ni par une autre nation dominante. Le monde deviendra, provisoirement, *polycentrique*, géré par une petite dizaine de puissances régionales.

Puis, vers 2050, le marché, par nature sans frontières, l'emportera sur la démocratie, institutionnellement circonscrite à un territoire. Les États s'affaibliront ; de nouvelles technologies nanométriques réduiront les consommations d'énergie et transformeront les ultimes services encore collectifs : la santé, l'éducation, la sécurité et la souveraineté ; de nouveaux objets de consommation majeurs apparaîtront, que je nomme des *surveilleurs*, permettant de mesurer et contrôler la conformité aux normes : chacun deviendra son propre médecin, professeur, contrôleur. L'économie sera de plus en plus économe en énergie et en eau. L'autosurveillance deviendra la forme extrême de la liberté et la peur de ne pas satisfaire à des normes en sera la limite. La transparence deviendra une obligation ; quiconque voudra ne pas faire connaître ses appartenances, ses mœurs, son état de santé ou son niveau de formation sera *a priori* suspect. L'accroissement de la durée de la vie donnera le pouvoir aux plus âgés, qui choisiront de s'endetter. Les États s'effaceront devant les entreprises et les villes. Des *hypernomades* dirigeront un empire hors sol, sans centre, ouvert : un *hyperempire*. Chacun n'y sera plus loyal qu'à lui-même ; les entreprises ne se reconnaîtront plus aucune nationalité ; les pauvres constitueront un marché parmi d'autres ; les lois seront remplacées par des contrats, la justice par l'arbitrage, la police par des mercenaires. De nouvelles diversités s'installeront ; des spectacles et des sports verront le jour pour distraire les sédentaires, pendant que des masses immenses de nomades de misère, les *infra-nomades,* bousculeront les frontières pour chercher de quoi survivre. Des compagnies d'assurances, devenues régulateurs du monde, y fixeront les normes auxquelles devront se plier les États, les entreprises et les particuliers. Des organismes privés de gouvernance veilleront, pour le compte de ces assureurs, au respect de ces normes. Les ressources se feront plus rares, les robots plus nombreux. Le temps, même le plus intime, sera presque entièrement occupé par l'usage de marchandises. Un jour même, chacun se verra proposer d'être autoréparé, puis de produire des prothèses de lui-même, enfin d'être cloné. L'homme deviendra alors artefact consommateur d'artefacts, cannibale mangeur d'objets cannibales, victime de maux nomades.

Tout cela n'ira naturellement pas sans de terribles secousses : bien avant la disparition de l'empire américain, bien avant que le climat ne devienne quasi insupportable, des populations se disputeront des territoires, d'innombrables guerres auront lieu ; nations, pirates, mercenaires, mafias, mouvements religieux se doteront d'armes nouvelles, instruments de surveillance, de dissuasion et de frappe utilisant les ressorts de l'électronique, de la génétique, des nanotechnologies. De plus, l'avènement de l'hyperempire conduira chacun à devenir le rival de tous. On se battra pour le pétrole, pour l'eau, pour conserver un territoire, pour le quitter, pour imposer une foi, pour en combattre une autre, pour détruire l'Occident, pour faire régner ses valeurs. Des dictatures militaires, confondant armées et polices, prendront le pouvoir. Une guerre plus meurtrière que les autres, un *hyperconflit* cristallisant tous les autres, éclatera peut-être, anéantissant l'humanité.

Vers 2060, au plus tôt – à moins que l'humanité ne disparaisse sous un déluge de bombes –, ni l'Empire américain, ni l'hyperempire, ni l'hyperconflit ne seront tolérables. De nouvelles forces, altruistes et universalistes, déjà à l'œuvre aujourd'hui, prendront le pouvoir mondialement, sous l'empire d'une nécessité écologique, éthique, économique, culturelle et politique. Elles se rebelleront contre les exigences de la surveillance, du narcissisme et des normes. Elles conduiront progressivement à un nouvel équilibre, cette fois planétaire, entre le marché et la démocratie : l'*hyperdémocratie*. Des institutions, mondiales et continentales, organiseront alors, grâce à de nouvelles technologies, la vie collective ; elles fixeront des limites à l'artefact marchand, à la modification de la vie et à la mise en valeur de la nature ; elles favoriseront la gratuité, la responsabilité, l'accès au savoir. Elles rendront possible la naissance d'une *intelligence universelle,* mettant en commun les capacités créatrices de tous les êtres humains, pour les dépasser. Une nouvelle économie, dite *relationnelle*, produisant des services sans chercher à en tirer profit, se développera en concurrence avec le marché avant d'y mettre fin, tout comme le marché mit un terme, il y a quelques siècles, au féodalisme.

En ces temps-là, moins éloignés qu'on ne le croit, le marché et la démocratie, au sens où nous les entendons aujourd'hui, seront devenus des concepts dépassés, des souvenirs vagues, aussi difficiles à comprendre que le sont aujourd'hui le cannibalisme ou les sacrifices humains.

*
* *

Comme tout résumé, ce qui précède pourrait paraître évidemment caricatural, péremptoire et arbitraire ; tout l'objet de ce livre est de montrer que telle est pourtant la figure la plus vraisemblable de l'avenir. Non pas celui que je souhaite : j'écris ce livre justement pour que l'avenir ne ressemble pas à ce que je crains qu'il soit, et pour aider au déploiement des formidables potentialités aujourd'hui à l'œuvre.

Mes lecteurs assidus y retrouveront l'approfondissement de thèses développées au fil d'essais et de romans précédents, dans lesquels j'annonçais – bien avant qu'on en parle couramment – le basculement géopolitique du monde vers le Pacifique, l'instabilité financière du capitalisme, les enjeux du climat, l'émergence des bulles financières, la fragilité du communisme, les menaces du terrorisme, le surgissement du nomadisme, l'avènement du téléphone portable, de l'ordinateur personnel, d'Internet et autres *objets nomades*, l'émergence du gratuit et du sur mesure, le rôle majeur de l'art, en particulier de la musique, dans la diversité du monde. Les plus attentifs de ces lecteurs y verront aussi certaines inflexions dans ma pensée : elle n'est, fort heureusement, pas descendue du Ciel toute formée.

Enfin, comme toute prédiction est d'abord discours sur le présent, cet essai est aussi un livre politique, dont chacun pourra, j'espère, faire le meilleur usage, au moment où s'annoncent tant d'échéances majeures, en France au moins autant qu'ailleurs.

1

Une très longue histoire

Pour comprendre ce que peut être l'avenir, il me faut raconter à grands traits l'histoire du passé. On verra qu'il est traversé par des invariants et qu'il existe comme une structure de l'Histoire permettant de prévoir l'organisation des décennies à venir.

Depuis les temps les plus reculés, tout groupe humain s'est organisé autour d'une richesse, d'une langue, d'un territoire, d'une philosophie, d'un chef. Trois pouvoirs ont toujours coexisté : le religieux, qui fixe le temps des prières, rythme la vie agricole et détermine l'accès à la vie future ; le militaire, qui organise la chasse, la défense et la conquête ; le marchand qui produit, finance et commercialise les fruits du travail. Chacun de ces pouvoirs maîtrise le temps en contrôlant les instruments de sa mesure : observatoires astronomiques, sabliers, horloges pointeuses.

Dans toutes les cosmogonies, trois dieux dominent tous les autres et mettent en scène cette trinité du pouvoir : les Latins les nomment Jupiter, Mars et Quirinus – dieux des dieux, de la guerre et de l'argent. En dessous, le royaume des hommes ordinaires. En dessous encore, un pouvoir différent traverse tous les autres et en prendra peut-être un jour la place : le féminin, qui maîtrise la reproduction des générations et la transmission du savoir.

Tour à tour, chacun des trois pouvoirs dominants (religieux, militaire et marchand) a contrôlé les richesses. On peut alors raconter l'histoire de l'humanité comme la succession de trois grands ordres politiques : l'*Ordre rituel,* où l'autorité est essentiellement religieuse ; l'*Ordre impérial,* où le pouvoir est avant tout militaire ; l'*Ordre marchand*, où le groupe dominant est celui qui contrôle l'économie. L'idéal du premier est théologique ; celui du second, territorial ; celui du troisième, individualiste.

Dans chacun de ces ordres, une société reste stable aussi longtemps que le groupe dominant contrôle le partage des richesses. Dans l'Ordre rituel, il le dépense en sacrifices ; dans l'Ordre impérial, en monuments ; dans l'Ordre marchand, en investissements productifs. Et, dans ces trois ordres, la défense de son pouvoir est prioritaire. Le contrôle de la richesse par le groupe dominant est menacé par des guerres, des cataclysmes naturels, des prélèvements extérieurs, des concurrents. Pour conserver le pouvoir, le groupe dominant cherche à mettre en œuvre à son profit un progrès technique, une exploitation plus intensive des faibles ou une extension de l'espace dominé. S'il échoue, un autre groupe dominant prend sa place.

Puis, quand la légitimité même de l'autorité est mise en cause, un ordre nouveau s'installe, avec d'autres pouvoirs, d'autres savoirs, d'autres modes de dépense du surplus, d'autres rapports de forces géopolitiques. Tour à tour, le maître devient l'esclave ; le soldat remplace le prêtre, le marchand remplace le soldat.

Naturellement, ces évolutions ne passent pas par des ruptures tranchées : à chaque instant coexistent les trois ordres de pouvoir, avec des avancées prématurées et des retours en arrière.

Voici maintenant l'histoire de ces ordres, de la façon dont ils sont nés et dont ils ont décliné, depuis l'Antiquité la plus reculée. Ce récit permet de dégager des lois de l'Histoire, à partir de faits en apparence parfois infimes, anodins. Ces lois sont essentielles à comprendre : elles seront encore à l'œuvre dans l'avenir et permettent d'en prédire le cours.

Nomadisme, cannibalisme et sexualité

Il faut, pour établir ces lois, partir du plus loin de ce qu'on sait de l'homme. Cela permet de comprendre que la même force est toujours en marche : celle de la libération progressive de l'homme vis-à-vis de toutes les contraintes.

Il y a 3,8 milliards d'années, la vie a surgi dans les océans et, il y a 350 millions d'années, sur la terre. Selon les plus récentes découvertes, il y a sept millions d'années, deux premiers primates (Toumaï au Tchad et Orrorin au Kenya) descendent des arbres – sans doute à la suite d'une sécheresse – et se dressent sur leurs deux jambes. Deux millions d'années plus tard, une autre espèce de primate, l'australopithèque, descend lui aussi des arbres et arpente les paysages de l'Afrique orientale et australe. Trois millions d'années plus tard, dans la même région, certains de ses descendants, *Homo habilis* et *Homo rudolfensis*, sélectionnés par les exigences de la marche, se tiennent plus droits : ils peuvent donc porter un cerveau plus lourd. Cueilleurs, charognards, parasites, ils apprennent à tailler des pierres pour s'en servir comme outils, et se mettent en route de territoire en territoire, à travers le continent africain.

Seuls survivent les primates, les mieux adaptés à l'errance ; seules progressent les techniques de chasse et de cueillette compatibles avec le mouvement.

Il y a un million et demi d'années, toujours en Afrique de l'Est, à côté des espèces de primates alors existantes, surgit *Homo ergaster*, mieux adapté encore aux voyages, à la course même que les autres. Encore un peu voûté, il est façonné par le mouvement : il perd ses poils et peut courir. Il semble même acquérir les premiers rudiments de la parole.

Il y a un million d'années, un descendant d'*Homo ergaster* évolue et fait naître une autre espèce de primate : *Homo erectus.* Celui-ci quitte, pour la première fois, l'Est africain ; il parcourt, en l'espace de quelques dizaines de millénaires, le reste de l'Afrique, l'Europe, l'Asie centrale, l'Inde, l'Indonésie et la Chine.

Cent mille ans plus tard, surgissent – encore en Afrique, semble-t-il – deux autres primates : *Homo sapiens*, puis *Homo heidelbergensis,* toujours nomades, encore mieux adaptés que leurs prédécesseurs à la marche. Ils se tiennent plus droits ; leur cerveau est encore plus volumineux ; leur organisation sociale et leur langage plus sophistiqués. Leurs seuls outils sont encore des pierres taillées. Entièrement soumis aux forces de la nature, à la pluie, au vent, à la foudre, ils y voient la manifestation de forces supérieures. Ils n'enterrent pas encore leurs morts ; leurs habitats, toujours précaires, deviennent plus solides, leurs outils plus ingénieux. Tous ces primates, voisins mais non semblables, coexistent sans se mêler. Ils commencent à transmettre un savoir de génération en génération, à la différence de toutes les autres espèces animales. Leçon pour l'avenir : transmettre est la condition du progrès.

Vers – 700 000, en Chine comme en Afrique, *Homo sapiens* maîtrise la foudre et apprend à faire du feu ; il peut alors cuire des végétaux et donc mieux nourrir son cerveau. Il comprend aussi qu'il peut mettre certaines forces du monde à son service. C'est là un renversement considérable. Il invente aussi les premières chausses, coud les premiers vêtements et parcourt l'Europe, continent froid couvert de forêts.

La descendance d'*Homo sapiens* se sépare en plusieurs branches. L'une d'elles évolue vers *Homo neandertalis*. Vers – 300 000, celui-ci voyage à travers l'Afrique, l'Europe et l'Asie. Pour la première fois, il construit, où qu'il passe, des huttes sophistiquées, et enterre ses morts. En Europe, alors isolée par des glaciers qui couvrent les Alpes et les Balkans, le *Neandertalis* coexiste avec les autres primates, sans se mêler à eux ni les remplacer.

C'est à cette époque sans doute – il y a trois cent mille ans – que commence le cannibalisme ; non comme un acte de violence, mais comme une pratique rituelle d'appropriation de la force des morts. On en trouve des traces jusqu'à aujourd'hui dans le rapport de l'être humain à toute consommation. *Homo sapiens* découvre aussi que la procréation est une conséquence de l'acte sexuel et que les deux partenaires y jouent un rôle ; les statuts des sexes se distinguent alors plus nettement. Les mâles vivent entre eux sans changer de groupe ; les femmes, au contraire – peut-être pour fuir l'inceste qui affaiblirait le groupe –, quittent la tribu à la puberté, ou du moins s'en éloignent pour disposer d'un espace à elles, parfois à l'intérieur du territoire commun de la tribu. Sexualité et reproduction commencent à se distinguer : cela constituera une tendance lourde de l'Histoire.

Vers – 160 000, toujours en Afrique, sur une autre branche d'*Homo sapiens*, apparaît le premier homme moderne, fruit physique et intellectuel des exigences nomades : *Homo sapiens sapiens*. Son cerveau est beaucoup plus sophistiqué que celui des autres primates ; il s'organise en tribus plus vastes, où les femmes sont responsables de l'éducation des enfants. Pour lui, tout est vivant, la nature comme les objets ; il enterre ses morts ; le cannibalisme est sans doute encore très présent. L'espérance moyenne de vie ne dépasse pas encore les vingt-cinq ans. Les groupes humains voyagent, au Moyen-Orient et en Europe ; ils n'accumulent pas, n'épargnent pas, ne gardent rien en réserve ; ils ne possèdent rien qu'ils ne puissent transporter : du feu, des outils, des armes, des vêtements, des connaissances, des langues, des rites, des histoires. Commencent les échanges d'objets, de femmes et de prisonniers : premiers marchés. Débuts sans doute de l'esclavage.

Vers – 85 000 ans, le climat mondial se refroidit ; *Homo sapiens sapiens* construit des gîtes moins précaires et y séjourne un peu plus longtemps. Il voyage moins et coexiste encore avec plusieurs autres espèces de primates. Les différents primates se font la guerre entre eux pour des abris, des femmes ou des zones de chasse. Leurs conflits obéissent à quelques principes simples, qu'établissent les traces retrouvées : faire peur, attaquer par surprise, rompre les lignes de communication de l'ennemi, ne pas lui laisser de répit ; il est courant de trahir ses alliés, de simuler sa propre fuite, d'attaquer dans le dos. Le cannibalisme est encore là, visant toujours à s'approprier la force des ancêtres et à ritualiser le rapport à la mort. Manger la vie pour ne pas mourir : leçon encore vraie aujourd'hui.

Vers – 45 000 ans, le primate habite l'hiver dans des grottes et l'été dans des huttes. Il fabrique des outils de plus en plus spécialisés. La division du travail s'instaure entre les membres du groupe ; avec elle apparaît le chômage pour certains de ceux qui ne produisent plus directement leur nourriture.

Il y a environ 40 000 ans, le climat se réchauffe encore sur l'ensemble de la planète ; les primates, comme les autres animaux, sortent de leurs abris et recommencent à voyager. *Homo sapiens sapiens* investit alors l'Europe, l'Asie, et même l'Australie, que d'autres primates avaient peut-être déjà visitée (extraordinaire périple maritime bien au-delà de la ligne d'horizon). Il atteint aussi les Amériques, sans doute par voie de terre, en traversant le détroit de Béring. En Europe, un de ces *Homo sapiens sapiens*, aujourd'hui nommé « homme de Cro-Magnon », rencontre l'*Homo neandertalis*, venu là 250 000 ans plus tôt et encore totalement dominant. Ces divers primates coexistent en Europe pendant plus de dix mille ans, nomadisant toujours sur de vastes territoires qu'ils ne quittent qu'en cas d'extrême nécessité.

Il y a 30 000 ans, sans qu'on sache vraiment pourquoi, et assez brusquement, disparaissent toutes les espèces de primates – y compris *Homo neandertalis* –, exception faite d'*Homo sapiens sapiens*.

Un seul primate vit désormais sur la planète, seul au milieu de dizaines de millions d'autres espèces vivantes. Lui seul sait, désormais, transmettre son savoir de génération en génération. L'histoire de l'homme peut commencer. Tout ce qu'il a appris jusque-là, depuis deux millions d'années, va lui servir à construire ce que nous sommes. Et ce que nous deviendrons.

Ritualisation et sédentarisation

À ce moment-là – il y a 30 000 ans –, sans doute certains hommes se prennent à rêver à un au-delà idéal, d'où auraient disparu toutes les formes de rareté et où ils retrouveraient leurs ancêtres. Surgit alors aussi l'idée d'une force suprême, vitale, d'un Dieu, d'abord unique. Le cannibalisme commence à laisser la place à sa ritualisation dans le sacrifice religieux : manger le corps d'un homme envoyé vers Dieu, pour s'en approcher. La propriété se précise ; les langues se diversifient ; la division du travail se complexifie : l'un bâtit des huttes, l'autre coud des vêtements ou taille des pierres, d'autres encore fabriquent des outils et des armes, chassent, racontent, soignent, prient. Les hommes prennent le pouvoir sur les femmes, plaçant les mères et les sœurs sous la responsabilité des frères et des cousins. Les interdits s'organisent et permettent de limiter la violence : les membres d'un groupe se portent encore assistance, travaillent ensemble, élèvent ensemble les enfants, mangent ensemble ; mais ils ne peuvent plus ni chasser, ni cueillir, ni consommer ensemble certains animaux et certaines plantes érigés en totems, ni surtout avoir de relations sexuelles entre eux : l'inceste étant interdit, les femmes peuvent rester dans le groupe. Leçon pour l'avenir : le sacré légitime les tabous.

L'espérance de vie dépasse désormais les trente ans. L'homme commence à avoir un peu de temps pour transmettre ce qu'il sait aux générations suivantes. Le désir de transmission est d'ailleurs ce qui le distingue de plus en plus des autres espèces animales.

L'homme apprend peu à peu à dissocier l'idée de Dieu en plusieurs catégories selon ses manifestations dans la nature : le feu, le vent, la terre, la pluie, etc. Le polythéisme est ainsi une forme religieuse découlant d'un monothéisme primitif. Et le sacré aide à fonder la politique. L'Ordre rituel commence. L'homme pense alors à accompagner ses morts vers l'au-delà dans des tombeaux sophistiqués, avec des cérémonies, des offrandes, des sacrifices aux défunts, afin d'obtenir des dieux, qu'ils vont rejoindre, leur protection pour les vivants.

Dans chaque groupe ou tribu, un chef – prêtre et guérisseur à la fois – maîtrise la violence par la place qu'il assigne à chacun par rapport au sacré. Chaque chef est le maître des interdits, du calendrier, de la chasse et de la force. Des cosmogonies désignent des boucs émissaires, qui servent aussi d'intermédiaires avec l'au-delà. Le chant et la flûte sont les premiers moyens de s'adresser à ces intercesseurs. Les labyrinthes sont les premières représentations métaphoriques de ces voyages.

Les objets fabriqués par les hommes sont encore considérés comme des êtres vivants. Les échanger, chercher entre eux des équivalences, c'est encore comme échanger des esclaves, des otages ou des femmes ; un embryon de troc s'organise pour les objets comme il existe déjà depuis longtemps pour les êtres humains. Presque partout sur la planète, cet échange d'objets devient comme un échange d'otages, source de violence s'il n'est pas maîtrisé. Il est souvent ritualisé par l'obligation de silence imposée aux participants de l'échange. Leçon pour l'avenir : la parole peut devenir une arme mortelle ; le marché est dangereux s'il n'est pas équilibré.

Il y a vingt mille ans, les plus avancés de ces derniers primates, toujours nomades, s'installent au

Moyen-Orient, au climat désormais particulièrement accueillant. Ils y trouvent en abondance, à
l'état naturel, des denrées stockables (le lin, le blé,
l'orge, le pois, les lentilles) et des animaux captu-
rables (le chien, le mouton, le porc, le bovin, le
cheval). Quelques groupes se fixent alors, pour des
périodes assez longues, en des lieux où ils
construisent les premières maisons en pierre. Le
sacré les y accompagne ; certains dieux deviennent
maîtres d'une terre.

Il y a quinze mille ans, ces hommes de Mésopotamie, encore nomades, creusent des puits, contrôlent
des troupeaux d'animaux sauvages, sans pour
autant encore les domestiquer : ils attachent de plus
en plus d'importance à leur progéniture et ménagent
un peu la nature, expression des dieux.

Il y a dix mille ans, pour chasser un gibier plus
rapide que lui, l'homme invente deux instruments
révolutionnaires qui lui permettent, pour la première
fois, d'amplifier sa propre force : le propulseur,
premier levier, et l'arc, premier moteur.

À ce même moment, en Mésopotamie, des
hommes distinguent de mieux en mieux l'acte et ses
conséquences ; ils apprennent à arroser des terrains,
à faire se reproduire des espèces animales en capti-
vité, à réutiliser des graines, à stocker des réserves
dans des silos. Cela exige de vivre durablement

dans des lieux fixes. Et comme ces hommes commencent à vivre un peu plus vieux, ils ont aussi un peu plus de temps pour enseigner leur savoir. Les cosmogonies se complexifient ; la terre et l'agriculture y occupent désormais une place majeure. Les dieux nécessaires aux voyages sont relégués au second plan. Ainsi, *Homo sapiens sapiens*, 150 000 ans après son apparition, invente la sédentarité. Le sacré bascule alors dans la glorification de la propriété du sol : les dieux sont maîtres de la terre autant que du ciel.

Mille ans plus tard – il y a 9 000 ans –, ce Mésopotamien pense à rechercher, par croisements successifs, de nouvelles espèces animales mieux adaptées à ses besoins. Il devient aussi pasteur. Au même moment, en Chine, se développe une autre économie agricole, fondée, elle, sur le millet, le porc, le chien et le poulet.

La sédentarité est donc une idée de chasseur ; l'agriculture, une invention de nomade ; le pastoralisme, une pratique de paysan.

En Mésopotamie et en Asie, où l'humanité se sédentarise, les progrès sont alors foudroyants. En Asie centrale, des tribus (qu'on nomme aujourd'hui Mongols, Indo-Européens, Turcs) apprennent à maîtriser le cheval, le renne et le chameau. Elles découvrent aussi la roue, révolutionnant les conditions du transport et de la guerre, et se lancent à la conquête de plaines plus clémentes de Mésopotamie, d'Inde et de Chine.

Face à elles, les premiers villages se barricadent ; des maisons et des remparts sont bâtis en pierre ; des chefs collectent les premiers impôts pour constituer des armées. Naissent les premiers États, par nature sédentaires, face à ces agressions, par nature nomades. Les sédentaires n'ont plus besoin des voyageurs que pour commercialiser leurs produits et les défendre, en avant-garde, contre d'autres nomades. En plusieurs endroits à la fois, les sédentaires découvrent aussi le cuivre et en font des flèches, puis le mélangent avec l'étain et en font du bronze.

Leçon pour l'avenir : c'est dans la confrontation des nomades et des sédentaires que l'humanité acquiert puissance et liberté.

Vers 5 000 avant notre ère, en Chine, s'organisent des espaces de plus en plus vastes, sous l'autorité d'un chef unique. Sans doute y invente-t-on alors ce qui deviendra un peu plus tard la céramique, le gouvernail ; et surtout, s'esquissent les débuts de l'écriture. Au nord, la culture de Yang Shao développe une agriculture fondée sur le millet ; au sud, dans les provinces maritimes du

Jiang Su et du Zhejiang, on commence à cultiver le riz, venu d'îles du Pacifique.

Avec l'écriture, l'accumulation et la transmission du savoir deviennent plus faciles. Surgissent ainsi, du néant de la préhistoire, les premiers récits d'aventures des peuples et les premiers noms de princes. Surgissent aussi les premières comptabilités, les premières équivalences. Et bientôt, les premiers empires.

Le temps des empires

Il y a six mille ans, des royaumes regroupent des villages et des tribus répartis sur des territoires de plus en plus grands. Le sacré s'efface devant la force, le religieux devant le militaire. Le travail des hommes y est contraint par la violence ; le savoir essentiel devient celui qui permet de produire du surplus agricole. Les objets n'ont plus ni nom propre, ni personnalité ; ce sont des artefacts, échangeables comme tels, des outils. L'esclavage du plus grand nombre est la condition de la liberté d'une minorité. Le chef de chaque royaume ou empire est à la fois prince, prêtre et chef de guerre, maître du temps et de la force, Homme-Dieu. Il est seul autorisé à laisser trace de son trépas par un tombeau identifiable ; les autres meurent encore dans l'anonymat. C'est donc avec le prince que naît la notion d'individu ; c'est aussi avec sa dictature que s'éveille le rêve de liberté.

Un empire s'installe quand il prend le contrôle d'un surplus qui lui permet de se défendre et d'attaquer les autres. Il décline quand il n'en accumule plus assez pour contrôler les routes stratégiques.

En 2697 avant notre ère, première date à peu près établie, règne, au nord de la Chine, le premier prince dont le nom ait été conservé : Huang Di. Au même moment, un peu plus au sud, au Shandong, s'installe la culture de Long Shan : des villages protégés par des enceintes en terre damée et une organisation en principautés, telle Hao Xi'an ; on y élève le bœuf et le mouton, on y cultive le blé et l'orge. Le désordre dans la zone est total : c'est la période dite des *dix mille royaumes*.

Au même moment, en Égypte, le premier prince occidental dont l'écriture garde trace, le roi Ménès, rassemble la Haute et la Basse-Égypte et fait édifier des monuments de pierre à sa gloire ; d'autres peuples, dits « indo-européens » et « turcs », installent des civilisations en Inde du Nord et en Mésopotamie ; d'autres, dits « turcs » et « mongols », créent des cités-États en Mésopotamie (Ur, Sumer,

Ninive et Babylone). Une nouvelle invention révolutionnaire, l'écriture cunéiforme, apparue un peu avant, permet d'y garder trace d'une des premières cosmogonies, l'épopée de Gilgamesh, réflexion sur le désir comme moteur de l'Histoire, matrice de la plupart des textes sacrés de la région. En même temps, en Inde, sont écrites les *Upanishad*, représentation littéraire majeure d'une nouvelle vision du monde et d'une nouvelle éthique faite du refus du désir. Ainsi, les deux grandes visions du monde contemporain se mettent déjà en place.

En Égypte, en 2400 avant notre ère, le pharaon Chéops fait construire la pyramide qui porte encore son nom. Des Aryens, des Mongols, des Indo-Européens (Scythes, puis Sarmates) et des Turcs (Xiongnu et Khazars) développent (en Méditerranée, en Chine, en Sibérie, en Asie centrale et en Inde du Nord) des civilisations d'un grand raffinement, faites de villes, de palais, de remparts, de forteresses, d'œuvres d'art, d'armées, de bijoux, de cérémonies rituelles et de bureaucraties. Toutes s'organisent autour de l'appropriation du surplus par la force. En Chine, région déjà la plus peuplée, la plus active, la plus marchande de la planète, apparaît la métallurgie ; surgissent les premières carapaces de tortues décorées, source de l'écriture chinoise. S'y développe une philosophie de l'Histoire dominée par le yin et le yang, influencée par les cinq éléments et les hexagrammes du Yi King. La littérature parle alors d'un « Empereur jaune » dont l'existence est tout aussi mythique que celle de sa dynastie, les Xia.

Et puis, comme chez les précédentes, chacune de ces civilisations est bousculée par d'autres, qui s'acharnent parfois à effacer les traces de leurs prédécesseurs.

À Babylone, en 1792 avant notre ère, l'empereur Hammourabi laisse trace de ses lois en un code qui servira de base à bien d'autres après lui, juste avant que son empire ne soit pillé par des envahisseurs, les Hittites. En Chine, surgit la dynastie Chang, qui maîtrise l'architecture et la métallurgie du bronze, fabrique de la vaisselle de sacrifice et pratique la divination en interprétant les carapaces de tortues. Des Indo-Européens (les Tokhariens) apportent à la Chine le char, lui assurant ainsi la maîtrise de l'Asie centrale. En 1674 avant notre ère, l'Égypte décline, envahie par des tribus guerrières venues d'Asie avec leurs chevaux et leurs chars, les Hyksos, qui créent une nouvelle dynastie pharaonique.

En Amérique et en Afrique, de nombreuses autres civilisations, ignorant la roue et le cheval, disparaissent dès que les ressources naturelles locales sont épuisées.

En 1364 avant notre ère, en Égypte encore, un étrange pharaon, Aménophis IV, devenu Akhenaton, retrouve, pour un temps, l'idée d'un Dieu unique. Un peu plus tard, en – 1290, un de ses successeurs, Ramsès II, repousse les Hittites venus de Mésopotamie et étend son empire sur des distances jamais encore atteintes.

À ce stade, sur la planète, plus de cinquante empires se côtoient, se combattent ou s'épuisent. Il est de plus en plus difficile de gérer des ensembles de plus en plus vastes ; il y faut de plus en plus d'esclaves, de soldats, de terres. L'ordre impérial lui-même commence à perdre son sens : la force ne suffit plus.

Au même moment, au milieu de ces empires, quelques tribus venues d'Asie s'installent sur les côtes et les îles de la Méditerranée. À la différence de la plupart des peuples avant eux – barricadés dans leurs forteresses et les exigences cycliques de l'agriculture –, ceux-là – Mycéniens, Phéniciens, Hébreux – aiment le changement, qu'ils nomment, d'une façon ou d'une autre, « progrès ». S'ils vénèrent eux aussi leurs ancêtres, intercesseurs avec leurs dieux, s'ils adorent leur terre, qu'ils divinisent, ces Méditerranéens ne jurent que par les droits – politiques et économiques – des vivants. Le commerce et l'argent sont leurs meilleures armes ; mer et ports leurs principaux terrains de chasse.

Ainsi émergent, minuscules et marginales, au sein même de l'ordre impérial, des sociétés radicalement nouvelles, à l'origine de l'idée de liberté. Apparaît là ce qui deviendra, bien plus tard, la démocratie de marché, l'Ordre marchand.

2

Une brève histoire du capitalisme

Si l'on veut comprendre les extraordinaires surprises que pourrait réserver l'avenir, il convient de
connaître l'essentiel de celles du passé. Elles aident
en effet à cerner ce qui est possible, ce qui change, ce
qui est invariant. Elles aident surtout à prendre
conscience des formidables potentialités de l'Histoire.

Douze siècles avant notre ère, sur les rives de la
Méditerranée, dans les interstices des empires,
s'esquissent les premiers marchés et les premières
démocraties. Ils formeront, deux mille ans plus tard,
l'Ordre marchand. Nous y sommes encore ; nous y
resterons sans doute encore pendant longtemps. En
voici l'histoire et les lois, qui sont aussi celles de
l'avenir.

Même si les livres d'histoire, aujourd'hui encore,
s'intéressent plus au sort des princes qu'à celui des

marchands, et s'ils préfèrent raconter la montée et le déclin des empires qui vont continuer à se partager le monde pendant les millénaires suivants, l'essentiel du mouvement de l'Histoire se joue, dès ce moment, ailleurs : dans la naissance d'un ordre individualiste, érigeant les droits de l'homme en idéal absolu. Un ordre capable, en violant sans cesse son propre idéal, de produire des richesses mieux qu'aucun autre avant lui.

Cet ordre n'est d'abord qu'un minuscule parasite à l'intérieur des sociétés théocratiques ou impériales. Puis il les concurrence et remplace progressivement tous les princes par des marchands, tous les services par des produits en série. Sur un espace de plus en plus vaste, avec des technologies de plus en plus efficaces, à la fois dans la violence, l'injustice et la splendeur, il installe le marché et la démocratie, la *démocratie de marché*. Il fait naître, malgré mille soubresauts (qui bouchent encore à beaucoup la perspective), l'Ordre marchand. Il fait triompher un idéal de la liberté pour chaque homme, en tout cas pour les mieux préparés à la conquérir. De siècle en siècle, il épure toutes ses institutions, jusqu'à atteindre, un jour prochain, son paroxysme.

L'idéal judéo-grec : le neuf et le beau

Vers 1300 avant notre ère, la façon cyclique de penser le monde, alors dominante, est bouleversée par quelques Méditerranéens incroyablement inventifs : Grecs, Phéniciens, Hébreux. Ils ont en commun la passion du progrès, de la métaphysique, de l'action, du neuf et du beau.

Pour mieux se défendre contre leurs voisins, les Grecs révolutionnent les bateaux, les armes, la poterie et la cosmogonie. Installés en Syrie et sur la côte méditerranéenne, les Phéniciens créent le premier alphabet qui permet de transcrire les autres langues pour mieux commercer avec leurs voisins. Exactement au même moment, quelques bergers, qui se désignent eux-mêmes comme Hébreux pour mieux affirmer leur identité, quittent la Mésopotamie pour Canaan, terre promise par leur Dieu unique et universel.

Pour ces trois peuples, la vie humaine passe avant toute chose ; pour eux, tout homme est égal de l'autre (à l'exception des esclaves et des « métèques ») ; la pauvreté est une malédiction ; le monde est à domestiquer, à améliorer, à bâtir, en attendant qu'un Sauveur vienne en changer les lois. Pour la première fois, l'avenir humain terrestre est pensé comme pouvant – comme devant – être meilleur que le

49

passé. Pour la première fois, l'enrichissement matériel est envisagé comme une façon de se rapprocher du ou des dieux. Tel est l'idéal qui s'installe ; il deviendra celui de l'Occident, puis celui de tout l'Ordre marchand jusqu'à aujourd'hui : l'*idéal judéo-grec.*

Un siècle plus tard, vers 1200 avant notre ère, les Phéniciens fondent Tyr, Sidon, Utique, Gadès (Cadix). Les Hébreux quittent Canaan pour l'Égypte. Dans le Péloponnèse et l'Attique, deux autres peuples venus d'Asie centrale (les Doriens et les Ioniens) développent quelques villes, dont Sparte – ville agricole employant beaucoup d'esclaves étrangers – et Athènes – petit port de commerce entièrement tourné vers le large. Les Spartiates, paysans et sédentaires, deviennent une nation militaire par peur de leurs propres esclaves, tandis que les Athéniens, marchands, lettrés, marins, se dotent d'une formidable flotte pour se défendre contre leurs voisins. Au même moment, selon la légende, Troie disparaît sous les coups des Mycéniens, c'est-à-dire des Crétois : première guerre entre l'Europe et l'Asie.

Philosophes, interprètes, marins, médecins, artistes et marchands (grecs, phéniciens et juifs, mais aussi mongols, indiens et perses) développent alors des circuits de commerce entre tous les empires de l'Eurasie. Passant toutes les lignes, même pendant les guerres, ils font circuler idées et produits de la péninsule Ibérique jusqu'en Chine, où les Shang sont alors renversés par les Zhou, première dynastie à l'existence historiquement établie et dont les chefs prennent le titre de *tianzi* (« fils du Ciel »).

Vers l'an 1100 avant notre ère, le peuple juif, de retour sur sa terre après son séjour égyptien, choisit des juges pour le diriger. Puis, en l'an mil, pour se défendre contre les philistins, la mort dans l'âme, il se résigne à mettre en place une monarchie (Saül, puis David, puis Salomon), elle aussi historiquement établie, avant de se scinder (en 931) en deux royaumes.

Peu après, les marchands d'Athènes font valoir leurs droits contre les propriétaires des campagnes environnantes ; ils inventent, pour leur seul bénéfice, les rudiments de ce qui deviendra la démocratie et la monnaie.

La première met à bas les empires dynastiques ; la seconde permet d'exprimer la valeur de tout objet d'après un étalon unique. L'une et l'autre visent à retirer le pouvoir aux religieux et aux militaires pour le confier aux marchands. Les esclaves, si nécessaires aux deux ordres antérieurs, sont encore pour longtemps essentiels au fonctionnement de cet ordre nouveau.

L'idéal judéo-grec se précise : la liberté est une finalité, le respect d'un code moral, une condition de survie ; la richesse, un don du ciel ; la pauvreté, une menace. Liberté individuelle et Ordre marchand seront désormais inséparables ; ils progresseront ensemble jusqu'à nos jours.

Vers – 850, les Phéniciens améliorent leur alphabet ; nous l'utilisons encore. Les Araméens s'installent en Syrie pendant que, tout à côté, en Israël, prophétisent Amos, Isaïe et Osée.

Un peu plus tard, en 753 avant notre ère – alors que la minuscule Athènes est en passe de devenir une des puissances les plus influentes du monde, moins par ses armées que par ses idées et ses œuvres d'art –, en Chine, de loin la plus grande puissance démographique du moment, les Zhou s'entre-déchirent en *royaumes combattants* ; cependant que, de l'autre côté de la Méditerranée, est fondé, dans l'indifférence générale, un autre village : Rome.

Au point de rencontre entre l'Asie et l'Occident, la Mésopotamie est alors le lieu de toutes les invasions et de grands mouvements de populations : en 722, les Assyriens de Sargon prennent la Samarie et exilent le peuple juif en Assyrie, avant d'être eux-mêmes, en 630, chassés de chez eux par les Mèdes, qui renvoient les juifs sur leur sol.

Les deux siècles suivants sont vertigineux : les principes de l'individualisme se précisent, au rythme d'événements dont les conséquences résonneront longtemps. En 594, Solon impose aux Athéniens la première Constitution démocratique de l'Histoire ; en 586, le roi babylonien Nabuchodonosor détruit Jérusalem et déporte à nouveau les juifs, cette fois à Babylone ; en 538, des nouveaux venus descendus des montagnes, les Perses, dirigés par leur roi Cyrus, se dirigent eux aussi vers les plaines fertiles de Mésopotamie. Ils prennent Babylone et renvoient une nouvelle fois les juifs en Israël, avant d'envahir la région entière – de la Mésopotamie à l'Égypte –, mettant fin pour toujours, en 525 avant notre ère, au bimillénaire Empire égyptien. Au même moment, un lettré chinois, Lao Tseu, affirme que le bonheur est dans le non-agir et que la seule vraie liberté est celle qui permet de ne pas dépendre de ses propres désirs. En Inde, un riche prince, Gautama, refuse la succession de son père, devient « l'Éveillé » – Bouddha – et redonne une vie nouvelle à l'ancienne doctrine de la région, l'hindouisme. Peu après, en Chine, un autre lettré, Confucius, explique que le bonheur exige le respect de la politesse, de la famille, des traditions, de la hiérarchie et des Anciens.

Là se situe le grand tournant dont nous sommes encore les héritiers et dont l'avenir portera long-temps les traces : *l'Asie entend libérer l'homme de ses désirs, tandis que l'Occident souhaite lui permettre d'être libre de les réaliser.* L'une choisit de considérer le monde comme une illusion ; l'autre, d'en faire le seul lieu de l'action et du bonheur. L'une parle de la transmigration des âmes, l'autre de leur salut.

En Méditerranée (où Rome devient, en 510, une république pour quelques citoyens libres), la minuscule Athènes, à la surprise générale, résiste aux assauts des formidables troupes de l'Empire perse, qui conquièrent pourtant, l'une après l'autre, toutes les villes grecques d'Asie Mineure. Mieux encore : Athènes, aidée de Sparte, met les armées perses en déroute : Darius, roi des Perses, admirateur du plus grand philosophe grec de l'époque, Héraclite, est battu à Marathon en 490 ; son successeur, Xerxès, est écrasé dix ans plus tard, par la ruse, à Salamine. Pour la première fois, une ville minuscule résiste à des empires. Ce ne sera pas la dernière.

Le petit monde marchand, que personne ne prend encore au sérieux, démontre ainsi déjà qu'il est habité d'une rage intérieure, d'une farouche envie de vivre libre, et qu'il peut résister à beaucoup plus grand que lui. Par ailleurs, pour la première fois aussi, l'Occident résiste à des envahisseurs venus d'Orient. L'Ordre marchand suscite alors l'intérêt de nombreux peuples. Il se renforce et ses valeurs se précisent.

Pendant qu'en Israël la prophétie annonce les désastres à venir, en 444, Périclès, chef incontesté d'Athènes, fait de la métropole hellénique une grande puissance militaire, économique et culturelle ; pendant vingt ans s'y épanouissent la sculpture, la poésie, le théâtre, la philosophie et l'idéal démocratique – jusqu'à ce que, en 431, une guerre absurde contre Sparte conduise à la victoire en 404 d'un voisin occidental, Philippe, roi des Macédoniens.

Leçon universelle : quand une superpuissance est attaquée par un rival, c'est souvent un tiers qui l'emporte. Autre leçon encore : le vainqueur fait souvent sienne la culture du vaincu. Autre leçon, enfin : le pouvoir sur le monde continue de se déplacer vers l'ouest, même si les principales richesses restent encore à l'est.

Aussi, après que Philippe a pris le contrôle du Péloponnèse (et pendant que Platon met en forme la pensée de Socrate), son fils Alexandre, élève d'Aristote, ne convoite que l'Inde, qu'il atteint en 327. Il en repart deux ans plus tard pour mourir, en 323, dans la capitale perse. Son empire éclate alors en trois morceaux – grec, perse et égyptien – à la splendeur durablement languissante. La Grèce a fait son temps.

La richesse reste à l'est. En Inde, s'épanouissent d'innombrables petits royaumes aryens. En Chine, à partir de 220 avant notre ère, en onze ans d'un règne époustouflant, l'empereur Quin Tshin Huangdi unifie le pays par la construction d'une capitale, Xianyang, l'uniformisation de l'écriture et la construction de la Grande Muraille, avant de se faire enterrer avec quatre armées de pierre. Au tournant de notre ère, une nouvelle dynastie, celle des Han, y adopte le confucianisme, résiste à des envahisseurs dits « Xiongnu », et ouvre la route de la Soie, première voie commerciale avec l'Occident.

À l'ouest, Rome devint l'héritière des Grecs sans les avoir vraiment combattus ; elle construit un nouvel empire, le premier dont le centre soit en Occident. Autour des mêmes valeurs judéo-grecques, qu'elle porte plus loin, Rome se pense comme une imitation d'Athènes en plus grandiose, jusque dans son panthéon religieux et son système politique. Ayant tiré les leçons de la défaite d'Athènes devant les Macédoniens, et des siennes propres contre les Gaulois de Brennus, Rome se dote d'une très puissante armée de terre. La ville contrôle bientôt toute l'Europe occidentale, l'Afrique du Nord et la Méditerranée, poussant des pointes en Europe du Nord et dans les Balkans. En 170, Antiochos IV pille le temple de Jérusalem ; en 125, la Gaule du Sud devient romaine. La *pax romana* est à son apogée quand, en 44 av. J.-C., un général, Julius César, revenu triomphant du nord de la Gaule, met à genoux le Sénat de la République, y fait admettre des représentants des peuples vaincus, tente de se faire proclamer empereur et poursuit ses rivaux jusqu'en Égypte, d'où il revient pour se faire assassiner. En 27 av. J.-C., son successeur, Octave, devient César Auguste, premier empereur. Soucieux d'éviter toute révolte aux frontières, ses successeurs matent la révolte égyptienne et font taire tous les dissidents dont, en 30, un rabbi de Jérusalem nommé Jésus, puis d'autres juifs révoltés, avant de détruire Jérusalem en 70 et d'y massacrer une fois de plus tous les juifs. Le christianisme est né.

Lors d'un premier concile, à Jérusalem, en 48, le christianisme (d'abord allié des Romains contre les juifs, puis pris dans la même haine) apporte aux païens le message du judaïsme en le transformant : tous les hommes sont unis en Jésus-Christ ; puisque le Messie attendu est venu, le peuple juif, qui en avait annoncé l'arrivée, n'a plus de raison d'être et doit se convertir ; l'Église sera le nouveau peuple élu ; la pauvreté et la non-violence seront les seuls chemins vers le salut ; l'amour est la condition de l'éternité ; la création de richesses n'est plus une bénédiction ; le progrès n'a plus d'intérêt. L'idéal judéo-grec s'en trouve sérieusement modifié.

S'organise alors un syncrétisme entre les pensées chrétienne, romaine, grecque et juive : l'amour de Dieu est la plus précieuse des valeurs ; seule l'Église – et accessoirement les princes qui lui sont soumis – peut accumuler des richesses, qui ne sauraient servir qu'à aider chacun à préparer son salut.

Le christianisme gagne alors un nombre croissant d'adeptes dans l'Empire romain, par la seule force de sa philosophie. Il aurait pu conduire à ce moment à un recul de l'Ordre marchand, de la liberté, et de l'individualisme au profit de la fraternité, de l'égalité, de la non-violence, de la frugalité et de l'humilité ; mais il n'en sera rien. Leçon pour l'avenir : une doctrine religieuse, si influente soit-elle, ne réussit pas à ralentir la marche de la liberté individuelle. De fait, aucune force, jusqu'à aujourd'hui, ni religieuse ni laïque, n'a réussi à la freiner durablement.

À la différence des autres empires avant elle, Rome n'a, à ce moment, pas de rivaux, seulement des ennemis : des tribus venues de l'Est, soucieuses de profiter des richesses et du climat méditerranéens la harcèlent de toutes parts.

Rome doit donc installer à ses frontières des armées de plus en plus coûteuses. Il lui faut gérer la multiplicité des langues et des croyances de ses soldats, la lourdeur de la logistique, la difficulté d'en réunir le financement. L'empereur Marc Aurèle va jusqu'à passer lui-même vingt ans, de 160 à 180, aux frontières de l'Empire.

Mais ces efforts échouent ; sous les coups de Germains et de Slaves, eux-mêmes bousculés par des Turcs et des Mongols, Rome recule et se fatigue, bientôt concurrencée par d'autres villes de l'Empire, telle Byzance en Asie Mineure.

En 284, l'empereur Dioclétien essaie, encore une fois, de collecter pour Rome des impôts de moins en moins acceptés. En vain. L'Empire n'a plus les moyens de financer sa défense. En 313, son successeur, Maxence, pour tenter de reconquérir l'appui du peuple et des nobles, accorde la liberté du culte aux chrétiens, de plus en plus nombreux ; en vain encore : en 320, Constantin, vainqueur de Maxence, se convertit ; en 395, à la mort de l'empereur Théodose, l'Empire romain, ingérable depuis un seul centre, se scinde définitivement en deux parties, autour de deux capitales : Rome et Byzance, devenue Constantinople. Commence l'Empire romain d'Orient. L'Europe s'éloigne de l'Asie.

De multiples tribus indo-européennes (Goths, Francs, Vandales, Slaves, Alamans, Lombards, Teutons, Vikings, Huns et Mongols) se mêlent alors pour attaquer ce qui reste de l'Empire romain d'Occident. Ces envahisseurs ne pensent qu'à devenir romains – c'est-à-dire, en fait, chrétiens et judéo-grecs – par leur culture et leur mode de vie. En 406, des masses nomades franchissent le Rhin et pénètrent dans l'Empire romain ; les Huns poussent vers Rome les Wisigoths, qui reculent au moment de porter l'estocade finale.

La fin est quand même proche : en 476, à Rome, le dernier empereur d'Occident, Romulus Augustule, est remplacé par un roi hérule, Odoacre. L'Empire romain d'Occident disparaît. Pour la première fois, un empire est vaincu sans qu'un autre lui succède. Ce ne sera pas la dernière.

Autour de Constantinople, l'Empire romain d'Orient reste à peu près intact. En Europe occidentale, par contre, les évêques, les princes, les bourgs s'organisent en petites puissances autonomes. En 496, comme beaucoup d'autres princes d'Occident, Clovis, roi des Francs, se fait baptiser chrétien et se détache des derniers lambeaux de l'Empire romain. Toute l'Europe, parcourue de brigands et de bagaudes, se structure autour de royaumes miniatures, de villas gallo-romaines et de couvents, rares espaces protégés.

Pendant ce temps, en Asie, en Amérique, en Afrique, d'autres empires disparaissent, quand les dirigeants ne réussissent pas – comme à Palenque, au Mexique – à éviter la disparition des ressources naturelles ; ou survivent, quand un prince organise à temps le déménagement de sa capitale – comme, plus tard, la cité d'Amber, au Rajasthan, déplacée à Jaipur. En Chine, les dynasties se succèdent aussi, sans refaire l'unité du territoire, défaite depuis la fin de la dynastie Han, au début du IIIe siècle, jusqu'à ce que, en 618, la dynastie Tang relève le pays : le bouddhisme devient alors la religion de l'État ; la capitale, Xi'an, est encore, de loin, la ville la plus peuplée du monde. Puis les Tang s'effacent à leur tour dans une période chaotique, dite *des cinq dynasties et des dix royaumes.* Partout dans le monde les empires sont de plus en plus fragiles, ingérables.

Au même moment, en 622, en Arabie, Mohammed, qui deviendra le Prophète, fuit La Mecque pour Médine ; son message se durcit et devient conquérant ; le Coran est peu à peu élaboré ; commence l'islam. En moins d'un siècle, cette force à la fois religieuse, politique et militaire bouscule des structures vieillissantes, comme le christianisme l'a fait avant lui. Il met fin, par les armes, à des empires millénaires au nom d'une nouvelle forme de mono-théisme ; en moins d'un siècle, les troupes des successeurs du Prophète constituent même un nouvel empire, léger, volatil, presque nomade. Pour financer leurs armées, ces premiers califes, installés à Damas puis à Bagdad, utilisent pour la première fois des banquiers, tous juifs parce qu'ils sont les seuls à être autorisés par leur religion à faire commerce d'argent. Les troupes de l'islam conquièrent rapidement le Moyen-Orient, la Mésopotamie, l'Égypte, l'Afrique du Nord et l'Espagne ; convertissant souvent les peuples par la force, avant d'être arrêtées à Poitiers, en 732, par des troupes franques.

L'Empire musulman, le califat, s'organise autour d'institutions légères, plus efficaces que celles des empires antérieurs, dont il utilise tous les savoirs et toutes les richesses. Devenu une des deux plus grandes puissances du monde avec la Chine, le cali-fat fixe ses capitales à Bagdad et à Cordoue. S'y retrouvent tous les produits, toutes les religions, tous les savoirs, dans une coexistence méfiante, jalonnée d'escarmouches. Les routes se font plus sûres. Les marchés d'Europe et d'Asie s'éveillent à nouveau. Marchands, financiers, lettrés, musiciens, poètes, soldats circulent ainsi de ville en ville, de foire en foire.

Foires, villes et nations

Au IXe siècle, plus au nord, dans l'ancien Empire romain d'Occident, apparaissent les premières villes-foires de la chrétienté, relais de celles de l'islam ; des embryons d'États s'y constituent. En 800, l'Empire romain d'Occident, apparence plus que réalité, renaît en Germanie, d'abord avec Charlemagne, puis avec Otton et Frédéric. À côté, s'organisent deux nations (la France dominée par des Francs et la Russie par des Vikings) et d'innombrables principautés dominées par les Wisigoths en Espagne, par les Saxons en Allemagne et en Flandre, par les Lombards en Italie.

Cette histoire est toujours la nôtre : aujourd'hui encore, la France, la Russie, l'Italie, l'Espagne et l'Angleterre portent le nom d'un de leurs envahisseurs de cette époque ; l'Allemagne porte, elle, celui de trois d'entre eux, selon la langue dans laquelle on la nomme. Et l'on trouve des Vikings, nomades venus du Nord, parmi les fondateurs des peuples danois, suédois, français, islandais, anglais, russe et italien.

En Chine, en 960, l'unité du sud du pays est refaite par les Song, puis consolidée, en 1115, par les Jin, qui s'organisent surtout sous la pression militaire des principautés du Nord.

En Méditerranée, l'islam est encore à la pointe de ce qui va devenir l'Ordre marchand. À Cordoue, la capitale du califat, plus grande ville d'Europe, on parle en arabe, on pense en grec et on prie en latin, en arabe ou en hébreu. Les richesses y affluent de partout : l'or d'Afrique, les épices d'Asie, le blé du reste de l'Europe. Il y a plus de livres dans la bibliothèque du calife que dans toutes les autres bibliothèques européennes réunies.

L'autre grand empire du monde, l'Empire chinois, contrôle toutes les mers d'Asie ; il organise le mouvement des épices vers l'Europe, en échange de produits agricoles et artisanaux, sur des bateaux impressionnants, possédant gouvernails et boussoles.

Au milieu du XIIe siècle, l'islam d'Europe est encore la première puissance de Méditerranée. À Cordoue, capitale d'un Empire musulman qui s'étend de l'Andalousie à la Libye, se retrouve une élite créatrice exceptionnelle : banquiers, poètes, savants, marchands, d'Omar Khayyâm à Ibn Gabirol, de Maïmonide à Averroès. En Méditerranée, les flottes et les armées musulmanes commencent à affronter les nouvelles forces des princes chrétiens, partis en croisade pour récupérer les Lieux saints et ouvrir une voie commerciale vers l'Asie.

Au milieu du XIIe siècle, la plus grande ville d'Asie est encore Xi'an ; Paris, capitale du royaume le plus peuplé d'Europe, ne joue alors qu'un rôle économique et culturel marginal ; la ville la plus puissante d'Europe est encore Cordoue.

Jusqu'à ce que, en 1148, les nouveaux maîtres de Cordoue, les Almohades, docteurs de la foi venus du Sud marocain, interdisent aux musulmans l'étude de la pensée grecque et expulsent juifs et chrétiens de leur empire. Alors qu'au même moment, de l'autre côté de la Méditerranée, d'autres chefs musulmans partent à la reconquête des Lieux saints que viennent d'occuper les croisés.

En cette année-charnière, l'islam triomphe en Orient mais perd les moyens de l'emporter en Occident. En se fermant à la science, il perd toutes chances de garder la direction de l'Ordre marchand, et décline. Au même moment, la Chine en fait autant.

Le monde change donc radicalement : les deux grands empires, le chinois et le musulman, tournent le dos à la compétition qu'impose l'Ordre marchand. L'Inde, divisée en trop de royaumes flamboyants, ne s'intéresse pas au reste du monde, si ce n'est pour échanger avec lui les richesses nécessaires à la splendeur de quelques princes. Menacée par l'islam,

Byzance n'a pas non plus l'agilité, ni la force, pour devenir une très grande puissance marchande.

Ces événements du milieu du XIIe siècle pèsent d'un poids très grand sur notre présent, et plus encore, on le verra, sur notre avenir.

Le cœur du pouvoir du monde bascule alors vers l'Europe chrétienne, sans pour autant s'installer dans l'un des grands royaumes en formation : la France, l'Angleterre, la Russie restent gérées, comme les plus vieux empires, sous le système de la féodalité ; le travail non salarié, gratuit ou forcé, y représente encore l'essentiel de la production, et la noblesse s'y maintient au pouvoir en protégeant les serfs contre tous ceux qui bougent (mercenaires, brigands, marchands, marins, médecins, pèlerins, jongleurs, musiciens, explorateurs, philosophes et mendiants). Même en France, pays de loin le plus peuplé et le plus prometteur, l'empire fait la loi : la mer n'est pas l'horizon ; le marchand n'est pas le maître ; la terre est encore au pouvoir.

Et pourtant, dans quelques rares foires du continent, le nouvel ordre, encore dérisoire, parasite, inaperçu mais révolutionnaire s'insinue dans les interstices de ces royaumes : l'Ordre marchand est encore là de nos jours, plus puissant que jamais, et sans doute pour très longtemps.

Dans ces premiers bourgs, il est possible de penser plus librement qu'ailleurs ; les pouvoirs religieux et militaires y perdent peu à peu le contrôle de l'économie et du politique ; une nouvelle classe dirigeante, composée des marchands et des financiers, y érige ses propres libertés en valeur suprême ; cette classe neuve exploite esclaves, paysans, salariés et artisans ; elle fait du contrôle des outils de travail l'instrument de son pouvoir. Cette nouvelle élite s'allie aussi à l'Église, dont les préventions envers les métiers d'argent diminuent en même temps qu'augmentent les restrictions qu'elle impose à la sexualité.

Ces élites marchandes approfondissent alors l'idéal judéo-grec, organisant la liberté de circuler, de créer, de transmettre, de savoir, de faire fortune. Elles contournent l'apologie chrétienne de la pauvreté et utilisent dans leurs ateliers, leurs entrepôts, sur leurs bateaux ou dans leurs banques, un travail un peu plus libre que l'esclavage ou le servage : le salariat. Les élites ne sont ni pacifistes, ni libérales : le marché a besoin d'un État fort pour instaurer et pour défendre le droit de propriété. Des mercenaires défendent les droits et les intérêts des marchands. Cela les conduit à déléguer la gestion de leurs affaires communes à des représentants de leur groupe, les uns en charge de faire la loi, les autres de la mettre en œuvre, ceux-là parfois contrôlant ceux-ci.

Dans l'espace privé, la liberté de chacun des membres de la nouvelle élite est désormais seulement limitée à ce qu'il possède ; dans l'espace public, elle l'est par la décision majoritaire des autres. Tous sont convaincus que la simultanéité de leurs libres décisions conduit à leur satisfaction collective maximale.

La liberté, marchande et politique, est plus que jamais le moteur de l'Histoire.

D'un « cœur » à l'autre

À la différence des deux ordres précédents, où coexistaient à tout moment sur la planète mille tribus, royaumes ou empires, vénérant mille chefs, adorant mille dieux, parlant mille langues, s'ignorant ou se combattant les uns les autres, l'Ordre marchand parle la langue unique de la monnaie. Il s'organise à tout instant en une forme unique, autour d'un seul centre, d'un *cœur* unique, où se rassemble une *classe créative* (armateurs, industriels, marchands, techniciens, financiers), caractérisée par son goût pour le neuf et sa passion de la découverte. Jusqu'à ce qu'une crise, ou une guerre, conduise au remplacement d'un « cœur » par un autre.

Cela s'explique par la nature même de ce nouvel ordre : marché et démocratie sont fondés sur l'organisation de la compétition, conduisant à l'exigence du neuf et à la sélection d'une élite. De plus, l'accumulation du capital ne peut se faire, à très long terme, ni dans une firme, ni dans une famille, l'une et l'autre étant trop précaires ; elle se fait dans une ville, un « cœur », qui devient le centre du capitalisme et qui l'organise. Enfin, la compétition suppose la bataille ; il y aura donc un continuum entre marché, démocratie et violence.

Tous les « cœurs » ont nécessairement un vaste arrière-pays pour y développer une agriculture, et un grand port pour en exporter les productions. Tous les « cœurs » répondent à un manque qui, autrement, les détruirait ; tous utilisent des stratégies volontaristes pour prendre l'ascendant sur les autres : l'imitation, la rigueur, la force, le dirigisme, le protectionnisme, le contrôle des changes sont leurs armes. Une ville devient « cœur » si sa classe créative y est mieux à même qu'aucune autre de réunir les moyens de transformer un nouveau service en produit industriel. Pour cela, elle doit maîtriser le capital, fixer les prix, accumuler les profits, tenir en main les salaires, déployer une armée, financer les explorateurs, faire évoluer l'idéologie qui assure son pouvoir.

Chaque « cœur » prend alors le contrôle, chez lui et à l'extérieur, des ressources énergétiques les plus efficaces et des moyens de communication les plus rapides. Des banquiers, des artistes, des intellectuels, des innovateurs y viennent apporter leur argent, construire palais et tombeaux, peindre les portraits des nouveaux maîtres du monde, diriger leurs armées.

Autour de ce « cœur », un *milieu*, fait d'anciens et de futurs rivaux en déclin ou en expansion. Le reste du monde, royaumes et empires, forme la *périphérie*, en partie gouvernée par les ordres antérieurs, vendant ses matières premières et sa main-d'œuvre, en général en esclavage, au « cœur » et au « milieu ».

Une forme marchande dure aussi longtemps que le « cœur » peut réunir assez de richesses pour maîtriser le « milieu » et la « périphérie » ; elle s'essouffle quand le « cœur » doit consacrer trop de ressources pour maintenir la paix intérieure ou pour se protéger d'un ou plusieurs ennemis extérieurs.

Forme après forme, chaque « cœur », ruiné par ses dépenses, laisse la place à un rival. En général, pas un de ceux qui l'attaquent, mais une autre puissance qui s'est occupée, pendant la bataille, de faire naître une autre culture, une autre dynamique de croissance, autour d'une autre classe créative, d'une nouvelle liberté, d'une nouvelle source de surplus, d'une nouvelle technologie d'énergie ou d'information, du remplacement d'un ancien service par un nouvel objet produit en série.

Forme après forme, s'industrialise la production des biens agricoles, puis artisanaux. Forme après forme, disparaît l'esclavage et se développe le salariat. Forme après forme, s'automatisent les productions d'énergie et d'information. Forme après forme, se déplacent ingénieurs, marchands, banquiers, armateurs, hommes d'armes, artistes, intellectuels. Forme après forme, s'étend le champ de la liberté individuelle, du marché et de la démocratie. Forme après forme, les paysans, les artisans, les travailleurs indépendants sont transformés en salariés précaires ; les richesses sont regroupées en un nombre restreint de mains ; de plus grandes libertés apparaissent pour les consommateurs et les citoyens, et de plus grandes aliénations pour les travailleurs.

Par une étrange ironie, ce basculement de l'Ordre impérial vers l'Ordre marchand organise ainsi un retour au nomadisme, du paysan au voyageur. D'où l'importance de la longue histoire du nomadisme, socle de la culture humaine, qui resurgit dans notre présent, et plus encore, on le verra, dans notre avenir.

71

Jusqu'à aujourd'hui, l'Ordre marchand a connu *neuf formes successives*. On verra qu'on peut les désigner soit par le nom de la ville-« cœur » (Bruges, Venise, Anvers, Gênes, Amsterdam, Londres, Boston, New York, Los Angeles), soit par celui du service progressivement transformé en bien de consommation de masse (les aliments, les vêtements, les livres, les finances, les moyens de transport, les machines domestiques, les instruments de communication et de distraction), soit encore par la technologie permettant d'étendre le champ de la marchandise (le gouvernail d'étambot, la caravelle, l'imprimerie, la comptabilité, la flûte, la machine à vapeur, le moteur à explosion, le moteur électrique, le microprocesseur), soit enfin par le nom de la monnaie dominante (gros, ducat, gulden, genovino, florin, livre sterling, dollar). Peut-être même, on le verra aussi, par le nom d'un artiste ou d'un philosophe représentatifs du « cœur ».

L'essentiel de l'histoire économique, technique, culturelle, politique et militaire des sept derniers siècles s'explique par les stratégies employées par les puissances pour devenir le « cœur », pour le rester, pour échapper à la « périphérie » ou pour sortir de l'Ordre marchand. Plus encore qu'elle ne révèle les lois du passé, cette histoire révèle celles de l'avenir.

Bruges, 1200-1350 :
les prémices de l'Ordre marchand

À la fin du XIIe siècle, quelques ports des Flandres et de Toscane, dont les arrière-pays sont les meilleures terres agricoles du continent, rassemblent des marchands en escale, des esclaves en révolte, des serfs chassés de leurs terres. Dans ces bourgs en marge du féodalisme, aucun monarque absolu ne prélève le surplus ; le servage ne monopolise pas toute la force de travail ; une nouvelle classe créative, la bourgeoisie, met en œuvre un savoir technique nouveau, économisant du travail, pour s'en approprier le profit.

D'abord, dans les campagnes environnantes, apparaissent l'assolement triennal, le collier d'épaule, le moulin à eau, la mécanisation du foulage ; ces progrès techniques permettent de commencer à industrialiser la production d'aliments. Puis vient l'invention majeure du gouvernail d'étambot, qui permet aux bateaux de remonter le vent et, un peu plus tard, le chargement des premières armes à feu à bord des bateaux. Toutes ces innovations donnent à ces bourgs – à la fois ports, arsenaux et foires – les moyens de maîtriser le commerce maritime. Dans les régions qu'ils contrôlent, l'argent prend le pas sur la force, le salariat sur le servage, l'investissement sur la construction monumentale, le commerce sur la police. La division du travail augmente, la productivité agricole s'élève, le prix du blé, bientôt produit en grande quantité, baisse ; plus de citadins peuvent le consommer et acheter des vêtements de laine avec de nouvelles teintures ; apparaissent les premières machines à tisser ; le besoin de crédit s'éveille ; les minuscules communautés juives, éparses dans le continent européen depuis plus de treize siècles, seules encore autorisées théologiquement à prêter à intérêt, sont contraintes comme elles le furent en islam, de prêter aux princes, marchands et paysans, en échange d'un abri précaire, et de créer des systèmes bancaires. Et comme les saisons ne suffisent plus à rythmer le temps urbain, les cloches font leur apparition sur les beffrois, après avoir sonné pendant six siècles les heures des prières dans les couvents : le temps appartient aux nouveaux maîtres.

À la fin du XIIᵉ siècle, Bruges est le plus dynamique de ces petits ports. Ce n'est encore qu'un gros bourg, doté d'un vaste arrière-pays agricole. Ses marchands vont déjà – par mer et par terre – en Écosse, en Angleterre, en Allemagne, en Pologne, en France, en Espagne et même, pour certains, par petites étapes, jusqu'en Perse et en Inde. Sa rade, sans cesse menacée d'enlisement, et sans cesse désensablée, devient l'une des escales les plus importantes de l'ensemble des foires flamandes. À partir de 1227 y accostent les bateaux génois ; puis, à partir de 1314, les bateaux vénitiens. Des marchands italiens s'y installent et participent à l'échange des épices du Levant, de l'Inde et de la Chine contre l'acier, la laine, le verre et les bijoux des Flandres.

Les différences de niveau de vie entre les artisans et les marchands (les « patriciens » qui dirigent la ville) sont considérables ; les insurrections se succèdent ; en 1302, les artisans prennent le parti du comte de Flandre et l'emportent provisoirement contre les patriciens, soutenus par le roi de France. La vie démocratique s'élargit. La vie intellectuelle et artistique, quoique encore sous le contrôle de l'Église, y est un peu plus libre qu'ailleurs.

Au début du XIVᵉ siècle, Bruges devient le « cœur » de la première forme de l'ordre nouveau : le capitalisme. Un « cœur » exigu : en 1340, au sommet de sa puissance, la ville ne compte pas plus de 35 000 habitants.

Au « milieu » de cette forme, les foires de la Hanse, d'Allemagne, de France et d'Italie. À la « périphérie », celles du reste de l'Europe dominée par de grands propriétaires fonciers. Le « cœur » et le « milieu » envoient à la « périphérie » et aux empires du vin, des draps, de l'argent, du verre, des bijoux ; en échange ils en reçoivent du blé, du bois, des fourrures, du seigle. Personne, parmi les grands royaumes, n'attache la moindre importance à l'agitation de ces villes.

En Asie, où se trouve encore l'essentiel des richesses du monde, continue la ronde des empires : le Mongol Gengis Khan, puis le Turc Tamerlan édifient d'immenses royaumes qui s'étendent du Pacifique aux faubourgs de Vienne. Ils les dirigent en nomades, par la force et par la peur, surplombant démographiquement et économiquement le monde, glaçant d'effroi les Européens, qui s'attendent à tout instant à voir ces immenses armées déferler à l'horizon.

Puis, cette première forme marchande vacille : l'insécurité en Asie ralentit les échanges à très longue distance ; un refroidissement climatique réduit la propension au voyage. En 1348, une Grande Peste, arrivant en Europe par la Turquie et la Méditerranée, tue le tiers des Européens et coupe les circuits d'échange ; les ports de la Hanse et les foires de Champagne sont ruinés.

Bruges n'a plus les moyens d'entretenir son port qui s'ensable définitivement. À la fin du XIVᵉ siècle, ce premier « cœur » glisse lentement, par sa beauté, dans l'éternité de l'œuvre d'art. La ville restera pendant un siècle encore la plus grande puissance marchande du nord de l'Europe, mais elle n'est plus le « cœur » de l'Ordre marchand.

Pendant que la France et l'Angleterre s'entre-déchirent en une guerre qui durera un siècle, se constitue une deuxième forme marchande autour d'une ville encore insignifiante, nouveau « cœur », tout aussi improbable que le premier : Venise.

Venise, 1350-1500 : la conquête de l'Orient

Comme Bruges en son temps, Venise est un port isolé avec un vaste arrière-pays agricole, condamné à l'expansion ou à l'inexistence. Comme Bruges, c'est du manque que naît sa force, du défi qu'elle tient son prestige, de l'insolence que surgit son luxe. Leçon pour l'avenir : tous les autres « cœurs » seront, eux aussi, après Venise, les produits d'un dépassement.

Venise est alors une bourgade enchâssée au fond de la mer Adriatique, idéalement située pour recevoir l'argent qu'on vient de découvrir dans des mines allemandes. Mais la nécessité ne suffit pas ; il y faut encore le hasard : Venise rencontre sa chance avec les croisades, à la fin du XIe siècle. Pour armer les bateaux des chevaliers, financés avec l'argent volé aux communautés juives massacrées au passage, la Sérénissime construit des chantiers navals.

Même si, au début du XIIIe siècle, le sac de Constantinople par les croisés, et leur départ de Venise, interrompent un moment ce trafic, la Sérénissime reste, pendant tout ce siècle, la seule protection de l'Europe contre le danger turc, et un point de passage obligé des produits d'Orient vers l'Europe du Nord. De plus, un pont audacieux lancé sur les flancs du Brenner ouvre la voie du Saint-Gothard et relie directement les mines d'argent allemandes à la mer Adriatique ; il permet aux villes du Nord de recevoir les produits venus des empires d'Orient, sans plus avoir à utiliser ni les ports flamands menacés, ni les arrogantes maisons de commerce d'Europe du Nord. L'Allemagne n'est encore qu'un lieu de passage, et les ports de la mer du Nord, d'Altona à Tallin, ne sauront jamais se hisser au rang de « cœur », à peine à celui de « milieu ».

Quand, au mitan du XIVe siècle, après la fin de la Grande Peste, Bruges décline brusquement, l'Europe connaît une nouvelle fringale de vie et de plaisirs. Venise devient, pour un siècle, le « cœur » de l'Ordre marchand. La ville prend, dans l'ombre des Turcs, le contrôle du commerce de l'Europe avec l'Orient.

Comme Bruges, Venise est alors une entité dirigée d'une main de fer par des princes à la fois marchands et soldats. Le doge (duc), chef de l'exécutif, théoriquement élu à vie, peut être contraint à démissionner sous la pression des oligarques. La ville établit, pour son propre compte, les ateliers et les institutions financières nécessaires aux armateurs, aux banquiers, aux marchands, qui y affluent désormais du monde entier. Plus encore qu'à Bruges, y règne une formidable liberté intellectuelle, artistique et humaine, propre à favoriser toutes les aventures. Menant une guerre jamais gagnée, jamais perdue, face à l'Empire romain d'Orient, puis à l'Empire turc, les dirigeants vénitiens négocient sans cesse d'habiles compromis, échangeant souvent la gloire contre la richesse. Pendant ce temps, la guerre de Cent Ans épuise le reste de l'Europe.

Dans l'Empire chinois, les coups d'État se succèdent : la dynastie Jin laisse la place aux Mongols, puis, en 1368, aux Ming. Malgré ces désordres politiques, une exceptionnelle maîtrise de la production agricole et une formidable organisation bureaucratique permettent à la Chine de mettre en œuvre de grands progrès techniques (tels les caractères mobiles de l'imprimerie), de produire plus de dix tonnes de fer par an et de financer une armée d'un million d'hommes. La flotte impériale, de nouveau tournée vers l'extérieur, explore jusque l'Afrique, atteignant, sous la conduite d'un certain Zheng He, l'Australie et peut-être même les Amériques, sans pour autant maîtriser les routes commerciales, ni souhaiter conquérir les marchés ni diffuser un savoir. D'autres empires – indien, russe, mongol, turc et grec – séparent encore la Chine de l'Europe.

Venise, bien modeste cité comparée à ces vastes empires, devient alors le centre du monde marchand. Les Vénitiens fixent les prix des principales marchandises, manipulent le cours de leur monnaie, accumulent les profits, fixent les canons esthétiques, architecturaux, picturaux, musicaux. Des écrivains, des philosophes, des architectes – dont Palladio sera le maître un peu plus tard – viennent y écrire et y théoriser la liberté, avant de répandre leurs idées à travers l'Europe. Catholique, la ville prend ses distances avec Rome et ne se laisse imposer aucune morale. Venise domine l'Europe : à la fin du XIVe siècle, des changeurs vénitiens contrôlent tous les marchés financiers du continent, de la France à la Flandre, de la Castille à l'Allemagne. L'écart de puissance est énorme : le niveau de vie vénitien est alors quinze fois plus élevé que celui de Paris, Madrid, Anvers, Amsterdam ou Londres.

Venise est alors une ville complexe, gouvernée par une étroite aristocratie et plusieurs milliers de stratèges de grande classe. Sous leur direction, les cent mille membres des guildes, salariés protégés, aux revenus élevés, font tourner les ateliers. En dessous, trime le « prolétariat de la mer », soit cinquante mille marins, soumis aux lois d'un impitoyable marché du travail. Et beaucoup d'autres, précaires et de passage, mercenaires et courtisanes, religieux, artistes ou médecins.

La ville se dote alors d'une flotte de bateaux de commerce de 300 tonnes, des *galere da mercato*, utilisant à la fois la rame et la voile, très sûres et bien défendues par des mercenaires. Elle les loue à des cartels de marchands sans cesse remis en cause : les nécessités militaires, une fois de plus, se mêlent aux exigences du commerce.

Comme Bruges et les autres « cœurs » après elle, Venise n'est pas le centre de l'innovation technologique : le « cœur » n'invente pas ; il détecte, copie, met en œuvre les idées des autres. Cela sera vrai de tous les suivants. Ainsi, à ce moment, si Gênes frappe les premières monnaies d'or (le *genovino*), et si Florence invente le chèque et la holding, c'est Venise qui, la première, les agence en un système sophistiqué de bourses, de maisons de commerce, de banques et de sociétés d'assurances. C'est aussi Venise qui, pour la première fois, fait affréter des navires par des sociétés par actions, financées par un grand nombre de petits épargnants.

Le monde devient un terrain d'aventures pour les marins, découvreurs, explorateurs, au service des Vénitiens, civilisateurs au fil de l'épée. Le reste de l'Europe forme le « milieu ». La « périphérie » s'étend à toute l'Europe de l'Est, à l'Afrique du Nord, aux côtes africaines et à l'Empire byzantin.

Puis, vers 1450, la Sérénissime manque d'argent, comme toute l'Europe. Pour en trouver, elle cherche, comme tout le monde, des moyens d'aller vers les terres inconnues décrites par des légendes qui parlent de royaumes mirifiques où l'or s'étale en quantités illimitées. Hélas, les marins vénitiens rentrent bredouilles.

Venise, qui n'est menacée ni par la France, ni par l'Espagne, ni par l'Angleterre, l'est alors par elle-même. Son organisation se révèle de plus en plus coûteuse ; ses guildes de plus en plus rigides ; ses cartels de galères et ses armées n'ont plus ni la taille ni l'armement suffisants pour défendre les routes ; les métaux précieux extraits des mines alle-mandes se font de plus en plus rares et coûteux. Étouffée par la pression turque, cette ville, où s'entassent 100 000 habitants, devenue trop riche et où il fait trop bon vivre, va s'engourdir.

Cette soudaine fragilité fait fondre sur Venise des ennemis que sa puissance éloignait. En 1453, les Turcs, qui occupent déjà la quasi-totalité de l'ancien

Empire romain d'Orient, prennent Byzance, encerclée depuis un demi-siècle, et remettent en cause la domination vénitienne sur la mer Adriatique. L'Empire romain d'Orient s'achève. Signe des temps : les Grecs chassés de Byzance par les Turcs se réfugient à Florence et non à Venise. Celle-ci a fait son temps.

Qui peut alors devenir le troisième « cœur » ?

Florence ne peut pas l'être, parce qu'elle n'est pas un port ; et le port qu'elle utilise pour vendre ses magnifiques tissus, Gênes, n'est pas encore prêt à prendre la relève de la Sérénissime. Bruges pourrait revenir au pouvoir : la ville est encore puissante ; elle attire artistes et marchands ; Jan Van Eyck y peint en 1434 le premier portrait de marchands de l'histoire de la peinture, celui de deux Florentins installés à Bruges, les Arnolfini, marquant ainsi l'entrée dans l'art de l'individu laïc. Mais, en 1482, la prospérité de la ville flamande s'efface à jamais avec la mort de Marie de Bourgogne, qui met fin à la splendeur bourguignonne dont dépendait Bruges.

Au même moment, la Chine des Ming interdit à ses sujets de construire des navires de haute mer et de quitter le pays ; la première puissance du monde décide une fois de plus de ne plus regarder vers l'extérieur et s'exclut ainsi de nouveau, et cette fois pour longtemps, de l'Ordre marchand.

Aucun port de France, d'Angleterre ni de Russie n'a à ce moment-là les moyens de relayer Venise. Dans ces pays, des princes dépensent sans compter en monuments et s'épuisent en vains combats, tandis que la bureaucratie s'échine à maîtriser leurs dépenses.

C'est alors qu'apparaît la *caravelle* : un foc, deux voiles carrées, une voile latine en font une structure de parfaite mobilité. Mise au point vers 1430 au Portugal, elle pourrait donner le pouvoir aux rois navigateurs portugais, idéalement situés pour aller explorer les côtes africaines et relier la Flandre à la Méditerranée ; mais le prince Henri le Navigateur et ses successeurs sont plus soucieux de gloire et de salut que de commerce.

Séville pourrait aussi devenir le troisième « cœur » : la Castille et l'Aragon, désormais rassemblées sous une même couronne, sont idéalement placés pour courir toutes les mers, de la Flandre à la Méditerranée orientale. Quand, en 1492, le Génois Christophe Colomb, à la recherche d'or pour le compte des rois d'Espagne, découvre par hasard un nouveau continent plein de promesses, il pourrait encore aider à faire de l'Espagne la première puissance du monde, et de Séville le « cœur » de l'Ordre marchand. Mais le port castillan (avec en aval Cadix) manque d'arrière-pays agricole, de confiance en ses propres banquiers, d'expertise de ses armateurs ; la ville fait trop confiance à ses militaires. Les Rois catholiques et leur cour ne pensent qu'à consommer paresseusement ce qu'ils volent en Amérique où ils exterminent les indigènes. Ils ne développent aucune technologie, aucune industrie, aucun réseau marchand. Pis encore : en chassant juifs et Morisques, ils découragent leurs propres classes créatives, laissant le « cœur » successivement à deux ports, devenus, par les hasards dynastiques, à la fois provinces de l'empire des Habsbourg et colonies espagnoles : Anvers, puis Gênes.

Vers 1500, l'une après l'autre, ces deux villes vont prendre en effet le relais de Venise après un siècle et demi de règne. « Cœurs » de deux formes brèves, elles se partagent le XVIᵉ siècle. Leçon pour l'avenir : l'ouverture aux élites étrangères est une des conditions du succès.

Anvers, 1500-1560 :
l'heure de l'imprimerie

Vient d'abord, vers 1500, l'heure d'Anvers. Dotée d'un riche arrière-pays où sont élevés les moutons dont la ville tisse la laine, Anvers échange, depuis déjà deux siècles, draps flamands, sel zélandais,

coutellerie anglaise, verre flamand, métaux allemands contre produits d'Orient. La ville n'a encore
que 20 000 habitants quand, vers 1450, elle devient
le principal lieu d'échange des produits d'Europe du
Nord contre les épices ramenées maintenant
d'Afrique et d'Asie par les navires portugais et espagnols : poivre, malaguette, cannelle, sucre. Tous,
même les Anglais et les Français, viennent y faire
teindre leurs draps selon des techniques jalousement
tenues secrètes. La Bourse d'Anvers devient le
premier centre financier d'Europe pour l'assurance,
les paris, les loteries ; s'y échafaude un réseau
bancaire sophistiqué utilisant de nouvelles monnaies
d'argent, au cours strictement contrôlé, tel le
« gros », pour financer le commerce extérieur.
Dépourvue d'armée, Anvers domine la forme
– comme l'ont fait et le feront les autres « cœurs » –
par sa capacité à gérer les marchés financiers et à les
mettre à son service. Leçon pour l'avenir : finance et
assurances, étroitement liées, constituent une dimension essentielle de la puissance marchande.

Anvers est aussi – comme le seront d'autres
« cœurs » – le premier utilisateur industriel d'une
innovation technologique majeure venue d'ailleurs :
les *caractères mobiles de l'imprimerie*, invention
chinoise redécouverte en 1455, en Allemagne, et qui

fut d'abord réservée aux détenteurs du savoir religieux.

Il s'agit là du premier d'une longue série de progrès visant à augmenter la vitesse de transmission des données. L'écrit devient ainsi la première richesse dont le coût marginal de reproduction est quasi nul. Ce ne sera pas la dernière. Le livre devient aussi le premier objet nomade produit en série. Ce ne sera pas non plus le dernier.

Le succès de l'imprimerie est foudroyant, tant les nouvelles classes dirigeantes ont besoin de ce qu'elle favorise : la liberté d'expression, le progrès de l'individualisme et de la raison, la diffusion de l'idéal judéo-grec.

Vers 1490, soit quarante ans à peine après son introduction en Europe, des presses fonctionnent dans 110 villes d'Europe. Venise d'abord y excelle ; puis Anvers y joue un rôle clé, avec les ateliers de Christophe Plantin. En 1500, 20 millions d'exemplaires ont déjà été imprimés en Europe. Depuis Florence, Marsile Ficin et Pic de La Mirandole font redécouvrir, par leurs livres, l'héritage judéo-grec et arabe soigneusement censuré jusque-là par l'Église. Les nouveaux lecteurs découvrent alors que la Bible ne contient pas exactement ce qu'en disent les prêtres ; qu'il existe aussi des essais philosophiques, des romans même, qu'on y parle de raison et d'amour ; qu'un savoir – juif, grec, romain, arabe, perse – leur avait été jusqu'ici soigneusement celé. Beaucoup veulent lire ces textes autrement que dans un latin qu'ils ne pratiquent plus ; les langues vernaculaires bousculent alors la langue de l'Église qui n'est bientôt plus que la langue officielle de quelques chancelleries.

Au total, en quelques décennies, l'imprimerie fait s'effondrer le rêve du Vatican et de l'Empire romain germanique d'homogénéiser l'Europe autour du latin et de l'Église.

Leçon pour l'avenir : une nouvelle technologie de communication, qu'on croyait centralisatrice, se révèle l'impitoyable ennemie des pouvoirs en place.

En 1517, Luther fait lire la Bible à ses fidèles, se dresse contre la corruption de la papauté et s'allie aux princes allemands contre l'Église et l'empereur ; le protestantisme se met alors au service du nationalisme pour y faire son nid. Le temps des nations peut commencer.

Charles Quint, successeur des Rois catholiques et des Habsbourg, qui règne depuis Madrid et les Flandres, doit alors faire face à la revendication indépendantiste des Pays-Bas, soutenus par l'Angleterre, celle-ci et ceux-là devenus protestants. Il tente en vain d'interdire Anvers aux étrangers qui y affluent pourtant, accélérant le progrès et le dynamisme de la ville. Les principaux banquiers allemands – les Höschsteller, les Fugger, les Welser – s'y installent. L'argent d'Amérique arrive par pleins bateaux ; et c'est sur lui que se fonde désormais le commerce de la ville. En 1550, à son apogée, Anvers compte 100 000 habitants : la taille des « cœurs » grandit.

Puis, cette troisième forme de l'Ordre marchand s'affaiblit : une fois de plus, comme ses deux devancières, elle n'a plus les moyens de maintenir ses réseaux. L'exploitation massive des mines d'argent d'Amérique fait baisser la valeur du métal sur lequel est fondé le réseau commercial d'Anvers. L'or, devenu plus cher et dont Anvers ne contrôle pas le commerce, devient beaucoup plus tentant pour les spéculateurs. De plus, les guerres de Religion rompent les liaisons maritimes entre les Pays-Bas et l'Espagne et coupent Anvers, qui n'a pas de marine militaire, de ses réseaux commerciaux ; l'argent d'Amérique ne peut plus remonter vers le nord et doit rester à Séville ou partir vers la Méditerranée. Anvers est alors à la merci de la moindre crise financière et doit s'effacer en 1550, atteinte par une spéculation boursière déclenchée à Séville.

La France, nation la plus vaste et la plus peuplée d'Europe, a alors une deuxième chance de devenir le « cœur » du capitalisme. Son niveau de vie s'élève, sa marine s'améliore. En 1524, un Génois naturalisé français, Jean de Verrazzano, parti d'Honfleur sur commande de François Ier, pénètre le premier dans la baie d'Hudson. Mais la France ne réussit pas à s'installer au « cœur », faute d'une bourgeoisie, d'une marine marchande et d'un grand port, en Méditerranée ou en mer du Nord. De plus, sa taille joue contre elle : son marché intérieur est si vaste qu'elle n'a pas besoin de chercher à exporter les produits de son industrie ou de son agriculture, ni même de produire des objets de haute valeur ajoutée.

Ailleurs, en Allemagne et en Pologne, le système féodal et le servage persistent ; la noblesse, inquiète de l'émergence de la bourgeoisie nationale, se contente d'accueillir quelques marchands étrangers qui viennent y acheter du blé pour le reste de l'Europe. Enfin, malgré la fascinante dynamique marchande de quelques ports de la Baltique, l'Europe du Nord demeure en marge.

L'Espagne, elle aussi a, alors, une deuxième chance de se hisser au premier rang : l'argent, puis l'or d'Amérique, qui se déversent maintenant à flots, lui assurent une rente immense qui pourrait l'aider à devenir enfin un « cœur ». Mais la culture d'empire y règne plus que jamais : les seigneurs dominent les marchands ; les soldats espagnols touchent des soldes de plus en plus élevées sans que l'Espagne produise les textiles, les bijoux, les armes dont ils rêvent ; il faut donc les importer des Pays-Bas et d'Italie. L'inflation se déclenche, la Castille s'endette, sa monnaie s'effrite, les banquiers quittent les places financières de Madrid et Séville, qui font faillite en 1557 ; puis c'est le tour de celle de Lisbonne, en 1560.

Anvers est alors entraînée dans la chute espagnole. L'Atlantique n'est plus assez sûr pour qu'y transite le commerce mondial.

Le seul port méditerranéen disponible, Gênes, où se trouve le premier marché de l'or, deviendra le nouveau « cœur », vers 1560, pour un peu plus d'un demi-siècle. Comme si l'Ordre marchand hésitait encore à quitter la Méditerranée qui l'a vu naître.

Gênes, 1560-1620 : l'art de spéculer

Dès le XIIIe siècle, les hommes d'affaires génois ont compris que le pouvoir politique était source d'ennuis. Ils trouvent, pour l'exercer, deux familles, les Visconti et les Sforza, et se concentrent sur le commerce et la finance. Au XIVe siècle – c'est-à-dire dès que l'Église les y autorise –, certains de ces Lombards deviennent banquiers et prêtent enfin à intérêt ; parmi eux, de nombreux juifs convertis. Ces banquiers financent d'abord – en argent et en or – la plupart des princes d'Europe, puis l'essentiel du commerce et de l'industrie textile florentine.

Leur puissance est fondée sur une formidable capacité d'organisation comptable. De fait, la comptabilité est, pour Gênes, ce que fut l'imprimerie pour Anvers, ou les *galere da mercato* pour Venise : une novation stratégique majeure, qui lui assure le pouvoir sur l'ensemble des réseaux marchands. C'est d'ailleurs à Gênes que Patini, puis Massari, inventent les comptes de pertes et profits, qui se propagent ensuite grâce aux livres du Génois Lucas Pacioli. Révolution dans l'ordre de l'économie et de la philosophie.

Car la comptabilité est aussi l'art de peser le pour et le contre, comme la philosophie ; et la raison progresse à Gênes autour de la figure du banquier qui prend des risques, qui spécule sur l'avenir et qui doit donc tenter de le prévoir. À Gênes, comme ailleurs, cette classe créative est alors particulièrement influencée par les écrits de juifs exilés d'Espagne, tel Isaac Abravanel, et par ceux de Jean Bodin, qui, le premier, depuis la France, théorise le concept de souveraineté et se fait l'avocat de la tolérance religieuse.

Passée au début du XVIe siècle sous domination espagnole, Gênes devient ainsi, vers 1560, le premier marché financier d'Europe, le « cœur » du capitalisme de l'époque. Maîtres des marchés de l'or, les banquiers génois fixent les taux de change de toutes les devises et financent les opérations des rois d'Espagne et de France, des princes italiens, allemands et polonais.

Comme nul port ne peut devenir un « cœur » sans contrôler aussi l'agriculture et l'industrie, l'arrière-pays de Gênes, qui va bien au-delà de la richissime Toscane, devient une grande puissance industrielle, lainière et métallurgique. Gênes réalise alors l'ultime sursaut du monde méditerranéen, le dernier écho du rêve d'Athènes, de Rome, de Florence, de Charles Quint et de Philippe II.

Puis l'Atlantique redevient une mer tranquille : en 1579 – soit huit ans après l'inutile victoire à Lépante du fils caché de Charles Quint, à la tête des flottes de Venise et d'Espagne, contre les Turcs de Selim II –, les Espagnols sont chassés des Pays-Bas, événement beaucoup plus considérable et beaucoup moins célèbre que l'autre. La flotte anglaise, nouvelle venue sur les mers, avec à sa tête de grands capitaines tels Francis Drake et Thomas Cavendish, vient voler l'or espagnol qui arrive toujours d'Amérique. En 1588, l'Invincible Armada espagnole, lourde et mal armée, fait naufrage devant les côtes d'Angleterre ; les deux tiers de ses marins et de ses bateaux disparaissent face à des vaisseaux anglais armés de canons beaucoup plus précis. L'Atlantique s'ouvre alors de nouveau aux navires marchands, en particulier génois, hollandais, anglais et français, et devient le nouveau lieu du commerce.

Pendant qu'en 1598 la Chine bat les Japonais en Corée, sans pour autant l'occuper (cela se reproduira par trois fois ensuite et fixera des règles essentielles pour l'avenir), Gênes s'épuise : la ville n'a plus assez de ressources humaines et financières pour tenir tête à ses concurrents sur tous les fronts. Dépourvue d'armée, elle ne peut empêcher les Hollandais, enfin libres, de prendre le contrôle des nouvelles routes de l'Atlantique et d'attirer l'or et l'argent d'Amérique, qu'Anvers avait, en vain, convoités un siècle plus tôt. Gênes est alors, comme Anvers avant elle, fragilisée par une nouvelle récession générale venue d'Espagne.

Née sur un coup de Bourse qui avait affaibli Anvers, Gênes s'efface donc, vers 1620, sur un coup de force qui consolide Amsterdam. Et, avec Gênes, s'éloigne à jamais la Méditerranée.

Vers 1620, le centre du capitalisme bascule ainsi une seconde fois de celle-ci vers l'Atlantique. Ce sera sans retour : la Méditerranée devient pour toujours une mer secondaire. Les pays qui l'entourent – le royaume d'Espagne, les principautés italiennes, la France du Sud – déclinent. Ils perdent même à jamais le contact avec le « cœur ». Leur niveau de vie sera désormais toujours inférieur à celui des nouvelles puissances.

Les Pays-Bas ont pris une formidable avance : le niveau de vie des villes des Provinces-Unies dépasse maintenant celui de Gênes et de Venise. Il est cinq fois supérieur à celui des royaumes de France, d'Espagne ou d'Angleterre.

C'est toujours la même logique qui est en mouvement : celle de l'extension progressive de l'espace marchand, du champ de l'industrie, de la finance et de la technologie. Cette logique met au pouvoir une nouvelle classe créative, à la fois dirigiste et libre, dans un port moderne, doté d'un vaste arrière-pays agricole, d'une industrie navale, d'une marine militaire et marchande, accueillant financiers, armateurs, marchands, innovateurs et aventuriers. Cette logique étend peu à peu les droits des salariés et fait disparaître le travail forcé. Elle prend le contrôle planétaire des sources de matière première et des marchés.

L'Atlantique devient ainsi, pour près de quatre siècles, la première mer du monde.

Amsterdam, 1620-1788 : l'art de la flûte

Après Anvers et Gênes, Amsterdam reconstruit les réseaux d'un « cœur ». Pour financer l'importation de sa nourriture, l'arrière-pays d'Amsterdam produit des denrées agricoles sophistiquées (lin, chanvre, colza, houblon), élève des moutons, développe l'industrie des colorants et la mécanisation du filage. Cela lui permet de commencer à industrialiser la production de vêtements après celle de l'alimentation. Amsterdam teint les draps de laine vierge de toute l'Europe, y compris ceux d'Angleterre, malgré les interdits protectionnistes du gouvernement de Londres. Avec les surplus ainsi dégagés, la ville peut industrialiser la production d'un bateau exceptionnel, inventé en 1570, la *flûte,* beaucoup plus rentable que ses devanciers, car il peut être fabriqué en série et fonctionne avec un équipage réduit d'un cinquième.

Au début du XVIIᵉ siècle, Amsterdam se transforme en un immense chantier de production, de vente et d'entretien de bateaux. Ses ateliers utilisent des grues et des scies mues par le vent. Sa flotte devient énorme, exceptionnellement bien armée, incomparable à celle des autres pays : des bateaux de 2 000 tonnes, avec 800 personnes à bord, transportent six fois plus de marchandises que toutes les

96

autres flottes européennes réunies, soit les trois quarts des grains, du sel et du bois et la moitié des métaux et des textiles de toute l'Europe. Et comme la guerre appuie toujours le commerce, la marine militaire hollandaise prend la maîtrise des mers, de la Baltique à l'Amérique latine ; elle reprend même le contrôle commercial de Séville, qui reste le port d'arrivée des métaux d'Amérique. La Compagnie des Indes, puis la Bourse et la Banque d'Amsterdam transforment alors cette puissance navale en domination financière, commerciale et industrielle ; c'est aussi à Amsterdam qu'on imagine, en 1604, de financer des opérations industrielles terrestres par des sociétés par actions.

Comme les précédentes, cette forme remplace de nouveaux services par des produits industriels et de nouveaux travailleurs forcés par des salariés ; elle concentre de plus en plus les richesses en un nombre restreint de mains, accorde de plus grandes libertés aux citoyens et aux consommateurs tout en sécrétant de plus grandes aliénations pour les travailleurs.

Ce cinquième « cœur » n'est plus seulement une ville ; c'est maintenant toute une région ; l'industrie est à Leyde, les chantiers navals à Rotterdam. Les régents bourgeois d'Amsterdam dominent la province et contrôlent le surplus, malgré les conflits entre le grand pensionnaire de Hollande et le stadhouder des Provinces-Unies. Le peuple travaille dur et souffre parfois de la faim, même si l'esclavage a totalement disparu, en tout cas dans les Provinces-Unies. Le protestantisme libère aussi de toute culpabilité à l'égard de la richesse : l'Église n'est plus là pour monopoliser les fortunes. La vie publique est fastueuse, la vie intellectuelle intense : des sociétés savantes échangent des idées ; des universités célèbres accueillent les étrangers : ainsi de Descartes ou, avant lui, des juifs chassés d'Espagne ; l'un de leurs descendants, Baruch Spinoza, ose, vers 1650, penser à un monde où Dieu se confondrait avec la Nature, sans imposer aucune morale aux hommes, résolument seuls et libres.

Le reste du monde assiste, fasciné, à ce triomphe qui va durer près de deux siècles : ce sera la plus longue forme marchande de tous les temps.

Pourtant, les livres d'histoire, en racontant cette période, parlent davantage du sort des monarques que de celui des richesses : en 1644, l'empire du Milieu est encore la première puissance économique mondiale, quand des nomades mandchous y renversent la dynastie des Ming et fondent la dynastie Qing, avec, cette fois, Pékin pour capitale. Les Qing resteront au pouvoir pendant deux siècles et demi. La même année, en France, le roi Louis XIV monte sur le trône et met fin, en 1648, à la guerre de Trente Ans qui épuisait l'Europe ; malgré son apparente splendeur, le Roi-Soleil n'a pas les moyens de rivaliser avec les Provinces-Unies : en 1685, date de révocation de l'édit de Nantes, le revenu par tête des habitants d'Amsterdam est déjà quatre fois supérieur à celui des Parisiens ; et l'écart se creuse encore avec le départ de France des protestants.

Le monde change : Bruges n'est plus qu'une ville secondaire ; Anvers, une banlieue d'Amsterdam ; Gênes décline, comme toute la Lombardie, peu à peu exclue des principaux circuits commerciaux. Venise n'est plus qu'une étape magnifique du commerce avec l'Orient ; l'Espagne est confinée derrière les Pyrénées. La Chine relève un peu la tête : en 1683, l'empereur occupe l'île de Taïwan. De nouvelles puissances apparaissent : l'Autriche s'installe en rempart face aux Turcs ; en 1689, la Russie entre dans le jeu international avec Pierre le Grand ; la Prusse en fait autant en 1740, avec Frédéric de Hohenzollern. En 1720, la Chine des Qing prend le Tibet, puis l'Altaï – le Xinjiang d'aujourd'hui –, région musulmane. Pendant ce temps, des dizaines de millions d'Africains, vendus comme esclaves par des marchands arabes, sont déportés vers les diverses colonies par des Portugais, des Espagnols, des Hollandais, des Anglais, des Français. Comme depuis le début de l'Ordre marchand, la géopolitique évolue plus avec le commerce et l'économie qu'avec les dynasties.

Le XVIIIe siècle est encore, pour les Pays-Bas, première quasi-démocratie, un siècle de triomphe ; et, pour ses rivaux, un temps d'échecs. Amsterdam conduit d'une main de maître, avec ses quelque trois cent mille habitants, la politique de l'Europe. Sa marine contrôle toutes les mers ; ses banquiers règnent sur les taux de change ; ses marchands fixent les prix de tous les produits. Le pays le plus peuplé d'Europe, la France, malgré son apparente puissance, subit revers sur revers : échec militaire sur les mers ; échec diplomatique aux Indes, en Louisiane, au Canada ; échec financier avec la faillite de Law. Si, en 1714, il devient enfin possible à la noblesse française de faire du commerce sans déroger, la minuscule bourgeoisie française ne s'intéresse ni à la marine, ni à l'industrie moderne ; l'économie française se contente de végéter dans les industries dépassées du capitalisme agricole (l'alimentation, le cuir, la laine) que les marchands audacieux des Provinces-Unies sont trop heureux de lui abandonner.

Pendant ce temps, en Chine, la triple récolte annuelle de riz permet à la population de passer de 180 à 400 millions, loin devant tous les autres pays du monde, sans que l'empereur réagisse à l'arrivée de marchands hollandais venus s'implanter dans l'océan Indien et commercer à Canton.

Et pourtant, vers 1775, un siècle et demi après avoir pris le pouvoir, cette cinquième forme marchande décline, comme ses devancières et pour les mêmes raisons : les navires de guerre hollandais ne sont plus les plus puissants ; les mers ne leur sont plus sûres ; la défense des routes commerciales coûte de plus en plus cher aux Pays-Bas ; l'énergie que leurs industries utilisent – le bois des forêts, qui sert aussi à construire les bateaux – s'épuise ; leurs technologies des colorants et de l'armement naval ne progressent plus ; les conflits sociaux s'exacerbent ; les salaires s'élèvent ; les lainages d'Amsterdam deviennent plus onéreux.

Leçon pour l'avenir : aucun empire, même s'il paraît éternel, ne peut durer à l'infini.

Ailleurs en Europe, les bourgeoisies grondent et réclament des libertés ; le nationalisme se développe. Un signe précurseur qui ne trompe pas : les princes de toutes les cours d'Europe exigent maintenant de leurs musiciens qu'ils choisissent, pour leurs opéras, des livrets écrits dans leur langue nationale et non plus en italien, comme c'était jusqu'ici la coutume. La musique, annonciatrice de l'avenir.

En 1776, les colonies britanniques d'Amérique se déclarent indépendantes ; en 1781, la marine française, pour une fois efficace, permet aux insurgés américains de gagner la bataille de Yorktown. En Europe, les peuples affamés grondent. La guerre menace partout sur le continent. Les armateurs, suivis par les meilleurs financiers hollandais, quittent alors les Pays-Bas pour Londres, devenue la ville la plus sûre et la plus dynamique.

Comme toujours, une crise financière ratifie le déclin d'un « cœur ». En 1788, les banques des Pays-Bas font faillite ; à la veille de la Révolution française, le « cœur » du capitalisme traverse définitivement la mer du Nord pour s'installer à Londres où démocratie et marché progressent d'un même pas.

Londres, 1788-1890 : la force de la vapeur

Depuis le XVIe siècle, l'Angleterre maîtrise les technologies du tissage de la laine, de l'extraction du charbon, de la fabrication du verre. L'abondance des rivières, qui servent principalement de sources d'énergie, favorise, dans le Lancashire, la mécanisation du filage d'une nouvelle matière première textile, rivale de la laine : le coton, connu depuis longtemps en Europe et redécouvert par les Anglais en Inde.

Pour disposer de cette fibre végétale désormais aussi stratégique que l'or et l'argent du Pérou, la Compagnie anglaise des Indes prend le contrôle de l'Inde, de l'Amérique du Nord et de l'Asie du Sud, terres à coton. Le premier avant-poste anglais en Asie du Sud est établi en 1619 à Surat, sur la côte du nord-ouest de l'Inde. Un peu plus tard, la British East India Company, qui gère ces territoires pour son seul bénéfice, installe des comptoirs de commerce permanents à Madras, Bombay et Calcutta. Les armées anglaises en font autant en Amérique du Nord. L'Angleterre importe alors à très bas prix, depuis ses colonies, tous les produits possibles (laine, coton, soie, cuir, étain, tabac, riz, indigo), qu'elle leur renvoie ensuite, au prix fort, sous forme de vêtements et d'objets précieux.

En 1689, coup de tonnerre politique à Londres : les princes royaux, Marie et Guillaume d'Orange (élevés par le Parlement après l'exécution de leur grand-père, Charles Ier – de retour sur le trône après la dictature de Cromwell), accordent au Parlement, librement élu par la bourgeoisie, un droit de regard sur les affaires publiques. Ainsi est promulgué, après les premières ébauches hollandaises, l'acte de naissance de la démocratie moderne : le Parlement vote les lois, garantit des libertés individuelles et autorise le roi à lever des troupes et à faire la guerre. L'Angleterre est la première *démocratie de marché*.

La même année, à Londres, John Locke publie un *Traité de gouvernement* où il expose cette théorie du gouvernement démocratique, faisant de la liberté individuelle un droit naturel et inaliénable. La même année aussi, en France, naît Montesquieu, qui théorisera la séparation des pouvoirs et la liberté politique. Les nations se construiront désormais autour d'un idéal d'égalité ; les différences, mal vues par la démocratie, resteront nécessaires au marché. L'idéal judéo-grec continue d'étendre son empire.

Au XVIIIe siècle, la richesse de la Grande-Bretagne augmente et se projette dans le monde ; ses échanges extérieurs sont multipliés par six ; la part des exportations dans son revenu national triple, dégageant un surplus qui finance la modernisation de son industrie et développe une nouvelle classe créative, bourgeoise et industrielle.

Comme pour les « cœurs » antérieurs, cette prise du pouvoir mondial par les marchands britanniques est formidablement volontariste. En 1734, c'est à la suite d'un concours lancé par le Parlement qu'un charpentier-horloger anglais, John Harrison, met au point le premier chronomètre de marine ; il pèse 32,5 kilos. Cette invention majeure, voulue par le pouvoir politique, améliore notablement la localisation des bateaux et permet donc de raccourcir la durée des voyages transocéaniques. Le chronomètre donne ainsi à la Grande-Bretagne la maîtrise de la haute mer et facilite une exploitation systématique du reste du monde. En 1757, les troupes de la Compagnie anglaise des Indes orientales prennent le contrôle du Bengale et imposent aux artisans bengalis des prix si bas, pour leur coton, que la famine tue près de dix millions de personnes. Après trois guerres avec la Hollande, les Anglais prennent enfin le contrôle total des mers ; en particulier celui du commerce des métaux précieux d'Amérique, que les Hollandais avaient arraché aux Espagnols cent cinquante ans plus tôt.

En 1776, année où Adam Smith publie le premier livre de référence sur l'économie de marché (*Recherche sur la nature et les causes de la richesse des nations*), l'Angleterre doit renoncer à sa souveraineté sur une partie de l'Amérique du Nord pour ne plus y conserver que ce qui lui importe vraiment : le coton – et les esclaves qui en assurent la production à bas coût. Le gouvernement de William Pitt redresse la situation économique du pays en appliquant la doctrine d'Adam Smith ; en 1786, il signe même un traité de libre-échange avec son pire rival, la France.

En apparence immuable, l'Angleterre se trouve en fait, souterrainement, bouleversée : les campagnes s'animent avec les enclosures ; les routes deviennent plus sûres grâce à de nouvelles lois sur les pauvres ; les élites anciennes s'effondrent ; une nouvelle classe créative, la *gentry,* noblesse sans terre, s'installe aux commandes, laissant une minuscule aristocratie maîtriser la totalité de la rente foncière. Tout Anglais paie alors l'impôt indirect, alors qu'en France la taille, impôt direct, n'est payé que par le tiers état.

L'Angleterre possède alors une marine de guerre égale à celle de la France, malgré une population trois fois inférieure et un revenu par habitant qui n'est encore que la moitié de celui de la France et le cinquième de celui des Pays-Bas.

Quand s'achève le XVIIIᵉ siècle, la laine anglaise est encore teinte, pour l'essentiel, en Flandre et dans les Provinces-Unies ; le commerce des produits britanniques est encore en partie contrôlé par les Hollandais.

Et pourtant, en vingt ans, de 1790 à 1810, alors que le continent est à feu et à sang, Londres prend le pouvoir sur le monde. Encore une fois, pendant qu'un pays tente d'en renverser un autre, le marché donne le pouvoir à un troisième. Encore une fois, un conflit règle brutalement une succession qu'on pensait impossible. Encore une fois, comme lors des cinq mutations précédentes, cette transmission du pouvoir entre deux ports se joue d'abord à la campagne.

Car la terre fournit encore tout : nourriture, vêtements, outils, bois pour l'énergie et pour construire les bateaux. C'est là aussi qu'est produite la rente foncière qui finance l'industrie et crée les premiers profits. En 1768, une nouvelle machine à tisser, inventée par Richard Arkwright et fonctionnant à l'énergie du courant des rivières, améliore encore massivement la productivité de l'industrie textile.

Pourtant l'énergie manque en Angleterre, plus cruellement encore qu'aux Pays-Bas : les rares forêts dont elle dispose doivent être précieusement conservées pour l'armement naval, si stratégique ; et comme il n'y a pas de haute montagne, il n'y a pas de torrents.

Pour trouver l'énergie qui lui manque, la *gentry* va s'appuyer sur l'innovation technique d'un Français, Denis Papin, que l'abondance des forêts françaises a fait négliger à Paris : la machine à vapeur. Brevetée par l'Anglais James Watt, elle permet d'abord à des Anglais d'extraire le charbon de leur sol et de l'utiliser pour alimenter de nouvelles machines à tisser, inventées en 1785 par Edmund Cartwright. La productivité du filage du coton décuple en dix ans. C'est le triomphe de l'idée de machine ; au point qu'en 1812 l'Angleterre va jusqu'à punir de la peine de mort quiconque détruit une machine industrielle.

Leçon pour l'avenir : c'est le manque qui force à aller chercher une nouvelle richesse. Les raretés sont des bénédictions pour les ambitieux. Autre leçon : peu importe qui invente une technologie, l'important est d'être en situation – culturelle et politique – de la mettre en œuvre.

Car la France aurait pu, encore une fois, devenir la rivale de l'Angleterre. Elle a, vers 1780, les ingénieurs, les marchés, les techniques, la liberté intellectuelle. Mais si elle parle au monde de libertés, elle ne possède ni port important, ni marine efficace, ni appétence pour les élites étrangères, ni curiosité pour les machines industrielles. Malgré les idéaux des Lumières, la France reste dominée par une caste foncière et bureaucratique qui monopolise la rente agricole et ne l'oriente pas vers l'innovation. La monarchie française préfère nuire à la monarchie anglaise en épaulant l'indépendance d'une partie des colonies américaines plutôt que de consacrer ses rares ressources à se construire une industrie. En 1778, la France est déjà épuisée par les guerres, et bientôt par la sécheresse, quand éclatent à Paris une crise financière, puis une crise alimentaire.

À partir de 1789, tout occupée à libérer l'Europe des empereurs, la Révolution française fait fuir les rares marchands du pays. Pendant qu'en 1797 le dernier des cent vingt doges de l'histoire de Venise abdique sur ordre du général Bonaparte, les derniers financiers français s'installent à Londres.

Cette fois encore, l'adversité est, pour le futur « cœur », une chance : la Révolution française, qui ferme à l'Angleterre le marché continental, incite les marchands britanniques à regarder plus au large. Et ce petit pays, alors à peine plus peuplé que l'Irlande et presque aussi pauvre qu'elle, tout entier tourné vers un projet ambitieux, comme tous les autres « cœurs » avant lui, se lance dans la production pour les marchés du monde, avec la plus grande flotte du monde. C'est de Londres qu'est désormais géré, à l'abri des conflits, l'essentiel des capitaux européens : en vingt ans, la livre remplace le florin hollandais et devient la première monnaie du commerce mondial.

Pendant ce temps, les nouveaux États-Unis d'Amérique accueillent des millions d'immigrants fuyant l'Europe en guerre vers une terre sans mémoire, peu à peu débarrassée de ses indigènes : situation idéale pour y construire une démocratie de marché, sans rentiers ni seigneurs, entièrement au service des marchands.

En 1803, pendant que se prépare le débarquement français en Angleterre, Napoléon transforme la France en une économie de guerre et vend la Louisiane aux États-Unis pour 15 millions de dollars ; la même année, l'empereur refuse une innovation que lui apporte un mécanicien américain, Robert Fulton : l'usage de la vapeur pour mouvoir une roue de bateau. Il n'y voit pas d'usage militaire. En 1807, pendant que se déroulent les batailles d'Eylau et de Friedland, Fulton, revenu en Amérique, y construit le premier bateau à vapeur, le *Clermont*. Les Anglais se saisissent immédiatement de l'invention. En 1814, en pleine guerre contre l'Empire français agonisant, une première locomotive est construite à Londres par Stephenson. Ironie de l'histoire : la première puissance navale mondiale va révolutionner les transports terrestres.

La fin des guerres napoléoniennes rouvre le continent européen aux produits anglais. Londres est maintenant une très grande ville et regroupe le quart de la population du pays. C'est là que, en 1815, la première structure financière multinationale, venue de Francfort, la banque des Rothschild, impose son art des marchés et rend possible le financement par l'épargne européenne de la sidérurgie, des chemins de fer et des bateaux en métal anglais. En 1821, une première ligne de chemin de fer est mise en service à côté de Londres.

En 1825, en Grande-Bretagne, pour la première fois dans l'Histoire, la valeur ajoutée industrielle d'un pays dépasse celle de son agriculture (ce basculement n'aura lieu qu'en 1865 en Prusse, en 1869 aux États-Unis, en 1875 en France). Alors qu'au début du XIXe siècle l'alimentation représentait plus de 90 % du total des dépenses de consommation des Britanniques, elle n'en constitue plus en 1855 que les deux tiers, cependant que, durant la même période, double la part de l'habillement.

De 1800 à 1855, le prix de revient des tissus de coton anglais est divisé par cinq, tandis que leur production est multipliée par cinquante. Les cotonnades qui ne représentent en 1800 que le tiers des exportations anglaises en constituent la moitié en 1855.

L'emploi industriel reste cependant une activité marginale : en 1855, les ouvriers ne représentent, après les paysans et les gens de maison, que le troisième groupe de travailleurs anglais. Bien que les trois quarts des ouvriers du textile anglais soient des femmes et des enfants, la plupart des femmes n'ont pas de salaires et entretiennent la maison, aidant au maintien relatif, en ville, du mode de vie rural. Entretenir la maison : fonction majeure, stratégique, pesant sur la rentabilité de l'économie, et qui sera en partie industrialisée un siècle plus tard.

L'efficacité du « cœur » est alors telle que les impôts britanniques peuvent baisser jusqu'à ne plus représenter, en 1860, que le dixième du revenu national contre le tiers quarante ans plus tôt.

Comme les cinq précédentes, cette sixième forme de l'Ordre marchand transforme de nouveaux services en produits industriels, de nouveaux paysans en salariés précaires ; elle concentre de plus en plus de richesses en de moins en moins de mains ; elle suscite de plus grandes libertés pour les citoyens et les consommateurs, de plus grandes aliénations pour les travailleurs.

La prolétarisation des paysans, commencée avec les enclosures, s'accélère. Pour surveiller et encadrer les mouvements des ouvriers et des révolutionnaires, voient le jour les papiers d'identité : ceux qui travaillent sont désormais devenus aussi dangereux que ceux qui chôment. Les conditions de travail des ouvriers sont pires que celles des paysans et des artisans : en ville, plus d'un enfant sur trois meurt de faim ou de maladie avant l'âge de 5 ans ; parmi eux, c'est le cas de trois des six enfants d'un réfugié politique allemand fraîchement débarqué à Londres après l'échec de la Révolution de 1848 : Karl Marx.

Le progrès passe encore par l'accélération du voyage : en 1850, la vapeur commence à remplacer la voile pour transporter voyageurs, marchandises et informations. Le télégraphe accélère la transmission de ces dernières. L'une et l'autre accélèrent la mondialisation en marche depuis le début de l'Ordre marchand ; le tour du monde est désormais à la portée des armées, des commerçants, des premiers touristes même.

La démocratie progresse avec le marché : en Grande-Bretagne comme en France et dans quelques rares pays d'Europe et d'Amérique, le nombre de bourgeois autorisés à voter augmente peu à peu. Leçon pour l'avenir : l'État autoritaire crée le marché, qui crée à son tour la démocratie.

Pour la première fois, le « cœur » de l'Ordre marchand est aussi la capitale de l'empire politiquement et militairement dominant. Les Pays-Bas déclinent ; la France et l'Allemagne se calent au « milieu », où les États-Unis les rejoignent après la découverte des mines d'or de Californie. L'Ordre marchand pénètre plus avant en Asie : à partir de 1857, les armées britanniques remplacent la Compagnie des Indes orientales et contrôlent directement l'Inde. En 1860, les armées anglaises mettent la Chine à feu et à sang pour y vendre de l'opium, obtenant Hong Kong et d'autres « concessions ». Huit ans plus tard, le Japon, qui ne veut pas subir le même sort, décide d'imiter l'Occident et transforme brutalement des serfs en ouvriers urbains.

L'année suivante, l'ouverture du canal de Suez permet aux soldats, puis aux commerçants britanniques de se rendre plus vite encore vers l'Orient, pour y détruire plus vite encore l'industrie textile indienne et y imposer, au nom de la liberté du commerce et de la démocratie, ce qui est bon pour l'industrie britannique.

Comme tous les « cœurs » précédents, Londres devient le point de rendez-vous de tous les innovateurs, créateurs, industriels, explorateurs, financiers, intellectuels, artistes du monde, de Dickens à Marx, de Darwin à Turner.

Mais Londres se fatigue de sa propre domination ; le pays semble d'abord prendre peur de la vitesse terrestre : en 1865, le *Locomotive Act* réduit la vitesse autorisée des trains à 2 *miles* à l'heure en ville et à 4 *miles* à l'heure en rase campagne. Beaucoup plus grave : en Amérique, la guerre de Sécession, libérant les esclaves, enchérit le prix du coton acheté par les Anglais aux États du Sud. La City, centre financier du monde depuis 1790, est aussi menacée par la naissance de nouvelles banques en Amérique. Et la livre l'est par le dollar. Pour maintenir son pouvoir, la finance anglaise doit maintenir sa rentabilité par la spéculation.

À partir de 1880, les rivaux prussiens, français et américains se font plus pressants : de nouvelles technologies et des découvertes majeures entraînent à Londres une spéculation boursière – une « bulle », dira-t-on – qui provoque en 1882 des faillites bancaires à la City. Leçon pour l'avenir : une fois de plus, la faillite de la place financière dominante ratifie la fin d'un « cœur ».

Pour la première fois, aucun port, aucune nation d'Europe n'est en situation de prendre le relais de Londres, même si la Prusse, en rassemblant autour d'elle toute l'Allemagne, est devenue une grande puissance, et même si la France continue d'y prétendre.

Le « cœur » poursuit son périple vers l'ouest, entamé au XIIIe siècle, il traverse l'Atlantique : après un siècle de domination, Londres cède la place à Boston.

Boston, 1890-1929 : l'explosion des machines

Le cheval a donné le pouvoir à l'Asie centrale sur la Mésopotamie ; le gouvernail d'étambot l'a ramené en Europe ; la galère a permis à Venise de l'emporter sur Bruges ; l'imprimerie a fait triompher Anvers ; la caravelle a rendu possible la découverte de l'Amérique ; la machine à vapeur a fait triompher Londres. Une nouvelle source d'énergie (le pétrole), un nouveau moteur (à explosion) et un nouvel objet industriel (l'automobile) vont conférer le pouvoir à la côte est de l'Amérique et à sa ville alors dominante, Boston.

Le mode de transport de l'énergie et de l'information, dont les mutations ont déjà plusieurs fois accéléré le cours de l'Histoire, se présente désormais comme une machine, produit industriel de masse à usage privatif, substitut au cheval, au carrosse, à la diligence et même au chemin de fer.

La France semble avoir là, une troisième fois, l'occasion de devenir le « cœur » : elle dispose en effet d'un excellent réseau routier hérité de la monarchie ; elle est surtout à la pointe de l'innovation technique : c'est un Français, Alphonse Beau de Rochas, qui, en 1862, invente le véhicule automobile équipé d'un moteur à explosion.

C'est pourtant en Amérique que s'installe le nouveau « cœur » : alors que l'Europe, et la France en particulier, ne voit dans l'automobile qu'un vague substitut au carrosse, les colons américains, sur roues depuis les débuts de la conquête de l'Ouest, obsédés par la réduction de la durée des trajets intérieurs, individualistes à l'extrême, incapables d'accepter le train, entrepreneurs par nature, sont les mieux placés pour faire, avant les autres, de la voiture automobile un produit de grande série. Au surplus, l'absence de tradition artisanale leur permet d'accepter plus facilement le travail à la chaîne qu'exige la production de masse.

Boston sera le premier centre de ce capitalisme américain.

Dès le XVIIe siècle, un groupe de puritains venus d'Angleterre décrète que réussir matériellement, c'est se prouver à soi-même qu'on fait partie des élus de Dieu, ayant accès au paradis. Autrement dit, faire fortune est noble ; et il est même moralement honorable de se vanter d'être riche.

Boston devient alors le premier port d'Amérique, exportant du rhum, du poisson, du sel et du tabac. Au début du XIXe siècle, la région nord-est des États-Unis est le plus grand centre manufacturier du continent : on y fabrique des vêtements, on y travaille le cuir, on y produit des machines ; c'est là aussi que se concentre l'industrie de la pêche ; on s'y inquiète en 1855 du risque de pénurie d'huile par la disparition des baleines. Dans la région s'installe alors tout ce qui compte pour un « cœur » : la banque à New York, la marine et l'industrie entre Boston et

Chicago, en passant par Baltimore, Detroit et Philadelphie. D'innombrables autres innovations majeures, venues pour la plupart d'Europe, y sont développées, dont la lampe électrique et le Gramophone par Thomas Edison, et le téléphone, inventé par un émigré italien et exploité commercialement aux États-Unis en 1877, deux ans avant de l'être en France.

À la différence de toutes les autres grandes puissances potentielles et de tous les « cœurs » précédents, les États-Unis n'ont aucun rival crédible sur leur propre continent. Aussi sont-ils libres d'intervenir mondialement, sans risques ni menaces sur leur territoire. Ils contrôlent assez vite toute l'Amérique latine et une partie de l'Asie, des Philippines à la Corée.

Là encore, cette évolution est parfaitement en phase avec l'histoire de l'Ordre marchand : il s'étend toujours là où un passé sédentaire ne freine pas la mobilité qu'il exige ; là où une bourgeoisie peut prendre le pouvoir sans guillotiner une noblesse.

À partir de 1880, une terrible récession ravage l'Europe du Nord, de l'Islande à la Pologne, et accompagne le déclin anglais ; elle provoque le plus formidable mouvement de population de l'Histoire depuis le début de la sédentarité : de 1880 à 1914, 15 millions d'Européens, soit le cinquième de la population du continent et le tiers de l'épargne du monde, migrent vers le continent américain. C'est un peu comme si, aujourd'hui, toute la population de la France, de la Belgique et des Pays-Bas quittait l'Europe pendant trente-cinq années !

Grâce à de longues et violentes luttes sociales la nouvelle classe ouvrière américaine obtient des salaires moins misérables, ce qui lui permet d'acheter des biens de base, alimentaires et textiles, et ce qui, par contrecoup, enrichit la bourgeoisie qui devient cliente de l'industrie automobile naissante.

Tout va d'ailleurs désormais tourner autour de cette nouvelle industrie, instrument d'une nouvelle liberté individuelle. Et tout va se structurer autour d'une nouvelle bourgeoisie bostonienne, si bien décrite par Henry James et dont la peinture de James Whistler incarne parfaitement les valeurs.

Le moteur à explosion est utilisé en Amérique dès 1880, treize ans après son invention en France, et d'abord dans des machines-outils. Puis, vers 1890, il l'est dans ce qui devient l'*automobile*, et dans les premiers aéroplanes. On inaugure en 1897, à Boston, le premier métro d'Amérique du Nord. En 1898 existent déjà aux États-Unis cinquante marques d'automobiles. De 1904 à 1908, 241 autres marques sont créées, dont celle de Henry Ford, en juin 1903, à Detroit. Cet ingénieur, d'abord employé dans la compagnie d'éclairage de Thomas Edison, va vendre 1 700 véhicules la première année.

L'industrie automobile structure l'ensemble du pays : en amont, elle pousse au développement d'aciéries, de mines, de verreries, de compagnies de pétrole, et en aval à l'expansion des routes, de la banque et du commerce. Commence aussi à se dessiner une nouvelle forme d'aliénation dans le travail à la chaîne.

Pourtant, en 1907, les fabricants français d'automobiles dominent encore le marché mondial : ils en produisent cette année-là 25 000 (soit autant que les États-Unis, et dix fois plus que l'Angleterre) ; les deux tiers des automobiles exportées dans le monde sont encore françaises.

Tout change très brutalement entre 1908 et 1914 : aux États-Unis, la fabrication à la chaîne du modèle « T » fait baisser son prix de moitié. En France, toujours fascinée par les idéaux d'Ancien Régime, l'industrie automobile voit encore les voitures comme des objets de luxe et les dessine comme des carrosses. Aussi, quand apparaît à Paris le premier marché de masse, celui des taxis, Louis Renault et ses ouvriers, anciens de l'industrie des fiacres, refusent de les fabriquer en série.

En 1914, la France produit onze fois moins que l'Amérique alors qu'elle construisait le même nombre d'automobiles sept ans auparavant. Ford produit 250 000 voitures et détient à peu près la moitié du marché américain ; l'Angleterre, empêtrée dans son empire, incapable de surmonter sa crise financière, ne produit que 34 000 véhicules ; l'Allemagne 23 000, la France 45 000 et les États-Unis 485 000. Tout est joué.

Le moteur de la croissance est désormais clairement américain – automobile et pétrolier. Le marché mondial est de plus en plus ouvert. Partout la démocratie progresse avec le marché. En 1912, plus de 12 % du PIB mondial passe par le commerce extérieur. La même année, la dernière dynastie chinoise, les Qing, s'efface devant une république.

Parfois, cette forte croissance crée des tensions et des rivalités pour la maîtrise des marchés et des sources d'approvisionnement. En 1914, une guerre, en apparence venue d'un autre temps, referme les frontières. Tout se passe comme si les marchands anglais, français et allemands s'épuisaient à se disputer un pouvoir qui ne leur appartient en fait déjà plus. Le pétrole conditionne le sort des armes et façonne l'après-guerre : pendant que des millions d'hommes meurent dans les tranchées, l'accord Picot-Sykes de mai 1916 prétend découper le Proche-Orient, propriété de l'Empire ottoman allié des Allemands, entre les deux grandes puissances européennes ; les États-Unis entrent en guerre pour peser sur le partage des réserves du Moyen-Orient.

Quand elle se termine par une épidémie de grippe et une révolution communiste en Russie et en Allemagne, la Première Guerre mondiale a accéléré le basculement du pouvoir vers l'Amérique, tout comme les guerres napoléoniennes avaient assuré la victoire de la Grande-Bretagne. Leçon de l'Histoire, une fois de plus : le vainqueur de toute guerre est celui qui ne la fait pas, ou, en tout cas, qui ne se bat pas sur son propre territoire.

L'épuisement des Européens asseoit ainsi la puissance de la côte est des États-Unis, de Washington à Chicago, de New York à Boston. Renforcée par la guerre, l'industrie automobile triomphe. Apparaissent de nouvelles technologies, dont la radio et le moteur électrique. En 1919, le traité de Versailles, rédigé pour l'essentiel, dans sa partie économique, par des financiers américains, redessine l'Europe. Il découpe l'Empire ottoman en miettes ingérables, entérine la création de l'Union soviétique et impose une charge insurmontable à l'Allemagne vaincue. Le président américain, tout-puissant, peut même tenter d'imposer des règles pour éviter toute nouvelle guerre, par la création d'une « Société des Nations », premier embryon d'un illusoire gouvernement mondial.

Mais, en Amérique comme en Europe, les coûts de production augmentent, les salaires s'élèvent, les taux de rentabilité baissent ; la vision de l'avenir se brouille, la demande s'effondre, l'investissement s'arrête, le chômage explose, la protection se durcit, la liberté recule. La constitution, en 1928, d'un cartel des grandes compagnies pétrolières, les « sept sœurs », augmente le prix de l'essence, fait s'effondrer la production d'automobiles, déclenche la « Grande Crise » et met fin à la septième forme, cependant que, déjà, la huitième prend son envol.

New York, 1929-1980 : la victoire électrique

Comme celle des sept formes antérieures, la naissance d'une huitième suppose de réunir les conditions culturelles, politiques, sociales et économiques pour le remplacement de services, payants ou gratuits, par de nouvelles machines produites en série : après l'industrialisation de la production agricole, des vêtements et du transport, c'est le moteur électrique qui vient remplacer, par des appareils électroménagers, les services domestiques rendus par les femmes au foyer et les employés de maison.

Comme à chaque mutation antérieure, la huitième crise de l'Ordre marchand se résout bien avant même son déclenchement : la victoire de l'électricité se joue dès la fin du XIXe siècle. Leçon pour l'avenir : le temps qui sépare une innovation, même socialement nécessaire, de sa généralisation tourne toujours autour d'un demi-siècle.

L'invention par Nicolas Tesla, en 1889, du petit moteur électrique permet d'abord d'utiliser cette énergie pour améliorer la productivité des machines antérieures, dont les machines-outils agricoles et industrielles, et l'automobile. Grâce à Thomas Edison, l'éclairage est son second usage : à la fin du XIXe siècle, les principales villes américaines sont éclairées et deviennent plus sûres ; à partir de 1906, l'État fédéral prend en main la création d'un réseau électrique national.

Puis le moteur électrique rend possible l'installation d'ascenseurs, donc la construction de gratte-ciel, favorisant alors l'*urbanisme vertical* dont Frank Lloyd Wright sera le grand architecte. Le moteur électrique participe ainsi indirectement à la migration rurale et à la réduction de la taille de la famille, créant un marché pour des machines permettant ensuite de remplacer, dans les appartements devenus exigus, une partie du travail domestique (nettoyer, conserver, cuisiner et distraire) par des objets fabriqués en série (baignoire, lavabo, machine à laver, réfrigérateur, cuisinière, radio, puis télévision).

N'ayant pas de tradition rurale, l'Amérique est particulièrement bien placée pour réussir cette mutation vers la ville géante. Les journaux féminins et le mouvement féministe y préparent aussi et mieux qu'ailleurs, les femmes à l'acceptation de leur statut de consommatrices. De plus, la publicité, qui commence, rappelle sans cesse à la femme, parfois de façon très explicite, son prétendu « rapport particulier » à l'usage de la propreté : sous prétexte de « libérer » la femme, le marché proclame son aliénation.

Comme les précédentes, cette huitième forme transforme de nouveaux paysans et artisans en salariés précaires ; elle concentre de plus en plus les richesses en un nombre restreint de mains ; elle bouleverse la condition féminine ; elle fait surgir de grandes libertés pour les consommateurs et les citoyens, et de nouvelles aliénations pour les travailleurs.

En 1910, le moteur électrique sert d'abord à actionner des ventilateurs, puis des postes de radio, d'abord d'usage militaire. En 1920, apparaissent les

premières machines à laver et les premiers réfrigérateurs. La moitié des logements américains sont
alors électrifiés et disposent d'eau courante, parfois
du gaz ; la salle de bains devient un élément du
confort de la classe moyenne. Au même moment, le
Federal Water Power Act institue un contrôle des
sources d'énergie hydraulique. En 1921, l'industrie
américaine produit 2,5 millions d'appareils sanitaires, puis le double en 1925. En 1930, 80 % des
logements américains sont électrifiés. La production d'appareils sanitaires, à peine ralentie par la
crise de 1929, atteint 3,5 millions en 1941. La vente
de postes de télévision et de réfrigérateurs décolle,
malgré la Grande Crise. Progressivement, des équipements ménagers remplacent les employés de
maison, noirs pour la plupart, héritiers des esclaves
tout juste émancipés : leur nombre s'effondre de
4 millions en 1920 à 300 000 en 1940 ; les autres
allant grossir les chiffres du chômage. En 1935, le
Congrès vote le *Public Utility Holding Company
Act* qui vise à donner aux villes accès à une énergie
électrique à bas coût pour pouvoir utiliser ces
nouvelles machines.

Cette huitième réorganisation de la forme
marchande, cette fois autour de la famille la plus
étroite, est particulièrement adaptée à la logique
sociale américaine ; elle débarque aussi en Europe

et coïncide avec les crispations dictatoriales de l'Italie, de l'Espagne et de l'Allemagne : la famille est également au cœur du projet fasciste et nazi. En 1935, la production industrielle de l'Allemagne est même nettement supérieure à celle de la France, de la Grande-Bretagne et des États-Unis. De 1933 à 1938, sa production d'acier, de ciment et d'aluminium triple. Mais comme l'Allemagne a besoin de main-d'œuvre, de pétrole, de matières premières et de terres agricoles, et qu'elle ne peut pas compter sur le seul commerce pour les obtenir en quantité suffisante, la guerre lui devient indispensable. Le modèle soviétique, à côté, semble lui aussi réussir à s'organiser comme une économie de guerre sans que quiconque puisse vérifier les statistiques publiées par sa propagande.

La guerre, voulue une seconde fois par l'Allemagne, aide de nouveau les États-Unis, épargnés sur leur propre territoire, à maîtriser les technologies et les productions nécessaires à l'industrie et à la finance, désormais basée à New York.

L'énergie joue, là encore, un rôle clé : c'est pour atteindre les réserves de pétrole du Caucase qu'Hitler se dirige vers Stalingrad, une fois rompu le pacte germano-soviétique qui lui avait assuré le pétrole nécessaire à ses premières victoires. C'est en raison de l'embargo sur ses approvisionnements pétroliers que le Japon attaque Pearl Harbor en décembre 1941. Enfin, c'est en rentrant de Yalta en février 1945 que Roosevelt reprend à la Grande-Bretagne l'Arabie Saoudite où se trouvent les premières réserves mondiales d'or noir.

À la sortie de cette nouvelle guerre mondiale qui a fait environ cinquante millions de morts, soit cinq fois plus que la première, le monde est totalement transformé : l'arme nucléaire est apparue ; la Shoah a eu lieu ; le Moyen-Orient est divisé en dix États ; le communisme est triomphant. Se recrée alors une huitième forme marchande dans une moitié du monde, y compris dans les anciennes dictatures fascistes et nazies, cependant que l'autre moitié, de Budapest à Pékin, entre dans l'orbite de l'Union soviétique. Commence la « guerre froide » entre les alliés de la veille.

La nouvelle forme marchande est cette fois centrée autour de New York et de l'électricité. C'est la deuxième forme dont le « cœur » est situé en Amérique. Ce ne sera pas la dernière.

Électrification, allocations familiales, aides au logement produisent, à partir de 1945, une demande de masse pour des biens d'équipement ménager inventés dans les années 1920, relançant l'économie mondiale bien plus efficacement que les grands travaux publics.

En vingt ans, de 1945 à 1965, grâce au moteur électrique, New York devient la plus grande métropole du monde. Le prix des équipements ménagers y est divisé par cinq et leur production décuple. De nouveaux objets de consommation accélèrent encore l'évolution de l'économie de marché vers le nomadisme, autre nom de la liberté individuelle : en 1947, la pile électrique et le transistor, innovations capitales, rendent portables la radio et le tourne-disque. Révolution majeure, car elles permettent aux jeunes de danser hors des bals, donc hors de la présence des parents, libérant la sexualité, ouvrant à de toutes nouvelles musiques, du jazz au rock, annonçant l'entrée des jeunes dans l'univers de la consommation, du désir et de la révolte. Leçon pour l'avenir : le lien entre technologie et sexualité structure la dynamique de l'Ordre marchand.

Pendant que les plus pauvres des Américains se soulèvent dans les ghettos, la classe moyenne épargne au lieu de consommer. Augmente alors le nombre de ceux dont le métier consiste à inciter à dépenser : banque, assurances, publicité, marketing, médias. De 1954 à 1973, les prêts des banques aux ménages américains quintuplent.

Le reste du monde s'installe au « milieu » : pendant que le PIB des États-Unis augmente de 3 % par an entre 1959 et 1973, la Grande-Bretagne, la

France, l'Allemagne, exsangues depuis la Seconde Guerre mondiale, refont le chemin perdu, en partie grâce à l'aide américaine. Le PIB du Japon, lui, passe de 300 $ par tête en 1956 à 12 000 $ en 1980. Hors d'Europe, le monde paraît parfaitement sous contrôle, soit de l'URSS, soit de l'Amérique : par exemple, quand, en 1954, le Premier ministre iranien Mohammad Mossadegh nationalise le pétrole perse, il est immédiatement destitué par un coup d'État fomenté par la CIA ; un consortium international, composé de compagnies françaises, hollandaises, britanniques et américaines, prend le contrôle de la production pétrolière de ce pays. À Budapest, en 1956, Nikita Khrouchtchev envoie les chars de l'URSS, sans que quiconque à l'Ouest réagisse. L'ordre règne.

Et puis, comme à chaque fois, le « cœur » s'épuise en dépenses militaires à l'étranger et en dépenses de police dans ses propres ghettos. Au Vietnam, après la Corée, l'affrontement des États-Unis avec le monde communiste démontre que la superpuissance capitaliste est militairement faillible et financièrement fragile.

Partout en Occident, les activités de services, publics et privés, ne pouvant être automatisées, exigent une part croissante du surplus : faute d'automatisation des services rendus par les « cols blancs » dans l'industrie, la productivité du travail et celle du capital stagnent, tandis que les dépenses militaires et sociales augmentent. La rentabilité du capital décroît ; les circuits financiers acheminent les prêts vers les industries traditionnelles plutôt que vers les entreprises novatrices, vers des emprunteurs publics étrangers plutôt que vers des emprunteurs privés nationaux, vers les grosses compagnies plutôt que vers les petites entreprises ; la sidérurgie n'investit plus que la moitié de ce qui lui serait nécessaire pour concurrencer le Japon ou la Corée.

En 1973, la hausse des prix des matières premières, en particulier celle du pétrole, réduit encore le revenu disponible des salariés sans augmenter ni la production, ni la demande. L'épargne baisse ; les dettes augmentent. Puis vient l'inflation qui, en réduisant la valeur des dettes, réduit le poids de l'endettement, ce qui, en retour, relance et accélère l'inflation. L'augmentation du chômage et la paupérisation d'une partie de la population aggravent alors l'insécurité.

En 1980, les États-Unis semblent au bord du déclin : ils perdent leur premier rang mondial pour les exportations d'automobiles ; leur part dans le marché mondial de la machine-outil tombe de 25 % en 1950 à 5 % en 1980, alors que celle du Japon, nouvelle puissance, passe de 0 à 22 %. La dette extérieure des États-Unis augmente massivement, dépassant leurs avoirs à l'étranger ; pour la financer, les dirigeants américains tolèrent l'usage grandissant du dollar par des créanciers étrangers. New York n'est plus le seul lieu où s'organise la finance du monde ; la City de Londres (où un émigré allemand, Sigmund Warburg, lance les premiers emprunts en eurodollars et la première OPA) semble retrouver une place qu'elle croyait à jamais perdue. Le Japon devient le principal créancier des États-Unis, où il achète spectaculairement un grand nombre d'entreprises symboliques et de biens immobiliers. L'Amérique semble en passe de n'être plus que le grenier à blé d'un Japon florissant, tout comme la Pologne l'était des Flandres au XVIIIe siècle.

Beaucoup – dont moi – ont alors cru que Tokyo pourrait un jour espérer accéder au « cœur ». Le Japon en avait alors la force financière, le dirigisme, la peur du manque, la technologie, la puissance industrielle. En fait, ce pays se révèle assez vite incapable de résoudre les difficultés structurelles de son système bancaire, de maîtriser la bulle financière qui se forme, d'éviter une réévaluation massive de sa monnaie, de créer de la mobilité parmi ses travailleurs, d'améliorer la productivité des services et du travail de ses « cols blancs ». Surtout, il n'attire pas sur son sol les élites du monde entier, ni ne promeut l'individualisme si nécessaire au « cœur », ni n'échappe à l'orbite de son vainqueur américain.

C'est alors que surgit, en Californie bien plus qu'ailleurs, une nouvelle vague technologique. Celle-ci rend justement possible une automatisation massive des activités administratives dans les grandes entreprises, c'est-à-dire exactement ce qui pose problème dans la huitième forme. Elle s'ouvre sur une extraordinaire croissance de la productivité.

Le centre économique et géopolitique du monde continue son voyage d'est en ouest. Parti de Chine il y a cinq mille ans, arrivé en Mésopotamie, puis en Méditerranée et en mer du Nord, ayant traversé ensuite l'Atlantique, le voici désormais installé de nouveau sur les rives du Pacifique.

Los Angeles, 1980-? : le nomadisme californien

Pour la neuvième fois – la dernière jusqu'à aujourd'hui –, l'Ordre marchand se réorganise autour d'un lieu, d'une culture et de ressources financières qui permettent à une *classe créative* de transformer une révolution technique en un marché commercial de masse. Pour la neuvième fois, cette mutation élargit l'espace de l'Ordre marchand et celui de la démocratie. Elle augmente encore le nombre des démocraties de marché.

Cette nouvelle forme, où nous sommes encore, constitue le socle de l'Histoire en marche. Il faut donc la décrire un peu plus en détail que les huit autres.

C'est là, en Californie, dans cet État de la taille de l'Italie, où vivent 35 millions de personnes, soit un Américain sur huit, de San Francisco à Los Angeles, d'Hollywood à la Silicon Valley, que s'installe, vers 1980, le nouveau « cœur ». Ce n'est pas un lieu de hasard : c'est là qu'on découvrit jadis des mines d'or, là que démarrèrent l'industrie du pétrole et celle du cinéma ; que les plus aventuriers des Américains se regroupèrent, que s'établit l'industrie de l'électronique et de l'aéronautique ; c'est là que se trouvent quelques-unes des meilleures universités, certains des plus grands centres de recherches, des meilleurs vignobles ; là que se sont rassemblés les talents de l'industrie de la distraction, les plus grands musiciens, puis les inventeurs de toutes les technologies de l'information. Là aussi, de la frontière mexicaine à la frontière canadienne, qu'une permanente menace de tremblement de terre suscite une vibration intense, unique, un fabuleux désir de vivre, et un goût du nouveau.

Comme dans les précédentes crises de l'Ordre marchand, les technologies nécessaires à la neuvième forme marchande préexistent à leur usage : c'est parce que les activités de bureau des banques et des entreprises pèsent d'un poids de plus en plus lourd sur la productivité globale que l'automatisation de la manipulation de l'information devient un enjeu majeur. Apparaissent d'abord, dans les années 1920, des machines électriques à cartes perforées ; puis, dans les années 1940, les premiers ordinateurs à usage militaire utilisent le transistor ; en 1971, le *microprocesseur* voit le jour, héritier du transistor ; il est mis sur le marché par une nouvelle entreprise, Intel, cofondé à ce moment par Gordon Moore : un minuscule carré de silicium sur lequel sont entassés des milliers, puis des millions, puis des milliards d'unités élémentaires de stockage et de traitement de l'information. Le microprocesseur permet de mettre au point l'ordinateur de série, héritier lui aussi d'une longue succession d'innovations, initiées au XVIIe siècle, en France, par Blaise Pascal.

À partir de 1973, l'ordinateur commence à remplacer dans les bureaux les machines électriques à cartes perforées et augmente massivement la productivité des services et de l'industrie. C'est le début de la « bureautique ».

De nouvelles entreprises, californiennes pour la plupart, permettent alors de réduire les coûts des services commerciaux et des administrations. Ces technologies rendent en particulier possible une industrialisation des services de la finance, permettant aux banques une exploitation automatique des moindres imperfections du marché, mettant en relation des millions de transactions, supprimant toutes limites à la croissance des instruments financiers et à celle des mécanismes de couverture de risques : la finance et l'assurance deviennent des industries.

Une nouvelle fois, c'est donc par l'industrialisation de services – ici financiers et administratifs – qu'un « cœur » prend le pouvoir. Une nouvelle fois, contrairement à ce qu'annonçaient les futurologues, il ne s'agit pas de l'avènement d'une société de services, d'une société postindustrielle, mais exactement du contraire : ce sont les débuts d'une industrialisation des services, visant à les transformer en nouveaux produits industriels.

Comme les autres antérieurement, cette révolution conduit à la mise sur le marché de nouveaux objets de consommation ; ils jouent, dans la nouvelle forme, le rôle joué par l'automobile et les équipements ménagers dans les deux formes précédentes : les *objets nomades* (expression que j'ai introduite en 1985, bien avant que ces objets n'apparaissent, et qui, depuis lors, s'est installée dans de nombreuses langues), machines miniaturisées capables de retenir, stocker, traiter, transmettre l'information – sons, images, données – à très grande vitesse.

Pourquoi « objets nomades » ? Les nomades transportent depuis toujours, on l'a vu, des objets susceptibles de les aider à vivre en voyage ; le premier fut sans doute une pierre taillée, un talisman, puis vinrent le feu, les vêtements, les chaussures, les outils, les armes, les bijoux, les reliques, les instruments de musique, les chevaux, les papyrus. Puis ce fut le livre, premier objet nomade produit en série ; ensuite des objets permettant de miniaturiser et de rendre portatifs des instruments sédentaires : montre, appareil photo, radio, électrophone, caméra, lecteur de cassettes. D'autres surgissent enfin pour traiter l'information.

En 1976, un nouveau venu, californien lui aussi, Steve Jobs, crée l'Apple 1, ordinateur individuel utilisable par tous, avec des interfaces simples. En 1979, des Japonais commercialisent le premier objet nomade ayant un nom quasi nomade : le Walkman, lecteur de cassettes inventé par un Allemand du nom d'Andreas Pavel.

Simultanément se développe le goût pour d'autres objets nomades, les animaux de compagnie de toutes espèces, qui offrent aux sédentaires l'occasion de vivre une vie de quasi-pasteurs, de simili-nomades, de simili-cavaliers accompagnés d'un simili-troupeau, sans aucun des risques associés au voyage, avec une compagnie fidèle et durable dans un océan de précarité et de déloyauté.

En 1981, alors qu'apparaît en France le Minitel, le géant américain de l'informatique industrielle, IBM, lance lui aussi son premier ordinateur portable, l'IBM 5150, sans trop y croire. La machine est dotée d'un microprocesseur d'Intel et d'un logiciel MS-DOS produit par une autre modeste entreprise de la côte ouest des États-Unis, Microsoft ; elle pèse 12 kilos et est 32 000 fois moins puissante et 12 fois plus chère que les moins sophistiqués des PC de 2006. C'est pourtant un triomphe : au lieu des 2 000 exemplaires prévus, IBM en vend 1 million. Dix ans plus tard, Microsoft est devenue l'une des cinq premières entreprises mondiales. En 2006, 250 millions de micro-ordinateurs sont vendus et plus de 1 milliard sont en service de par le monde.

En même temps, apparaissent deux autres outils majeurs du nouveau nomadisme : le téléphone portable et Internet. Ils s'installent tout aussi lentement que l'ordinateur, mais triomphent en se connectant l'un à l'autre. Pour les sédentaires, ils sont des substituts au voyage ; pour les nomades, des moyens de rester en relation entre eux et avec les sédentaires. L'un et l'autre permettent à chacun d'avoir, pour la première fois, une adresse non territoriale (numéro de téléphone mobile ou adresse *e-mail*).

Le premier téléphone mobile non militaire apparaît en Grande-Bretagne à la fin des années 1970. Il nécessite d'abord l'allocation d'une fréquence et une batterie portative très encombrante, jusqu'à ce que les réseaux cellulaires augmentent les capacités de transmission et que les batteries se miniaturisent. En trente ans, le mobile devient planétaire et fait circuler voix et données. Il est aujourd'hui le plus grand succès commercial de tous les temps : en 2006, plus de 2 milliards de personnes, soit un tiers des humains, en disposent.

Parallèlement, il devient possible de mettre en relation deux ordinateurs par téléphone. Dans ce cas là aussi, la généralisation d'une nouvelle technologie prendra trente ans : c'est Internet. Le cheminement en est très intéressant. En août 1962, le MIT, prestigieuse université située près de Boston, publie les premiers textes décrivant les interactions possibles dans un réseau d'ordinateurs qui seraient reliés par téléphone ; en 1965, est testée la première connexion informatique à longue distance entre un ordinateur situé dans le Massachusetts et un autre situé en Californie. En 1969, des centres névralgiques de l'US Army créent le réseau Arpanet pour échanger entre eux des informations électroniques en toute confidentialité. En 1979, des étudiants américains créent les premiers *newsgroups* pour communiquer des données civiles à travers les quelques centaines d'ordinateurs connectés dans les centres de recherches et les universités. En 1981, Arpanet arrive en Europe. La même année apparaît le protocole TCP/IP et le mot « Internet ». En 1983 est ouvert le premier serveur gérant des noms de sites. En 1984, mille ordinateurs sont connectés ; en 1989, Internet s'ouvre au grand public et se créent les premières adresses *e-mail*. En 1991, Tim Berners-Lee, un chercheur britannique travaillant dans un centre de recherche nucléaire européen à Genève, le CERN, invente une langue commune pour tous les acteurs connectés à ce réseau, le html ; il organise la communauté de ceux qui l'utilisent, qu'il nomme le *World Wide Web* et dont il met en ligne, le 6 août 1991, la première adresse (http://info.cern.ch/).

Leçon pour l'avenir : nombre d'innovations majeures sont le produit du travail de chercheurs payés sur fonds publics pour chercher tout autre chose.

Surgissent alors de très nombreuses applications de l'informatique connectée ; elles sont, elles aussi, destinées à améliorer la productivité des services : *logiciels* de gestion commerciale, de courrier électronique, de commerce électronique, d'échanges de données financières. En 1992, un million d'ordinateurs sont connectés ; ils sont dix millions en 1996, un milliard en 2006.

Internet apparaît alors comme une sorte de nouveau continent, cette fois virtuel, à découvrir, à peupler, à organiser, avec un champ infini pour des activités marchandes. Certaines entreprises de logiciels deviennent parmi les premières du monde : Microsoft, AOL, Oracle, Google, toutes devenues californiennes. En 1998, le chiffre d'affaires de l'économie d'Internet dépasse celui des télécommunications et des compagnies aériennes. Plus encore, Internet démultiplie aussi les moyens du téléphone portable, qui devient progressivement lecteur vidéo, appareil photo, récepteur de télévision, éditeur de *blogs*. En 2004, Apple comprend que le profit se fait sur l'objet nomade et non sur les données qui y circulent, gratuitement pour l'essentiel : l'Ipod remplace le baladeur, là encore avec des centaines de millions d'exemplaires vendus.

Les jeux vidéo, mêlant curiosité et aventure, se développent aussi ; d'abord sous forme de logiciels pour joueur solitaire, puis ils se connectent à Internet et deviennent des jeux multijoueurs à la croissance exponentielle : en 2006, 100 millions de personnes jouent en réseau et achètent pour plus de 1 milliard de dollars de biens virtuels.

Au total, en 2006, l'activité sur Internet dépasse les 4 000 milliards de dollars dans le monde, soit 10 % du PIB mondial, dont la moitié aux États-Unis.

Internet accélère aussi le développement des services financiers ; grâce à lui, le rapport entre l'économie financière et l'économie réelle augmente massivement, passant aux États-Unis de 2 en 1970 à 50 en 2006. Les transactions financières internationales représentent en 2006 80 fois le volume du commerce mondial, contre 3,5 fois en 1997, ce qui signifie que le volume du commerce mondial annuel ne représente plus que 4,3 jours de transactions sur le marché des devises, des titres et des options diverses.

Le marché de l'assurance devient lui aussi, grâce à Internet, considérable ; il accélère également la croissance des systèmes financiers en couvrant les principaux risques sur les principaux marchés. L'assurance des biens et des personnes représente en 2006 environ 10 % du PIB aux États-Unis, et 5 % du PIB mondial, soit 2 500 milliards de dollars, contre 2 000 milliards pour l'énergie. Les fonds de couverture de risques gèrent environ 1,5 trillion de dollars en 2006, soit le double de l'an 2000. Ces fonds représentent un tiers des transactions boursières ; ils commencent même à prendre des participations actives dans des entreprises cotées, gérant des actifs de particuliers, et plus seulement ceux des acteurs financiers. Ils prennent parfois des risques illimités et prennent des paris sur des risques sans en avoir le financement !

Le centre de gravité économique et démographique des États-Unis se déplace alors du nord-est vers le sud-ouest : en 2006, la Californie est devenu le premier des États en termes de PIB (13 % du PIB américain pour 12 % de la population) et se classerait sixième au monde si elle était un État indépendant. Entre 1980 et 1990, 54,3 % de la croissance démographique nationale se fait en Californie, en Floride et au Texas. À partir de 1990, le Sud et l'Ouest américains rassemblent plus de la moitié de la population du pays.

Le PIB de l'ancien « cœur », l'État de New York, désormais le deuxième en taille, ne représente plus que 60 % de celui de la Californie, tout en restant le centre de la finance mondiale.

Les États-Unis retrouvent alors leur dynamique de croissance, d'emploi, de productivité, d'entreprise ; l'esprit pionnier se renouvelle. La culture californienne de la distraction, du cinéma à la musique et à l'information, trouve dans les objets nomades des débouchés radicalement nouveaux. Les prix des autres produits d'équipement, y compris l'automobile, baissent ; l'économie américaine consomme en 2006 deux fois moins de pétrole par unité produite qu'en 1985.

Les patrimoines des Américains moyens augmentent aussi massivement : ceux-ci possèdent en 2006 plus de 14 trillions de dollars placés dans l'immobilier et en valeurs boursières. En 2006, deux tiers des ménages sont propriétaires de leur logement (contre 40 % en 1939). Les plus-values réalisées par l'immobilier représentent 60 % du total de leur enrichissement des vingt dernières années. La recherche de l'équité, dont parle alors le philosophe américain John Rawls, remplace, au moins dans le discours, celle de l'égalité.

Les États-Unis s'installent ainsi plus que jamais comme la superpuissance planétaire. Ils organisent des réseaux et constituent des bases de données pour analyser, séduire, convaincre, influencer.

La croissance économique mondiale s'accélère aussi : l'Ordre marchand s'étend à de nouvelles démocraties de marché. En Amérique latine et en Europe de l'Ouest, les dictatures tombent l'une après l'autre : la Grèce, l'Espagne, le Chili, l'Argentine, le Brésil, la Turquie. À partir de 1985, le système soviétique lui-même, que tout le monde croyait inébranlable, se révèle incapable de soutenir la course aux armements lancée par le président américain et appuyée par l'Europe de l'Ouest. Quand, en 1988, Mikhaïl Gorbatchev tente d'instaurer la démocratie en maintenant les règles de l'économie planifiée et de la propriété collective, il échoue et il faut moins de trois ans pour passer de la *glasnost* à la *perestroïka*, c'est-à-dire pour comprendre que la démocratie ne peut exister sans une économie de marché. L'ensemble du bloc soviétique se défait et se rapproche de l'Union européenne.

Le système mondial se libéralise partout. En 2006, 130 pays ont aboli la peine de mort ; 140 pays pratiquent des élections plus ou moins libres ; 82 d'entre eux sont à peu près démocratiques, c'est-à-dire que le pouvoir exécutif y est contrôlé par un parlement, et que les principaux droits de l'homme y sont respectés.

Les résultats de la neuvième forme de l'Ordre marchand sont exceptionnels : entre 1980 et 2006, le PIB mondial est multiplié par 3, le commerce de produits industriels par 25. La production de la planète dépasse les 40 trillions d'euros et augmente de plus de 4 % par an, vitesse jamais atteinte dans l'histoire. À partir de 1985, les exportations représentent à nouveau 13 % du PIB mondial, ratio qu'elles n'avaient pas atteint depuis 1913.

Les rapports de forces se modifient : en valeur relative, les États-Unis stagnent ; l'Europe décline, l'Asie remonte. La croissance annuelle dépasse en 2006 les 7 % en Asie, un peu moins aux États-Unis et beaucoup moins en Europe. De 1980 à 2006, le PIB de l'Asie est multiplié par 4, celui de la Chine par 3, celui de l'Inde par 3, celui de l'Europe par 2. Entre 1980 et 2006, la part des États-Unis dans le PIB mondial reste égale à 21 %, celle de l'Union européenne décroît de 28 % à 20 %, celle de l'Asie de l'Est (Chine, Japon, Corée, Taïwan, Singapour, Hong Kong, Malaisie, Thaïlande, Philippines, Indonésie) augmente de 16 % à 28 %.

L'Europe, pourtant économiquement rassemblée, perd du terrain ; sa compétitivité baisse ; son dynamisme se ralentit, sa population vieillit. Même si l'Union européenne réussit, en 1992, à se doter d'une monnaie unique, elle ne devient pas une démocratie de marché intégrée ; elle ne progresse plus au rythme du reste du monde ; le PIB par habitant y est en 2006 de 25 % inférieur à celui des

États-Unis ; la recherche y est beaucoup plus faible ; les meilleurs éléments de la classe créative quittent l'Europe pour le Nouveau Monde ; une part importante de l'industrie du Vieux Continent se déplace vers l'Asie sans être remplacée par des industries nouvelles. La Russie, pourtant formidablement enrichie par ses immenses ressources pétrolières, ne réussit pas à recréer les bases de son développement : l'espérance de vie baisse, les infrastructures se défont. Alors que les dépenses de Sécurité sociale sont censées représenter 20 % du PIB russe, elles ne s'élèvent en réalité qu'à 2 % de ce PIB. Et pourtant, la Banque centrale russe dispose de plus de 250 milliards de dollars de réserves.

Le Pacifique devient la première mer du monde : en 1990, le commerce transpacifique dépasse déjà de moitié le commerce transatlantique ; la moitié du commerce mondial s'y effectue. Neuf des douze plus grands ports du monde sont situés sur le littoral asiatique du Pacifique, et la majorité du transport de fret aérien de la planète traverse cet océan.

L'Asie s'approche à nouveau du « cœur » : les deux tiers des diplômés américains, en sciences et en ingénierie, sont, en 2006, d'origine asiatique ; même s'ils demeurent ensuite un certain temps aux États-Unis, beaucoup créent d'impressionnants réseaux avec leurs partenaires d'Extrême-Orient ; de très nombreuses entreprises des États-Unis, en particulier en Californie, sont fondées et dirigées par des étrangers : EBay par un Iranien, Google par un Russe, Juniper par un Indien.

Le Japon, qui aurait pu un temps, on l'a vu, devenir le « cœur », entre en 1995 dans une crise dont il ressort très affaibli en 2005. Il reste cependant en 2006 la deuxième économie du monde.

La Chine décolle après 1989 : la plus grande dictature du monde produit en 2006 plus de la moitié des produits phares des formes antérieures (réfrigérateurs, téléviseurs, machines à laver). Elle est aujourd'hui le premier consommateur mondial de cuivre, de fer, de nickel, de plomb, d'aluminium ; le second de pétrole (7 millions de barils/jour, contre 21 aux USA et 5,5 au Japon). La Chine entre même pour un tiers dans la croissance mondiale annuelle de la consommation de pétrole. Le PIB chinois par habitant atteint, en 2006, 1 300 dollars et, à Shanghai, il est même de 5 300 dollars. Cette même année, l'enseignement supérieur chinois forme 800 000 ingénieurs, et la Chine compte plus d'abonnés à Internet que les États-Unis. Mais les salaires y sont encore le vingtième de ce qu'ils sont outre-Atlantique.

L'Inde, devenue une démocratie de marché à partir de 1985, entre elle aussi en forte croissance, avec un secteur industriel exceptionnel et des entreprises de taille mondiale. Avec, plus encore qu'en Chine, d'extrêmes inégalités, on y compte déjà 80 000 millionnaires en dollars ; une centaine de compagnies indiennes sont déjà valorisées à plus d'un milliard de dollars. Le secteur agricole indien emploie encore en 2006 les deux tiers de la population et ne produit qu'un cinquième du PIB. Le nombre de paysans sans terre passe de 35 % de la population rurale en 1998 à 55 % en 2006. Les inégalités entre classes, genres, ethnies et régions sont énormes : par exemple, les habitants des régions de Bihâr, d'Orissa et d'Assam ont aujourd'hui dix fois moins de chances qu'un habitant de New Delhi d'être un jour diplômés de l'enseignement supérieur ou d'être équipés en téléphone portable. Et dans les bidonvilles de Bombay, il y a plus d'habitants que dans toute la Norvège.

D'autres pays d'Asie progressent aussi très vite : la Corée du Sud, à peine sortie de la dictature en 1990, décolle sur tous les terrains, de l'automobile au téléphone. Elle est particulièrement en avance sur le reste du monde en matière de connexions à très haut débit par fibre optique ; elle est aussi pionnière en matière de multimédias avec Cyworld, qui rassemble le tiers de la population du pays, et avec OhMyNews, site de journalisme participatif, devenu l'un des médias les plus puissants et écoutés du pays. Derrière les plus grandes firmes, les *chaebol*, émergent d'autres entreprises de pointe, comme NHN, qui développe un des seuls concurrents sérieux de Google, et NC Soft, qui exploite l'un des principaux jeux de rôles multijoueurs en réseau, Lineage. Les produits culturels coréens déferlent sur le reste de l'Asie, suscitant l'engouement d'une population allant des mères de famille tokyoïtes à la jeunesse chinoise, vietnamienne ou philippine. Les films, feuilletons, chanteurs coréens forment une « vague coréenne » *(hallyu)* qui renvoie aux jeunesses asiatiques l'image d'une société ayant réussi à concilier la modernité occidentale et les valeurs traditionnelles asiatiques ; un modèle qu'elles sont plus enclines à recevoir de Corée que d'un Japon n'ayant pas encore achevé le travail de mémoire de son passé impérialiste.

En Amérique latine, tous les pays sauf Cuba sont, en 2006, des démocraties de marché. En Afrique, où les dictateurs sont chassés l'un après l'autre, quelques pays sortent même de la récession ; de 1986 à 2006, la proportion d'individus sachant lire et écrire est passée de 40 % à 67 % au Rwanda, de

33 % à 64 % au Nigeria, de 27 % à 47 % en Côte-d'Ivoire, de 40 % à 63 % en Algérie.

Tout semble donc en place pour que cette neuvième forme réduise massivement la pauvreté et dure encore très longtemps.

Les débuts de la fin

Et pourtant, la fin de la neuvième forme s'annonce déjà ; comme, avant elle, s'annonçait longtemps à l'avance celle de toutes ses devancières.

D'abord, l'Ordre marchand souffre de nombreuses contradictions internes. Les déficits externes explosent et leur financement est de plus en plus dépendant de l'étranger. Alors qu'en 1985 le déficit extérieur américain (qui était de 2,8 % du PIB) n'était financé qu'à raison de 8 % par des gouvernements étrangers, il est en 2006 de 5,2 % du PIB, financé à plus de 30 % par l'étranger. De plus, les deux tiers des réserves mondiales, libellées en dollars, dont 2 trillons seulement en Asie, ont perdu un tiers de leur valeur en euros depuis 2002.

Proliférant, excessif, illimité, sans contrôle, le système financier américain exige des rentabilités que l'industrie ne peut atteindre, au point que les entreprises industrielles prêtent désormais l'argent qu'elles gagnent au secteur financier plutôt que de l'investir dans leurs propres activités. En conséquence, les automobiles, les biens d'équipement ménagers, les téléviseurs, les téléphones américains ne sont plus de la meilleure qualité mondiale. Et les entreprises américaines croulent sous leurs dettes à l'égard de leurs retraités.

Par ailleurs, une partie de l'industrie américaine est menacée par l'arrivée d'Internet : tout ce qui peut être dématérialisé est progressivement échangé gratuitement. Les *majors* vendent déjà moins de CD qu'il y a dix ans ; les tentatives pour remplacer les ventes de CD par des ventes de fichiers numériques échouent : en 2006, sur les 20 milliards de fichiers numériques de musique téléchargés de par le monde, moins de 1 milliard ont été achetés.

Les salariés sont aussi de plus en plus endettés, en particulier auprès de deux entreprises publiques (Fannie Mae, deuxième entreprise des États-Unis, et Freddie Mac, la cinquième), qui possèdent ou garantissent 4 trillions de dollars de prêts hypothécaires, dette multipliée par quatre en dix ans. Le taux d'épargne des salaires américains n'est plus que de 0,2 %, le plus bas du monde, alors qu'il était de 10 % jusqu'en 1980. La dette des ménages américains à l'égard des émetteurs de cartes dépassent en 2006 plusieurs années de revenus. La concurrence des prêteurs est impitoyable : alors qu'il y a vingt ans les banquiers renâclaient quand 30 % du revenu d'un ménage étaient consacrés au remboursement de ses dettes, ils considèrent en 2006 qu'un niveau de 50 % est parfaitement tolérable.

Par ailleurs, les inégalités se creusent entre les plus riches Américains et les autres : le revenu des 0,01 % les plus riches (pour l'essentiel, des acteurs des marchés financiers) est passé de 50 fois le salaire moyen de l'ouvrier en 1975 à 250 fois ce même salaire trente ans plus tard ; la moitié de la richesse créée de 1990 à 2006 a bénéficié à 1 % des ménages. Le salaire ouvrier américain baisse depuis 1973 en raison de la concurrence de l'immigration et de celle des délocalisations. En 2006, les salariés américains travaillent en moyenne 46 semaines, soit 6 de plus que les Européens ; et ils ont deux fois moins de semaines de congés que les Européens.

En 2006, en Californie même, où le salaire horaire minimum est pourtant en principe de 8 dollars, un enfant sur cinq vit au-dessous du seuil de pauvreté. 3,5 millions de sédentaires américains se retrouvent pendant au moins trois mois par an sans abri ; près d'un enfant noir sur dix, un enfant d'origine hispanique sur vingt résident au moins deux mois par an dans un refuge ; c'est le cas aussi d'une personne âgée sur dix. À New York, plus de 38 000 personnes sont hébergées chaque nuit dans des abris municipaux, dont 16 800 enfants et presque autant de vieux. En 2006, 41 millions d'Américains ne sont pas du tout aidés, 31 millions sont dépourvus d'assurances de toute nature.

À l'échelle du monde, les contrastes sont aussi de plus en plus extrêmes : alors qu'en 1950 la moitié de la population du monde – soit 1,2 milliard de personnes – vivait en dessous du seuil de pauvreté absolue, estimé à 1 dollar par jour, en 2006 la moitié de l'humanité survit avec moins de 2 dollars par jour, nouveau seuil de pauvreté, et 1,3 milliard ne dispose pas de plus 1 dollar. Le salaire horaire minimal d'un Californien est quatre fois supérieur au salaire journalier du tiers de l'humanité. La moitié des habitants du globe n'ont accès dignement ni à l'eau courante, ni à l'éducation, ni à la santé, ni au crédit, ni au logement. 78 % des habitants des villes du Sud vivent dans des taudis. Ils sont 99,4 % en Éthiopie. Les villes croissent de façon désordonnée : Dacca, Kinshasa et Lagos ont vu leur population multipliée par quarante entre 1950 et 2006. On dénombre 200 000 bidonvilles de par le monde. Les quarante-neuf pays les plus pauvres de la planète, qui regroupent 11 % de la mondiale, ne reçoivent encore que 0,5 % du PIB mondial.

L'agriculture mondiale piétine, alors que la population augmente de plus en plus vite et souffre encore de la faim. La quantité de calories disponible par habitant de la planète n'a augmenté que de 3 % entre 1994 et 2006. Cette même année, 850 millions de personnes sont en situation de malnutrition, soit plus que jamais auparavant, 1 milliard (dont les deux tiers sont des femmes) sont illettrées ; plus de 150 millions d'enfants de 6 à 11 ans ne vont pas à l'école.

La croissance aggrave la misère de beaucoup. Une part importante des biens exportés à très bas prix (vêtements, jouets, articles de sports) vers les magasins d'Europe et d'Amérique est fabriquée par des travailleurs ultra-exploités dans les pays les plus pauvres d'Asie et d'Amérique latine. En 2006, 250 millions d'enfants dans le monde – dont le quart de moins de 10 ans – travaillent illégalement, dont 180 millions dans des conditions d'exploitation intolérables ; 10 millions sont victimes de l'esclavage et de la prostitution. Cette même année, 22 000 enfants sont décédés du fait d'accidents du travail. Au Bangladesh, par exemple, le salaire minimum mensuel des entreprises d'exportation ne dépasse pas les dix dollars par mois et n'a pas été réévalué depuis 1994, malgré des émeutes ; les enfants travaillent sept jours sur sept ; or les salaires ne représentent que moins de 10 % des coûts de production. Et personne ne contrôle rien.

En Afrique, la situation est pire encore : le revenu par habitant a baissé d'un quart entre 1987 et 2006. De 1970 à 2006, sa part dans les marchés mondiaux s'est réduite de moitié ; sa dette a été multipliée par 20 et égale maintenant sa production totale. En 2006, le sida, maladie apparue au début des années 1980, y touche 30 millions de personnes, dont beaucoup d'adultes de moins de 40 ans (enseignants, jeunes cadres, policiers, soldats), détruisant l'infrastructure humaine de ces pays ; 27 000 seulement reçoivent un traitement, le coût de la trithérapie étant 12 000 fois plus élevé que ce que chaque Africain dépense annuellement en médicaments.

Là où le statut des femmes est particulièrement aliéné – de l'Afrique du Nord au nord de l'Inde, et quelle que soit la religion –, la misère est encore pire.

Devant ce terrible décalage, les mouvements de population s'accélèrent. En Afrique en particulier, en 2006, plus du cinquième des habitants vit ailleurs que là où il est né. C'est aussi le cas d'un cinquième des habitants de l'Australie, du douzième de ceux des États-Unis, du vingtième de ceux de l'Union européenne.

De plus, les violences n'ont jamais cessé : s'il n'y a pas de guerre déclarée, la disparition de l'affrontement Est/Ouest révèle au grand jour les écarts Nord/Sud. Les guerres civiles sont partout, des Balkans à l'Amérique latine, de l'Afrique au Moyen-Orient.

En juillet 1991, à peine le mur de Berlin tombé, l'Irak, un des nouveaux alliés laïcs de l'Amérique, croit pouvoir profiter du soutien de Washington pour s'emparer du pétrole du Koweït, auquel il doit renoncer après la guerre du Golfe, à l'occasion de laquelle des troupes américaines s'installent près des Lieux saints d'Arabie Saoudite. Peu après, des pirates sunnites, puis chiites, utilisés dans les années 1970 par les États-Unis, en Afghanistan et ailleurs, pour contrer l'influence soviétique, se retournent contre Washington. Des attentats se multiplient pour chasser les « Infidèles » de Terre sainte, puis de terre arabe. Dans les premières années du troisième millénaire de l'ère chrétienne, en Arabie, en Afrique, à New York, puis en Afghanistan, en Irak, au Liban, une partie de l'islam, si profondément hostile au monde soviétique, devient l'ennemi du capitalisme, des États-Unis et de leurs alliés. Le 11 septembre 2001, des pirates pétris de théologie détournent des moyens nomades (des avions de ligne) pour abattre des monuments sédentaires (des tours new-yorkaises).

Les États-Unis doivent alors à nouveau accroître leurs dépenses de sécurité pour se protéger à l'intérieur et pour attaquer à l'extérieur ceux qu'ils désignent comme les responsables. Ils déclenchent ainsi une guerre interminable en Afghanistan puis en Irak. Bourbier : le coût de la seule guerre en Irak est, en 2006, de 300 milliards de dollars, soit 2,5 % du PIB américain. Une nouvelle fois – la neuvième – le coût de la défense d'un « cœur » menace sa survie.

*
* *

Au total, jusqu'à aujourd'hui, l'Ordre marchand a donc connu neuf formes successives, autour de neuf villes-« cœurs » : Bruges, Venise, Anvers, Gênes, Amsterdam, Londres, Boston, New York et enfin Los Angeles.

L'avenir, qui semble sourire à l'infini à l'Amérique, devrait pourtant s'inspirer des leçons du passé. Il pourrait en effet lui ressembler, en meilleur et en pire : la neuvième forme déclinerait, une dixième apparaîtrait, dans de nouveaux bouleversements géopolitiques, économiques, technologiques et culturels avec un nouveau « cœur » et de nouveaux vaincus.

L'Histoire qui précède aidera à tracer les contours de cet avenir, à en déceler les périls pour tenter de les maîtriser.

3

La fin de l'Empire américain

Là commence l'histoire de l'avenir, *a priori* imprévisible : tant de paramètres peuvent influencer son cours ; tant de coïncidences peuvent transformer un incident local en épisode planétaire heureux ou malheureux ; tant d'acteurs auront leur mot à dire sur la géopolitique, la culture, l'idéologie, l'économie, qu'il semble impossible de répondre à aucune des questions qu'on peut se poser sur le futur, même le plus proche : les États-Unis vont-ils se retirer sans drame de l'Irak ? La paix au Moyen-Orient sera-t-elle un jour possible ? La natalité mondiale remontera-t-elle aussi mystérieusement qu'elle a baissé ? Le pétrole manquera-t-il dans vingt ans ou dans cinquante ans ? Trouvera-t-on des énergies de substitution ? La misère et les inégalités dans les pays riches seront-elles sources de nouvelles violences ? Les pays arabes connaîtront-ils un jour un mouvement démocratique comme celui de l'Europe de l'Est ? Le Pakistan ou l'Égypte basculeront-ils dans l'islamisme ? Les détroits d'Ormuz et de Malacca, par lesquels circule l'essentiel du pétrole du monde, seront-ils obstrués par des bateaux coulés par des pirates ? La Corée du Nord fera-t-elle usage de l'arme nucléaire ? L'Occident emploiera-t-il la force pour empêcher l'Iran de s'en doter ? Un attentat terroriste en Occident fera-t-il plier un gouvernement ? Conduira-t-il à la mise en place de régimes policiers autoritaires ? Les technologies rendront-elles possibles de nouvelles formes de dictature ? Les religions deviendront-elles tolérantes ? Découvrira-t-on de nouveaux moyens de venir à bout du cancer, du sida, de l'obésité ? La maladie du poulet, ou toute autre épizootie, sera-t-elle un jour transmissible à l'homme ? Une nouvelle religion ou une nouvelle idéologie surgira-t-elle ? Les ouvriers hyperexploités des usines chinoises ou bangladeshies se révolteront-ils ? Le cours de la monnaie chinoise va-t-il décupler par rapport au dollar ? La bulle immobilière américaine va-t-elle exploser ? Le processus d'intégration européenne peut-il reprendre ? Les OGM ou les nanotechnologies se révéleront-ils une menace ou une chance ? Le climat sera-t-il un jour si dégradé que la vie deviendra impossible sur Terre ? Une guerre de religion opposera-t-elle chrétienté et islam ? De nouvelles formes de relations sexuelles et amoureuses bouleverseront-elles la morale ?

Chaque réponse à chacune de ces questions – et à bien d'autres – orientera les prochaines décennies dans un sens très particulier, vers le pire ou vers le meilleur. C'est d'ailleurs le propre des temps qui viennent : une instabilité si évidente et une interdépendance si poussée que toute révolte, toute idée neuve, tout progrès technique, tout acte terroriste, tout coup d'État, tout mouvement de masse, toute découverte scientifique pourraient réorienter la direction du monde. En particulier, plus prosaïquement, chacun de ces événements pourrait influer sur la liberté de circulation des idées, des marchandises, des capitaux et des hommes. Et donc sur la croissance, l'emploi et la liberté. Or ces questions sont si imprévisibles que le nombre des futurs possibles est presque infini.

Pourtant, la plupart de ces événements n'auront qu'un impact temporaire sur l'évolution du monde. Car au-delà des problèmes qui semblent aujourd'hui majeurs, et qui seront un jour résolus (nous verrons plus loin en détail à travers quelles péripéties), de grandes tendances continueront d'être à l'œuvre, quasi immuables.

L'Histoire longue, on l'a vu, a obéi jusqu'ici à quelques règles simples ; depuis que la démocratie et le marché sont apparus, l'évolution va dans une direction unique : de siècle en siècle, elle généralise la liberté politique et canalise les désirs vers leur expression marchande. De siècle en siècle, les paysans vont vers les villes. De siècle en siècle, l'ensemble des démocraties de marché se rassemble en un marché de plus en plus vaste et intégré, autour d'un « cœur » provisoire. Pour prendre le pouvoir sur le monde marchand, pour devenir le « cœur », une ville, ou une région, doit être le plus grand nœud de communication du moment et être dotée d'un très puissant arrière-pays agricole et industriel. Le « cœur » doit aussi être capable de créer des institutions bancaires assez audacieuses pour oser financer les projets d'une classe créative, mettant en œuvre des technologies nouvelles, permettant de transformer le service le plus envahissant du moment en objet industriel. Le « cœur » doit enfin être capable de contrôler politiquement, socialement, culturellement et militairement les minorités hostiles, les lignes de communication et les sources de matières premières.

Aujourd'hui, tout donne à penser que Los Angeles, neuvième « cœur » de l'Ordre marchand, sera encore longtemps capable de remplir un tel rôle.

A kitten will usually mimic his mother's attitudes. If a mom cat shies away from people, the kitten will display a similar apprehension. Conversely, if she interacts warmly with others, he'll tend to be affectionate and outgoing.

Special Mention
ERNIE & MOM.—Lorraine & Richard Papp, Santa Rosa, California

Pourtant, la forme actuelle du capitalisme est soumise aux mêmes menaces que celles qui ont eu raison des formes précédentes : sa sécurité est en péril, sa classe créative n'est plus loyale, les progrès techniques industriellement exploitables y sont de plus en plus lents, l'industrie y est de moins en moins rentable, la spéculation financière de plus en plus effrénée. Les inégalités s'y aggravent, la colère y gronde, un endettement considérable s'y développe. Surtout, le « cœur » doute de sa propre volonté de le rester.

Un jour – dans trente ans au plus – cette neuvième forme, comme les huit précédentes, rencontrera des limites. Une fois de plus, le marché jouera contre le « cœur » ; une nouvelle technologie remplacera d'autres services par d'autres objets industriels : après l'automobile, les biens d'équipements ménagers et les objets nomades viendront d'autres objets majeurs, lancés par un autre « cœur », idéologiquement, militairement et culturellement plus dynamique, autour d'un autre projet.

Avant que cela n'advienne se produiront des événements innombrables, la plupart dans le droit fil de l'Histoire.

Le bel avenir de la neuvième forme

Jamais la classe californienne n'a été aussi inventive, riche et prometteuse. Jamais le niveau de vie californien n'a été aussi élevé. Jamais les profits des grandes entreprises américaines n'ont atteint de tels sommets. Jamais l'innovation industrielle et financière américaine n'a été aussi triomphante. Jamais les États-Unis n'ont autant dominé le monde, militairement, politiquement, économiquement, culturellement et même, dans une certaine mesure, démographiquement : ils sont encore aujourd'hui le troisième pays le plus peuplé du monde, et le resteront en 2040 avec quelque 420 millions d'habitants.

De plus, aucun rival crédible ne s'annonce, ni en Europe, ni en Asie, ni ailleurs ; et aucun autre modèle de développement n'est même, semble-t-il, imaginable. En conséquence, au moins jusqu'en 2025, les gens les plus riches du monde et les principales banques centrales considéreront encore les États-Unis, et le dollar, comme les meilleurs refuges économique, politique et financier. En particulier, la fiscalité américaine, en supprimant bientôt l'essentiel des droits de succession, attirera, plus encore qu'elle ne le fait déjà, les fortunes exotiques. Les universités américaines pourront aussi reconstituer sans cesse la classe créative du pays en recrutant certains des meilleurs étudiants du monde, qui y resteront ensuite pour créer.

Los Angeles demeurera le centre culturel, technologique et industriel du pays ; Washington la capitale politique, et New York la métropole financière. Les États-Unis garderont longtemps encore le contrôle des technologies de la défense, du transport des données, de la microélectronique, de l'énergie, des télécommunications, de l'aéronautique, des moteurs, des matériaux, des systèmes de guidage. Ils maintiendront durablement leur part dans la production mondiale ; leurs déficits continueront de fonctionner comme des machines à développer la consommation aux États-Unis et la production ailleurs. Au total, pendant les deux prochaines décennies au moins, et même si la croissance américaine pourrait être provisoirement interrompue par des crises financières, des récessions ou par des conflits, l'essentiel des événements culturels, politiques, militaires, esthétiques, moraux et sociaux de la planète accentuera encore la suprématie des États-Unis.

Aussi longtemps qu'il sera possible de retarder les autres avenirs, dont il sera question plus loin, la croissance mondiale continuera au rythme moyen actuel de 4 % l'an. En 2025, si l'on prolonge les tendances (ce qui ne donne qu'une très vague idée de l'avenir, même à vingt ans), le PIB mondial aura crû de 80 % et le revenu moyen de chaque habitant de la planète de moitié. Une partie significative des plus pauvres seront entrés dans l'économie de marché comme travailleurs et comme consommateurs. Des produits adaptés à leur pouvoir d'achat (aliments, vêtements, logements, médicaments, motos, ordinateurs, téléphones, produits financiers) seront commercialisés. Les émigrés financeront leur pays d'origine par le transfert de leur épargne. Le micro-crédit (qui donne déjà accès au financement d'un outil de travail à plus de cent millions des plus pauvres des entrepreneurs) s'étendra, en 2025, au moins à cinq cents millions de chefs de famille ; la micro-assurance permettra d'assurer aux familles les plus démunies une couverture sociale minimale. Même si, en 2025, près de la moitié de la population du monde ne survivra encore qu'avec deux dollars par jour, la part de la population mondiale participant à l'économie de marché et sachant lire et écrire aura notablement augmenté.

Parallèlement, cette croissance économique étendra le champ de la démocratie : aucun régime autoritaire n'a jamais résisté durablement à l'abondance. Les plus récents (du général Franco au général Suharto, du général Pinochet au général Marcos) se sont révélés incapables d'utiliser une forte croissance pour maintenir leur contrôle sur les classes moyennes. La plupart des pays qui ne sont pas encore des *démocraties de marché* (Chine, Corée du Nord, Birmanie, Vietnam, Pakistan, Iran même) pourraient le devenir. Des gouvernements, des institutions, des administrations, des appareils policiers et judiciaires y obéiront à des parlements élus et non plus à des partis uniques ou à des autorités théologiques.

Pendant ces deux prochaines décennies, l'Union européenne ne sera vraisemblablement rien de plus qu'un simple espace économique commun, élargi à l'ex-Yougoslavie, à la Bulgarie, la Roumanie, la Moldavie et à l'Ukraine. Même si sa monnaie risque d'être de plus en plus utilisée de par le monde, l'Union ne réussira vraisemblablement pas à se doter d'institutions politiques, sociales et militaires intégrées : il y faudra des menaces fortes contre sa sécurité, lesquelles ne seront perçues que plus tard, avec le déferlement de la deuxième vague d'avenir dont il sera question plus loin. Faute d'une modernisation du système d'enseignement supérieur, d'une capacité à susciter l'innovation et à accueillir les étrangers, l'Union ne réussira toujours pas à réunir une classe créative nouvelle ni à récupérer ses chercheurs et ses entrepreneurs partis outre-Atlantique. Faute d'un dynamisme démographique suffisant, le remplacement des générations n'y sera plus assuré, en particulier en Espagne, au Portugal, en Italie, en Grèce et en Allemagne. Si on peut prolonger les tendances actuelles, l'Union ne représentera plus, en 2025, que 15 % du PIB mondial contre 20 % aujourd'hui ; le PIB par habitant européen ne sera plus que de la moitié de celui d'un Américain, contre plus de 60 % aujourd'hui. Ce qui se traduira aussi par un affaiblissement de la qualité des services publics, des transports à l'éducation, de la santé à la sécurité. Dans un affrontement entre Flandres et Wallonie, Bruxelles pourrait, après bien des péripéties, devenir un district fédéral européen, sans rattachement national. Naturellement, un sursaut politique volontariste pourrait changer cette donne.

Onze autres puissances économiques et politiques émergeront : le Japon, la Chine, l'Inde, la Russie, l'Indonésie, la Corée, l'Australie, le Canada, l'Afrique du Sud, le Brésil et le Mexique. Je les nommerai plus loin *les Onze*. Toutes seront, dans vingt ou vingt-cinq ans, des démocraties de marché ou en voie de l'être. En dessous, vingt autres pays à croissance forte souffriront encore de lacunes institutionnelles, dont l'Argentine, l'Iran, le Vietnam, la Malaisie, les Philippines, le Venezuela, le Kazakhstan, la Turquie, le Pakistan, l'Arabie, l'Algérie, le Maroc, le Nigeria et l'Égypte. D'autres encore, de taille plus modeste, tels l'Irlande, la Norvège, Dubaï, Singapour et Israël, joueront un rôle particulier.

L'Asie dominera. Les deux tiers des échanges commerciaux du monde se feront à travers le Pacifique. Dans un peu plus de vingt ans, la production de l'Asie dépassera la moitié de celle du monde. Déjà, treize des vingt plus grands ports de conteneurs sont situés en Asie (dont Shanghai, Hong Kong, Singapour, Nagoya au Japon, Busan en Corée, Kaohsiung à Taïwan, Dampier en Australie). Busan et Shanghai traitent déjà 90 porte-conteneurs à l'heure ; d'immenses infrastructures portuaires et aéroportuaires y seront encore développées.

La Chine sera la deuxième puissance économique du monde, avec 1,35 milliard d'habitants en 2025. Au rythme actuel, son PIB dépassera celui du Japon en 2015 et celui des États-Unis en 2040. Sa part dans le PIB mondial, qui est aujourd'hui de 4,5 %, passera à 7 % en 2015 et avoisinera les 15 % en 2025. Le niveau de vie moyen des Chinois devrait être, en 2015, égal à la moyenne mondiale, soit un cinquième de celui des Américains. En 2025, même si le rythme de croissance annuelle de l'économie chinoise décroît de moitié, la Chine aura un revenu annuel par tête de 6 000 dollars. Des centaines de millions de Chinois seront alors entrés dans la classe moyenne, et plusieurs dizaines de millions dans la bourgeoisie. La Chine aura alors encore un excédent de la balance des capitaux ; elle continuera à financer les déficits des États-Unis, comme si les deux pays s'étaient durablement alliés pour maintenir la croissance mondiale à leur propre bénéfice en attendant de se sentir assez forts pour se battre l'un contre l'autre. La Chine deviendra le premier investisseur de la région, des Philippines au Cambodge, au détriment du Japon et des États-Unis. Les régions côtières chinoises, si elles sont capables de maîtriser les migrations rurales, deviendront même le lieu d'accueil d'une classe créative venue du monde entier, en particulier d'un retour de la diaspora chinoise.

Le Parti communiste chinois sera de moins en moins capable d'organiser la vie urbaine. Il devra, dans chaque ville, laisser le pouvoir à des élus. Il ne réussira pas à régler, sans se réformer, les immenses difficultés actuelles : 90 % des Chinois n'ont à ce jour ni retraite ni assurance-maladie ; la moitié de la population urbaine et quatre cinquièmes de la population rurale n'ont pas accès à des soins médicaux ; la moitié des cinq cents plus grandes villes du pays n'ont ni eau potable ni système d'élimination des déchets. Le pays devra mettre en place une infrastructure urbaine, consolider la stabilité monétaire, lutter contre la corruption, assainir durablement les finances publiques, trouver du travail à des centaines de millions de paysans affluant vers les villes, réduire les écarts de revenus, améliorer le système éducatif, former beaucoup plus de cadres, réformer un secteur public obsolète, mettre en place un système juridique capable de protéger la propriété privée et intellectuelle. Autant de tâches pratiquement impossibles en régime de parti unique. Vers 2025, le Parti communiste, alors au pouvoir depuis soixante-seize ans (aucun parti au monde n'est jamais resté au pouvoir plus de soixante-dix ans), s'effacera d'une façon ou d'une autre. Un grand désordre régnera pendant un temps, comme ce fut si souvent le cas dans l'histoire de ce pays. Une nouvelle démocratie pourrait même surgir et ressembler à celle de 1912, dominée par des « seigneurs de la guerre ». Si le pays ne réussit pas alors à maintenir son unité, comme on ne peut l'exclure, il participera au mouvement général de déconstruction des nations, dont il sera question au chapitre suivant. Pour durer, le Parti pourrait aussi être tenté par une aventure vers l'extérieur, en envahissant Taïwan ou la Sibérie, comme on le verra aussi plus loin.

Dans un scénario d'évolution linéaire, l'Inde devrait être, en 2025, le pays le plus peuplé du monde, avec 1,4 milliard d'habitants, et la troisième puissance économique derrière la Chine et les États-Unis. Sa croissance sera, à partir de 2010, supérieure à celle de la Chine, mais son PIB par habitant restera inférieur à celui de son voisin, en raison d'une croissance démographique supérieure. Nombre de ses entreprises, comme Tata, Infosys ou Mittal, seront parmi les plus grandes du monde. Pour que ce scénario se vérifie, il faudra que la démocratie indienne surmonte des défis majeurs, voisins de ceux de la Chine : financer des infrastructures urbaines, trouver des sources d'énergie alternatives, construire des routes et des aéroports, assainir durablement les finances publiques, réduire les inégalités entre régions et classes sociales. Si le gouvernement central n'y parvient pas, la situation pourrait entraîner, comme en Chine, une désarticulation du pays : l'Inde n'est unie que depuis la colonisation britannique.

Le Japon, lui, continuera de vieillir et de décliner en valeur relative, malgré sa force économique, qui en fera encore une des toutes premières puissances mondiales. À moins d'accueillir plus de dix millions d'étrangers, ou de réussir à relancer sa natalité, sa population diminuera – elle décroît déjà.

Même s'il est exceptionnellement bien placé pour dominer les technologies de l'avenir, des robots aux nanotechnologies, le Japon ne réussira pas à faire de la liberté individuelle sa valeur dominante. Il nourrira de plus en plus un complexe d'encerclement : par les armes de la Corée du Nord, par les produits de la Corée du Sud, par les investissements de la Chine. Il réagira certainement militairement, en se dotant de toutes les armes, y compris nucléaires, dans une stratégie de plus en plus défensive et protectionniste, ce qui pourrait lui coûter très cher économiquement. En 2025, il ne sera peut-être même plus la cinquième puissance économique mondiale.

Parmi les autres Onze, la Corée du Sud deviendra la première puissance d'Asie. Son PIB par habitant devrait doubler d'ici à 2025 ; elle sera le nouveau modèle économique et culturel et impressionnera le monde par ses technologies et son dynamisme culturel. Le modèle coréen sera de plus en plus considéré en Chine, en Malaisie, en Indonésie, aux Philippines, au Japon même comme le modèle de réussite à imiter, en lieu et place du modèle américain. La pérennité du succès coréen dépendra de sa capacité à se frayer un chemin entre deux scénarios catastrophes : celui d'une réunification imposée par l'écroulement subit du régime nord-coréen, dont le coût économique serait insupportable ; et celui d'une escalade militaire, peut-être nucléaire, provoquée par la fuite en avant du régime nord-coréen, qui réduirait à néant plus d'un demi-siècle de miracle économique au Sud.

Le Vietnam dépassera, en 2025, les 115 millions d'habitants ; s'il sait réformer son système politique, bancaire et scolaire, s'il sait mettre en place des infrastructures routières et lutter contre la corruption, il deviendra la troisième économie de l'Asie. Il en sera certainement un acteur majeur, attirant les investisseurs étrangers.

L'Indonésie souffrira de problèmes quasi insolubles : corruption, faiblesse du système éducatif, tensions ethniques considérables entre cent nationalités. Si elle réussit à les surmonter, ce qui est peu probable, elle pourra devenir une grande puissance économique mondiale, en tout cas la première de l'islam, avec, en 2025, 270 millions d'habitants. Elle dispose pour cela de toutes les richesses naturelles (pétrole, gaz, or, argent, nickel, cuivre, bauxite). Le plus vraisemblable est que, comme l'Inde et la Chine, la croissance ne suffira pas, à terme, à calmer dans l'archipel les revendications séparatistes : l'Indonésie, comme la Chine, l'Inde et tant d'autres pays, pourrait, un peu plus tard, se rompre en dizaines d'entités plus petites. On y reviendra.

La Russie pourrait retrouver un meilleur équilibre démographique et utiliser une partie de la rente pétrolière pour organiser son développement. Devenue en 2006 le premier producteur d'or noir, devant l'Arabie Saoudite (avec 100 milliards de barils de réserves) et le premier producteur de titane, son PIB devrait dépasser en 2025 celui de l'Allemagne, de l'Angleterre et de la France, pour en faire la sixième puissance économique mondiale. Elle aura, grâce aux réserves de devises accumulées avec le pétrole, les moyens d'acheter l'industrie de l'Europe de l'Ouest, ce qui lui coûterait moins cher que de moderniser ses propres usines. Le pétrole continuera de lui fournir la moitié de ses revenus fiscaux. Comme les autres Onze, elle aura, pour cela, à mettre en place une infrastructure urbaine, un cadre juridique protégeant la propriété privée et la propriété intellectuelle, un système bancaire moderne et, surtout, à améliorer son système de santé : l'espérance de vie (descendue, en 2006, à 59 ans pour les hommes et 72 ans pour les femmes) recommencera à croître ; sa population se stabilisera autour de 120 millions en 2025, contre 142 aujourd'hui. La Russie aura aussi, on y reviendra, à affronter de nouvelles menaces : musulmanes venues du Sud, chinoises venues de l'Est.

En Amérique latine, deux puissances domineront vers 2025 : avec 130 millions d'habitants, le Mexique pourrait avoir un PIB supérieur à celui de la France. Ce pays aura cependant du mal à éviter une croissance désordonnée des villes, à surmonter une pollution majeure et une extrême inégalité entre classes sociales et groupes ethniques. Des révoltes politiques anti-américaines viendront ralentir sa croissance et pourraient remettre en cause son alliance avec les États-Unis. Le Brésil, avec 210 millions d'habitants en 2025, pourrait alors devenir la quatrième puissance économique du monde, derrière les États-Unis, la Chine, l'Inde, et devant le Japon. En particulier, il deviendra un des géants de l'agriculture et de l'industrie agro-alimentaire. Si l'on prolonge les tendances – ce qui, rappelons-le, ne donne qu'une très vague idée de l'avenir, même proche –, son PIB dépassera celui de l'Italie dès 2025, puis celui de la France, de la Grande-Bretagne et de l'Allemagne. Pour y parvenir, le Brésil devra, lui aussi, surmonter des défis qui paraissent aujourd'hui quasi insolubles : mettre en place une infrastructure urbaine, construire un État solide et efficace, lutter contre la corruption, améliorer son système éducatif, réformer un secteur public obsolète, développer son industrie à l'exportation.

À la différence des autres continents, l'Afrique ne réussira vraisemblablement pas à faire surgir une vaste classe moyenne, même si elle est en mesure de connaître une très forte croissance économique, largement compensée par une croissance démographique plus forte encore. En 2025, le continent comptera plus de 1,5 milliard d'habitants. Le Nigeria, le Congo et l'Éthiopie seront à ce moment parmi les dix nations les plus peuplées du monde. Même si le sol africain renferme 80 % du platine, 40 % des diamants, plus d'un cinquième de l'or et du cobalt du monde, même si les forêts africaines regorgent de ressources et de richesses touristiques inexploitées, même si la Chine, l'Inde et d'autres puissances, venant y quérir leurs matières premières, aideront à y aménager des infrastructures à bas coût, le continent africain ne sera toujours pas un acteur économique d'importance mondiale. Les raisons en sont multiples : le climat y rend difficile l'organisation du travail ; des bouleversements climatiques, dont on aura à reparler, entraîneront, dans les régions semi-arides, une baisse des récoltes de près de 20 %, et la destruction de surfaces cultivables dans les zones humides. La population active, réduite pendant des siècles par le trafic d'esclaves et aujourd'hui par le sida et d'autres pandémies, sera encore insuffisamment formée. Une nouvelle fois, les élites émigreront. L'essentiel du continent restera ravagé par les désordres politiques, par la corruption et les violences. De nombreux pays artificiels, comme le Nigeria ou le Congo, seront au bord de l'explosion. En 2025, le continent aura encore un PIB par habitant inférieur au quart de la moyenne mondiale ; la moitié des Africains continueront de tenter de survivre avec un revenu inférieur au seuil de pauvreté ; le nombre des mal nourris parmi les enfants pourrait atteindre les 41 millions. Seuls réussiront à s'en sortir quelques pays comme l'Afrique du Sud (avec un PIB par tête qui dépassera celui de la Russie), l'Égypte, le Botswana et peut-être le Ghana. Les autres pays du continent seront menacés d'éclatement ; divisés, ils risquent de devenir des non-États.

Enfin la part du monde arabe dans le PIB mondial augmentera aussi, mais faiblement, plus par le jeu de la démographie que par croissance de la productivité. Faute de stabilité politique, de cadre législatif, de séparation du religieux et du laïc, de mise en œuvre des droits de l'homme et de la femme, le PIB par habitant n'y croîtra pas à la même vitesse que celui du reste du monde, hormis au Maghreb, où la réconciliation probable de l'Algérie et du Maroc créera les conditions de la mise en place d'un marché commun des pays riverains du sud-ouest de

la Méditerranée, et d'une coopération très prometteuse avec les pays de l'Europe du Sud. Tout à côté,
Turquie et Iran seront en passe de devenir des puissances majeures.

Au total, cette croissance mondiale persistante
– la plus longue et la plus élevée dans l'histoire de
l'humanité – s'accompagnera d'une formidable
accélération dans la mise en œuvre de la globalisation et dans la marchandisation du temps.

La marchandisation du temps

Le temps des hommes sera de plus en plus utilisé
à des activités marchandes qui remplaceront des
services, gratuits, volontaires ou forcés. L'agriculture deviendra de plus en plus industrielle ; elle
enverra des centaines de millions de travailleurs
vers les villes. L'industrie mondiale sera de plus en
plus globale, les frontières de plus en plus ouvertes
aux capitaux et aux marchandises ; les usines
migreront de plus en plus facilement là où le coût
global du travail sera le plus bas, c'est-à-dire vers
l'Asie de l'Est, puis vers l'Inde. Les services les
plus sophistiqués, les centres de recherche et les
sièges sociaux des plus grandes firmes se déplaceront dans ceux des pays du Sud où l'anglais est, et

restera, une des langues nationales. Sur chaque marché local, les entreprises n'assureront plus que les études de marché nécessaires à la commercialisation de leurs produits ainsi que des services après-vente.

La vitesse des innovations s'accélérera : le cycle allant de la création à la production et à la commercialisation des produits alimentaires et des vêtements passera d'un mois à quatre jours ; celui de l'automobile et de l'électroménager, déjà réduit de cinq à deux ans, sera bientôt de six mois ; celui des médicaments passera de sept à quatre ans. La durée de vie des marques sera, elle aussi, de plus en plus brève ; seules les mieux installées et les plus mondialisées résisteront à cette noria du neuf. La durée de vie des immeubles et des maisons sera, elle aussi, de plus en plus brève. Les actionnaires des grandes sociétés seront eux-mêmes de plus en plus volatils, capricieux, déloyaux, indifférents aux exigences à long terme des entreprises dans lesquelles ils investissent, soucieux seulement des avantages immédiats qu'ils peuvent en retirer. Les banquiers exigeront que les entreprises fournissent des comptes à intervalles de plus en plus rapprochés. Les dirigeants seront de plus en plus jugés sur des critères de court terme et ne resteront en poste qu'aussi longtemps qu'ils répondent à ce qu'attend un marché versatile. La compétition entre travailleurs, dans l'entreprise et dans la recherche d'un emploi, sera de plus en plus sévère. Le savoir deviendra, plus encore qu'aujourd'hui, un actif majeur, toujours remis en cause par les innovations. La formation initiale restera essentielle ; chacun devra sans cesse se former pour rester « employable ». La réduction durable de la natalité et l'amélioration continue de l'espérance de vie conduiront à travailler moins longtemps dans l'année, mais plus longtemps dans la vie. L'âge de la retraite s'élèvera jusqu'à 70 ans pour tous ceux dont le travail n'est ni pénible ni dangereux pour eux-mêmes ou pour les autres. Les plus âgés serviront de tuteurs, de passeurs, de prescripteurs. L'industrie du mieux-être deviendra une industrie majeure.

Il deviendra de plus en plus difficile de distinguer entre travail, consommation, transport, distraction et formation. Les consommateurs joueront un rôle croissant dans la conception des objets, de plus en plus fabriqués sur mesure, en flux tendu. Les consommateurs du « cœur » et du « milieu » resteront très endettés sans que – comme le pensait déjà Tocqueville – cela leur pèse plus qu'une contrainte volontaire limitant leur frénésie de consommation. Les consommateurs resteront les maîtres et leurs intérêts passeront avant ceux des travailleurs.

Plus de la moitié des travailleurs changeront de résidence tous les cinq ans, et plus souvent encore d'employeur. Les citadins des villes du Nord financeront de plus en plus leur résidence principale par des crédits hypothécaires aisément transférables.

Les urbains vivront de plus en plus loin des centres ; un ménage habitant *intra muros* en 2007 habitera huit kilomètres plus loin dix ans plus tard, et quarante kilomètres plus loin en 2025. De nouveaux métiers apparaîtront pour organiser la logistique de ce nomadisme.

La neuvième forme continuera aussi de créer les conditions d'une vie urbaine de plus en plus solitaire, dans des appartements de plus en plus exigus, avec des partenaires sexuels et affectifs de plus en plus éphémères. La peur d'être lié, la fuite devant l'attachement, l'indifférence apparente deviendront (deviennent déjà) des formes de séduction. L'apologie de l'individu, du corps, de l'autonomie, de l'individualisme, feront de l'ego, du soi, les valeurs absolues. L'érotisme deviendra un savoir ouvertement revendiqué. Les formes les plus diverses de sexualité seront tolérées, à l'exception de l'inceste, de la pédophilie et de la zoophilie. L'ubiquité nomade et les communautés virtuelles créeront de nouvelles occasions de rencontres, marchandes ou non.

La résidence secondaire, héritage des générations antérieures, deviendra l'habitat principal, le seul point fixe des urbains. Le tourisme deviendra quête de silence et de solitude ; se multiplieront les lieux, religieux ou laïques, de méditation, d'isolement, de retraite, de non-agir. La sédentarité sera l'ultime privilège des enfants, qui vivront souvent avec leurs grands-parents, dans des lieux stables et protégés, où les parents, pour l'essentiel séparés, viendront alternativement passer un moment avec eux.

Les transports occuperont un temps croissant ; ils deviendront des lieux de vie, de rencontre, de travail, d'achat, de distraction. Le temps qu'on y passera sera décompté comme temps de travail, de même que se généralisera le travail de nuit et du dimanche. Le voyage deviendra une part majeure de la formation universitaire et professionnelle ; il faudra démontrer sans cesse des qualités de voyageur pour rester « employable ». Toute ville d'Europe de plus d'un million d'habitants sera reliée au réseau continental de trains à grande vitesse. Plus de deux milliards de passagers, touristes d'affaires pour la plupart, utiliseront chaque année l'avion ; l'avion-taxi se développera massivement ; à tout instant, plus de dix millions d'humains seront en l'air. Des véhicules urbains sans pilote, beaucoup moins coûteux que les actuels, faits de matériaux légers, économes en énergie et biodégradables, seront la propriété collective d'abonnés qui les laisseront à d'autres après chaque usage.

S'inventera un nouveau droit de propriété, donnant accès, dans chaque nouveau lieu de résidence, à un logement d'une qualité et d'une taille déterminées, détaché d'un lieu concret. Plus généralement, on passera de l'achat à l'accès. En particulier, la dématérialisation des informations rendra plus facile de passer de la propriété des données à l'usage, permettant l'accès à la culture, à l'éducation et à l'information. Le contrôle de la propriété intellectuelle sera aussi de plus en plus difficile à assurer.

Dans tous les secteurs de consommation, des produits à très bas prix seront mis en circulation. Ils permettront de faire entrer les plus pauvres de tout pays dans l'économie de marché, et aux classes moyennes de consacrer une part décroissante de leur revenu à l'achat de produits alimentaires, d'ordinateurs, de voitures, de vêtements, d'équipements ménagers.

L'essentiel du revenu des classes moyennes et supérieures sera utilisé pour l'achat de services : éducation, santé, sécurité. Pour les financer, la part du revenu mutualisé augmentera, sous forme d'impôts ou de cotisations. De plus en plus de gens préféreront confier la couverture de leurs risques à des compagnies d'assurances privées, de plus en plus puissantes, au détriment des États. Les échanges commerciaux, numériques et financiers, échapperont de plus en plus aux États, ainsi privés d'une part significative de leurs recettes fiscales. Les administrations publiques seront bouleversées par l'usage des nouveaux moyens de communication, en particulier d'Internet, qui permettront de faire fonctionner les services publics à moindres coûts et sur mesure.

Pour gérer ce temps marchand, deux industries domineront – dominent déjà l'économie mondiale : l'assurance et la distraction.

D'une part, pour se protéger des risques, la réponse rationnelle de tout acteur du marché sera (est déjà) de s'assurer, c'est-à-dire de se protéger des aléas du futur. Les *compagnies d'assurances* (et les institutions de couverture de risques des marchés financiers) compléteront les régimes de Sécurité sociale et deviendront – si elles ne le sont déjà – les premières industries de la planète par leurs chiffres d'affaires et par les profits qu'elles réaliseront. Pour les plus pauvres, la micro-assurance sera un instrument essentiel de la réduction de l'insécurité.

D'autre part, pour fuir la précarité, chacun voudra se divertir, c'est-à-dire se distancier, se protéger du présent. Les *industries de la distraction* (tourisme, cinéma, télévision, musique, sports, spectacles vivants, jeux et espaces coopératifs) deviendront – si elles ne le sont déjà – les premières industries de la planète par le temps qu'occupera la consommation de leurs produits et de leurs services. Les médias auront une emprise croissante sur la démocratie et sur les choix des citoyens.

Les unes et les autres seront aussi prétextes d'activités illégales : le racket constitue la forme criminelle de l'assurance ; le commerce sexuel et les drogues constituent les formes criminelles de la distraction.

Toutes les entreprises, toutes les nations s'organiseront autour de ces deux exigences : protéger et distraire. Se protéger et se distraire des peurs du monde.

L'ubiquité nomade

Avant 2030, chacun, sauf les plus pauvres, sera connecté en tous lieux à tous les réseaux d'information par des infrastructures à haut débit, mobiles (HSDPA, WiBro, WiFi, WiMax) et fixes (fibre optique). Chacun sera ainsi en situation d'ubiquité nomade. Cela a déjà commencé : Google vient de mettre à disposition des habitants de la ville californienne où est situé son siège, Mountain View, et de ceux de San Francisco, un accès gratuit et universel à Internet sans fil et à haut débit. En Corée, des villes entières sont maintenant équipées de réseaux de téléphonie mobile HSDPA, dix fois plus performants que la 3G, et d'accès à Internet mobile à haut débit (WiBro). Ces infrastructures numériques permettront aussi aux collectivités de mieux gérer la sécurité urbaine, les encombrements dans les transports et la prévention des catastrophes.

Cette mise en réseau des membres de la classe créative, dispersés en plusieurs lieux, favorisera la création en commun à distance, sans avoir à se réunir dans un même « cœur », de logiciels, de services, de produits, de productions. Des langages permettront d'écrire des programmes accessibles au plus grand nombre et de structurer l'information pour donner accès simultanément aux données et au sens.

Pour permettre de se connecter plus commodément à ces réseaux de création conjointe, les objets nomades deviendront plus légers, plus simples ; le téléphone mobile et l'ordinateur portable fusionneront et seront réduits à la taille d'une montre-bracelet, d'une bague, d'une paire de lunettes ou d'une carte à mémoire, intégrés à des vêtements mieux adaptés aux exigences de mouvement. Un objet nomade universel servira à la fois de téléphone, d'agenda, d'ordinateur, de lecteur de musique, de téléviseur, de chéquier, de carte d'identité, de trousseau de clés. Des ordinateurs à très bas coût, utilisant des technologies ouvertes, tel Linux, permettront d'accéder à ces réseaux pour un prix infime. Les moteurs de recherche personnalisés se développeront de plus en plus avec les sites coopératifs, les sites d'échanges gratuits de contenus, les sites de conseil, les radio et télévision nomades.

La télévision deviendra un instrument sur mesure et différencié. On regardera beaucoup moins les grands réseaux ; les adolescents passent déjà trois fois moins de temps que les adultes devant un poste de télévision, et ils sont déjà six fois plus longtemps connectés à Internet. La télévision sera regardée surtout sur les objets nomades et pour les spectacles vivants. Des chaînes de plus en plus spécialisées, personnalisées, sur mesure, se développeront.

Les propriétaires de contenus (éditeurs, musiciens, cinéastes, écrivains, journalistes, professeurs, comédiens, informaticiens, designers, couturiers) ne réussiront pas à imposer durablement des brevets sur leurs propriétés, ni des systèmes de cryptage empêchant la circulation gratuite de fichiers musicaux et de films. Les auteurs seront alors rémunérés par les infrastructures numériques, qui recevront pour cela une redevance et des revenus publicitaires.

Avant 2030, la plupart des médias papier, en particulier la presse quotidienne, deviendront virtuels ; ils offriront des services de communauté de plus en plus instantanés, de plus en plus coopératifs, de plus en plus sur mesure, sur le modèle américain de Myspace, coréen de OhMyNews ou français de Agoravox. Sous le contrôle de journalistes professionnels, des citoyens apporteront une autre perspective à l'information et au divertissement : plus subjective, plus passionnée, plus indiscrète, sur des thèmes méconnus ou délaissés. Certains de ces journalistes-citoyens acquerront une grande notoriété ; leurs revenus varieront en fonction de la popularité de leurs œuvres ; déjà, certains contributeurs de *blogs* gagnent plus de 3 000 dollars par mois. On assistera à l'ultrapersonnalisation des contenus en fonction des besoins et centres d'intérêt de chaque individu : combinaison de textes, de fichiers audio et vidéo sélectionnés selon ses centres d'intérêt. Les distinctions entre presse, radio, télévision et « nouveaux médias » seront de moins en moins pertinentes. Les médias devront, pour survivre, accepter cette marche inéluctable vers des médias gratuits, participatifs et ultra-personnalisés.

Les livres deviendront aussi accessibles sur des écrans bon marché et aussi fins que du papier, *e-paper* et *e-ink* : nouvel objet nomade en forme de rouleau, donnant enfin une réalité commerciale aux livres électroniques. Ils ne remplaceront pas les livres, mais auront d'autres usages, pour des œuvres éphémères, sans cesse actualisées, et écrites spécialement pour ces nouveaux supports.

Avant 2030, de nouvelles œuvres d'art mêleront tous supports et tous modes de diffusion : on n'y distinguera plus ce qui relève de la peinture, de la sculpture, du cinéma ou de la littérature. Des livres raconteront des histoires avec des images en trois dimensions. Des sculptures danseront sur des musiques nouvelles avec les spectateurs. Les jeux deviendront de plus en plus des façons de créer, d'imaginer, d'informer, d'enseigner, de surveiller, d'améliorer l'estime de soi et le sens de la communauté. Des films, passés et futurs, deviendront visibles en trois dimensions, complétés de simulateurs sensoriels et d'odeurs virtuelles. Il deviendra aussi possible de converser à distance avec un interlocuteur en trois dimensions, de diffuser en trois dimensions concerts, représentations théâtrales et sportives, conférences et cours.

Les robots domestiques, annoncés depuis si long-temps, se généraliseront dans la vie quotidienne. Ils seront eux aussi constamment connectés aux réseaux haut débit, en ubiquité nomade. Ils servi-ront d'assistants à domicile, d'aide aux personnes handicapées ou âgées, aux travailleurs et aux forces de sécurité. Ils seront en particulier des « sur-veilleurs ». En Corée, par exemple, l'objectif est d'équiper dès 2015 chaque foyer coréen de tels robots pouvant remplir des fonctions domestiques.

Avant 2030 encore, l'ubiquité nomade envahira tous les services précédemment industrialisés : les emballages des produits alimentaires, les vêtements, les véhicules, les appareils ménagers deviendront eux aussi communicants. Des senseurs seront inté-grés dans les matériaux, les moteurs, les machines, les fluides, les ponts, les bâtiments, les barrages, pour les surveiller en permanence et à distance. Produits, machines et personnes seront ainsi munis d'une étiquette d'identification par fréquence radio, qui permettra aux entreprises d'améliorer la qualité de leurs produits, la productivité de leurs usines et de leurs réseaux de distribution. Les consommateurs pourront tout savoir sur l'origine et le parcours des produits, depuis les matières premières jusqu'à la date de péremption ; ils pourront être informés dès que le portable d'un enfant passera le portail de l'école ; ils pourront commander l'ouverture des portes d'un domicile, le déclenchement des appareils ménagers, l'achat d'un produit dont le congélateur aura détecté le manque. Les véhicules les plus récents intégreront des détecteurs d'erreurs et évolueront avec l'expérience. Chacun deviendra élève à distance d'une lointaine université, visiteur immobile d'un musée, malade soigné dans l'hôpital d'un autre continent.

Chacun étant ainsi connecté dans l'espace et dans le temps, l'ubiquité nomade s'inversera, vers 2030, en une *hypersurveillance* qui sera, on le verra, la caractéristique de la forme suivante de l'Ordre marchand.

Le vieillissement du monde

Partout dans le monde, la croissance marchande favorisera l'allongement de la vie. On assistera – on assiste déjà –, avec une intensité plus ou moins grande selon les pays, à une baisse de la natalité et à l'augmentation de l'espérance de vie. D'où un vieillissement général de la population.

Si les tendances actuelles se prolongent, l'espérance de vie dans les pays développés dépassera les 90 ans en 2025, puis y approchera le siècle. Par ailleurs, avec la croissance de la liberté, en particulier celle des femmes, la natalité baissera au point de ne plus permettre, dans de nombreux pays, le renouvellement des générations. En Corée, par exemple, le taux de fécondité est passé de 5,1 dans les années 1950 à 1,5 en 2000 ; la natalité baissera même dans les pays musulmans, où elle reste la plus élevée (elle atteint encore 7 enfants par femme dans certaines régions du Moyen-Orient).

En 2025, plus de dix millions d'Américains auront plus de 85 ans ; le nombre des plus de 65 ans sera passé de 4 % en 1900 à 33 %. Ils seront alors 45 % au Japon, 22 % en Chine. En France, ils seront 33 % et le nombre des plus de 85 ans aura doublé dans les dix prochaines années.

Dans certains pays, le vieillissement sera si prononcé que la population décroîtra : en 2025, la population japonaise pourrait avoir baissé de 20 millions, celle de la Russie de 15 millions, celle de l'Allemagne de 10 millions. La population active européenne diminuerait de 30 millions d'ici à 2030.

Les femmes, ayant moins d'enfants à charge, échapperont plus facilement à la domination masculine et trouveront mieux leur place dans la société. Ce qui aidera, en particulier, à faire évoluer l'islam, comme ont évolué pour les mêmes raisons les autres religions monothéistes. Les personnes âgées seront politiquement majoritaires ; elles imposeront la priorité au présent, la stabilité des prix et le report des charges sur les générations suivantes ; elles consommeront des produits spécifiques (cosmétiques, diététiques) et des services adaptés (hôpitaux, maisons médicalisées, personnels d'assistance, maisons de retraite). Tous consommeront plus de médicaments et de soins hospitaliers, conduisant à une hausse massive de la part des dépenses de santé – et donc d'assurances – dans la consommation mondiale.

Le poids du financement des retraites par les actifs sera de plus en plus lourd : aujourd'hui, en Europe, chaque actif finance déjà le quart d'une retraite. En 2050, il en financera plus de la moitié.

Pour maintenir le ratio actuel d'actifs par retraité, il faudrait alors accepter d'augmenter soit les impôts, soit la natalité, soit l'immigration. Ceux des pays qui refuseront les étrangers verront leur population s'effondrer. Ceux qui les accepteront verront leur population se transformer. Au sein de l'Union européenne, les personnes venues d'Afrique et leurs descendants pourraient représenter, en 2025, jusqu'à 20 % de la population. À cette date, 45 % de la population de la ville de Bruxelles serait composée de descendants d'immigrés, originaires de terres d'islam et d'Afrique.

Une telle évolution impliquera d'immenses mouvements de population, que les États-Unis seront sans doute mieux préparés que d'autres à affronter ou à accepter. Elle imposera, en particulier, une extraordinaire croissance des villes.

Demain, les villes

C'est à l'intérieur du Sud que les migrations seront les plus massives : des campagnes vers les villes, de la misère rurale vers la misère urbaine. Aucun pouvoir politique, même dans une dictature comme la Chine, ne réussira à ralentir ces mouvements. Ces mutations viennent de loin : alors qu'en 1950 il y avait dans le monde 80 villes de plus de 1 million d'habitants, elles seront 550 en 2015.

La croissance urbaine va devenir partout phénoménale : en 2007, la moitié de la population du monde vit déjà en ville. En 2015, 24 villes, presque toutes du Sud (dont São Paulo, Mexico, Bombay, Shanghai, Rio de Janeiro, Calcutta, Delhi, Séoul, Lagos, Le Caire), compteront plus de 10 millions d'habitants, alors qu'elles ne sont que 16 aujourd'hui. En 2025, la planète comptera 30 villes de plus de 10 millions d'habitants, 7 agglomérations de plus de 20 millions d'habitants ; Tokyo et

Bombay en rassembleront près de 30 millions. Neuf des douze villes les plus peuplées du monde seront situées au sud (seules exceptions : Tokyo, New York et Los Angeles). De 2006 à 2025, les villes chinoises devront accueillir l'équivalent de toute la population d'Europe de l'Ouest. En 2035, la population urbaine du Sud aura pratiquement doublé, pour atteindre 4 milliards. En 2050, un milliard d'habitants vivront dans cinquante villes d'Asie, chacune comptant plus de 20 millions d'habitants, voire, pour certaines, plus de 30 millions.

Il faudra donc tripler ou quadrupler les infrastructures urbaines en trente ans, ce qui se révélera, dans la plupart des cas, pratiquement impossible. Quelques villes réussiront à devenir vivables ; de nouveaux produits – par exemple du ciment bon marché – et des techniques nouvelles de construction et de microfinancement du logement permettront de transformer certains bidonvilles en marchés très rentables pour les entreprises qui sauront s'en saisir.

À moins d'imaginer que les évolutions urbaines soient moins gigantesques que ne l'indiquent ces projections linéaires, et à moins d'espérer qu'on assiste à un repli vers les villes moyennes, ces grandes cités ne seront, pour l'essentiel, que des juxtapositions de maisons précaires, dépourvues de voirie, d'assainissement, de police, d'hôpitaux, cernant quelques quartiers riches transformés en bunkers et protégés par des mercenaires. Les mafias y contrôleront d'immenses zones de non-droit, comme c'est déjà le cas, entre autres, à Rio, Lagos, Kinshasa ou Manille. D'anciens ruraux seront, avec quelques membres des classes favorisées, les principaux animateurs de nouveaux mouvements sociaux et politiques réclamant des changements très concrets dans la vie des gens. C'est d'eux, et non plus des ouvriers, des employés ou des professeurs, que dépendront les grands bouillonnements économiques, culturels, politiques et militaires du futur. Ils seront les moteurs de l'Histoire, et en particulier de la deuxième et de la troisième vague de l'avenir, dont il sera question plus loin.

Pour fuir ces enfers, beaucoup se déplaceront, dans les vingt prochaines années, vers d'autres pays du Sud, à la recherche de climats plus cléments, d'espaces plus vastes, de villes plus sûres ou plus proches du Nord.

Des masses chinoises iront ainsi de Chine vers la Sibérie ; déjà, Vladivostok est, dans une large mesure, une ville économiquement, humainement et culturellement chinoise ; de même, plus de la moitié de la population de Khabarovsk, ville de Russie située sur le fleuve Amour, est originaire de l'autre côté du fleuve. Alors que la province chinoise de Heilongjiang, à la frontière de la Sibérie, compte autant d'habitants que l'Argentine, sur un territoire aussi exigu que celui de la Suède, 70 % du territoire russe se dépeuple et des terres agricoles très fertiles y sont abandonnées. Pour les repeupler, les Chinois sont très recherchés : en Oural, les élus de Sverdlovsk viennent d'inviter des paysans chinois à cultiver 100 000 hectares laissés à l'abandon. Ce flux augmentera avec la multiplication des mariages russo-chinois ; une masse considérable de Chinois envahira peu à peu la Russie. Au total, en 2025, les travailleurs étrangers en Russie seront au moins 15 millions, soit 20 % de la population active russe. Les Slaves commenceront à revoir poindre l'immémoriale menace des invasions mongoles.

À la même époque, c'est-à-dire vers 2020, d'autres mouvements massifs iront de l'Afrique centrale vers l'Afrique australe ou vers l'Afrique du Nord ; de l'Indonésie vers la Malaisie ; de la Malaisie vers la Thaïlande ; du Bangladesh vers les pays du Golfe ; de l'Irak vers la Turquie ; du Guatemala vers le Mexique.

Pour beaucoup d'immigrants, ces déplacements ne seront qu'une façon d'approcher les pays du Nord. Des masses de plus en plus nombreuses se précipiteront aux portes de l'Occident. Ils sont déjà des centaines de milliers tous les mois ; ils seront des millions, puis des dizaines de millions. Et pas seulement parmi les plus défavorisés : toutes les élites du Sud partiront au Nord. Leurs principaux points de passage seront les frontières russo-polonaise, ibéro-marocaine, turco-grecque, turco-bulgare, italo-libyenne et mexico-américaine.

Les États-Unis continueront d'être le pays le plus recherché par les émigrants : en 2006, 1,5 million d'étrangers s'installent chaque année aux États-Unis ; 600 000 seulement le font légalement. Douze millions de personnes, soit le tiers des immigrés en Amérique, y sont entrées illégalement. La moitié d'entre elles viennent du Mexique, et le tiers d'Amérique centrale. Un nombre croissant de gens tenteront leur chance au tirage au sort décidant l'attribution de 50 000 visas américains (il y a déjà 8 millions de candidats, dont 1,5 million originaire du Moyen-Orient). Dans vingt ans, les populations hispanique et afro-américaine seront presque majoritaires aux États-Unis. Leurs élites et celles venues d'Asie renforceront la force de l'Amérique. Si les tendances actuelles se prolongent, la population américaine passera de 281 millions en 2000 à 350 millions en 2025, et cet afflux démographique expliquera à lui seul le prolongement de la croissance dans le « cœur » de la neuvième forme.

Les pays d'Europe du Sud, après avoir été des terres d'émigration, deviendront, eux aussi, des terres d'accueil. Ils retrouveront du dynamisme, de la croissance et des moyens de financer leurs retraites. D'autres pays d'Europe – comme la France – tenteront de refuser ces immigrants venus d'Europe de l'Est et d'Afrique. Certains, comme la France encore, comprendront un peu plus tard qu'un afflux de population, bien maîtrisé et intégré, est la condition de leur propre survie. La Grande-Bretagne deviendra elle aussi une terre d'accueil majeure, en particulier pour les ressortissants des pays d'Europe centrale. Ces derniers accueilleront de leur côté des travailleurs ukrainiens, eux-mêmes remplacés par des Russes, eux-mêmes remplacés par de vastes populations chinoises. Au total, l'afflux de travailleurs immigrés dans les pays développés rendra plus facile le financement des retraites, mais pèsera sur les salaires des classes moyennes.

Par ailleurs, de plus en plus de gens passeront d'un pays du Nord à un autre pays du Nord : ils seront bientôt plus de dix millions à changer de pays chaque année. Certains le feront pour des raisons professionnelles et renforceront largement, comme par le passé, leur nation d'origine dont ils resteront les représentants économiques, financiers, industriels et culturels. D'autres, de plus en plus nombreux, choisiront de partir justement pour ne plus avoir à dépendre d'un pays dont ils rejetteront la fiscalité, la législation, voire la culture. Aussi pour disparaître totalement, changer d'identité, vivre une autre vie ; le monde sera ainsi de plus en plus rempli d'anonymes volontaires ; il sera comme un carnaval où chacun – ultime liberté – se sera choisi une nouvelle identité.

Enfin, des dizaines de millions de retraités iront vivre – à temps partiel ou définitivement – dans des pays au climat plus clément et au coût de la vie moins élevé, en particulier en Afrique du Nord. Des villes entières se construiront pour ces nouveaux venus, attirant dans ces pays des hôpitaux, des médecins, des architectes, des avocats qui s'y déplaceront avec leurs clients. Cela durera aussi longtemps que les populations autochtones accepteront ces nouveaux résidents.

Au total, dans vingt-cinq ans, environ cinquante millions de personnes s'exileront tous les ans. Près de 1 milliard d'individus vivront ailleurs que dans leur pays natal ou que dans le pays natal de leurs parents.

D'indépassables raretés

Jusqu'à présent, l'Ordre marchand a toujours réussi à faire surgir à temps de quoi remplacer les matières premières devenues rares, parfois au prix d'opérations militaires et d'un déplacement du « cœur ».

C'est ainsi qu'ont pu être surmontées successivement la disparition de terres cultivables en Flandre, celle du charbon de bois en Angleterre, de l'huile de baleine dans l'Atlantique, du charbon de terre dans toute l'Europe. L'envahissement des villes par les excréments des chevaux, que tout le monde craignait pour la fin du XIXe siècle, ne s'est jamais matérialisé. Depuis un siècle, l'environnement s'est même considérablement amélioré dans les pays du « cœur » et du « milieu » : l'air londonien, irrespirable au XIXe siècle, est beaucoup plus pur aujourd'hui, comme celui de tous les autres grands centres industriels des pays riches. De même, la pénurie d'énergie, régulièrement annoncée depuis plus d'un siècle, s'éloigne de jour en jour. Pourtant, depuis le début du XVIIIe siècle, la consommation de ressources naturelles a été multipliée par trente. Durant les seules quarante dernières années, la consommation des ressources minérales a triplé, et, depuis qu'on utilise le pétrole, 900 milliards de barils ont été brûlés.

Avant 2035, le quasi-doublement de la population urbaine s'accompagnera d'un doublement de la demande de matières premières. S'il est certain qu'un jour chacune deviendra rare et qu'il y aura, à plusieurs occasions, des pénuries temporaires de certaines ressources, elles seront encore toutes disponibles à la fin du XXIe siècle ; et les plus précieuses, l'argent et l'or, seront encore disponibles pour au moins deux siècles. Par ailleurs, on commence à recycler massivement les déchets industriels et à récupérer ainsi une part importante des matières premières : 40 % de l'aluminium, domestiques. Enfin, quand la rareté sera vraiment là, on ira chercher du fer, du titane, d'autres minéraux dans les océans et sur la lune.

Pour l'énergie, les données sont, en revanche, plus préoccupantes : au rythme actuel de croissance de la consommation, les réserves ne sont plus que de 230 ans pour le charbon, 70 ans pour le gaz, 50 ans pour le pétrole. En matière de pétrole, l'insuffisance d'investissements pourrait conduire à des pénuries et à des hausses significatives de prix vers 2020.

Mais il faut également prendre en compte le pétrole lourd du Venezuela, les sables bitumineux du Canada, voire aussi les schistes bitumineux. Les seuls sables bitumineux du Canada représenteraient autant de quantité d'énergie que tout le pétrole d'Arabie Saoudite. Même si leur extraction est écologiquement désastreuse et nécessite des apports énergétiques importants. L'extraction de pétrole à partir de schistes bitumineux nécessite encore de dépenser, sous forme de charbon, des quantités d'énergie supérieures à celles qui seraient récupérées sous forme de pétrole...

Le gaz, lui, semble plus durablement abondant, même s'il va nécessiter de lourds investissements de transport, assortis de risques géopolitiques majeurs ; de plus, dans vingt ans, il sera possible de convertir économiquement le charbon en gaz et le gaz en produits pétroliers, ce qui doublera encore la quantité de pétrole disponible. Pour un siècle encore, la disponibilité du pétrole ne sera donc qu'une question de prix.

Le passage à d'autres énergies sera donc progressivement nécessaire. Là où la gestion des déchets radioactifs sera politiquement acceptée, l'énergie nucléaire sera de plus en plus utilisée ; des progrès seront faits en matière de sûreté, d'acceptabilité, de compétitivité ; dans trente ans, cette énergie représentera 15 % de l'énergie primaire du monde. L'énergie solaire, ainsi que l'énergie éolienne ne seront des sources inépuisables que quand elles deviendront stockables. La biomasse sera difficile à développer à grande échelle, sauf, ce qui est très important, pour alimenter les voitures particulières. Les autres sources d'énergie naturelles (géothermie, houle, marée) semblent incapables de répondre à une demande significative. Enfin, la fusion thermonucléaire, qui pourrait à elle seule représenter une source quasi illimitée, ne sera sûrement pas praticable avant au moins la fin du XXIe siècle. Au total, l'énergie sera de plus en plus coûteuse, ce qui incitera à l'économiser en remplaçant les mouvements physiques par des échanges immatériels.

Bien avant que le manque d'énergie se fasse sentir, d'autres raretés devront être surmontées, en particulier celle des produits agricoles et des forêts : alors qu'il faudra, avant 2050, doubler la production agricole pour nourrir la population de la planète (un milliard de tonnes de céréales de plus par an, soit 50 % de plus qu'en 2006), cinq millions d'hectares cultivables disparaissent chaque année sous la pression de l'urbanisation ; de plus, l'humanité a déjà consommé la moitié de la capacité des plantes à photosynthétiser la lumière solaire. Une production agricole suffisante supposera donc l'utilisation d'organismes génétiquement modifiés, dont rien ne garantit encore l'innocuité. Et le temps presse : les stocks baissent.

Les forêts se feront de plus en plus rares, dévorées par les industries de l'armement naval, puis par celles du papier, puis par l'expansion de l'agriculture et des villes. Depuis le XVIIIe siècle, une partie du monde équivalant à la superficie de l'Europe a été dépouillée de ses forêts. Dans les dix dernières années du XXe siècle, la moitié des réserves forestières de l'ouest de l'Allemagne a disparu. Chaque heure, c'est l'équivalent de sept terrains de football qui est déboisé. Le Japon, premier importateur mondial de bois tropical, est responsable d'un tiers de ces dégâts. De plus, les gaz industriels, oxydes de soufre et d'azote, détruisent les arbres d'un bout à l'autre du globe, en particulier les fragiles forêts ombrophiles de la « périphérie ». Enfin, le développement de l'économie de l'immatériel ne réduira pas avant longtemps la demande de papier d'impression. Au rythme actuel, dans quarante ans, il n'y aura plus de forêts, sauf là où elles seront entretenues, c'est-à-dire, pour l'instant, seulement en Europe et en Amérique du Nord. Cette disparition sera mortelle pour d'innombrables espèces vivantes et mettra en danger la survie de l'humanité.

Les émissions gazeuses rejetées dans l'atmosphère par la production industrielle constituent une autre menace : si la production des chlorofluorocarbones, qui réduisent l'épaisseur de la couche d'ozone entourant l'atmosphère, semble aujourd'hui sous contrôle, 23 milliards de tonnes de carbone (produits par la combustion du charbon, du pétrole et du gaz) sont annuellement déversés dans l'air, et le réchauffent. Et d'autres émissions de gaz divers y participent. Cela va s'aggraver : la Chine, qui émet encore cinq fois moins de gaz carbonique que les pays riches, va construire sur trente ans l'équivalent d'une centrale électrique de 1 000 mégawatts par mois ; elle enverra ainsi des quantités de plus en plus considérables de polluants dans l'atmosphère. Sauf à imaginer une action massive d'ici à 2030, à cette date les émissions de gaz carbonique par habitant auront doublé.

Le pire danger est là, car le gaz carbonique ainsi émis élèvera sensiblement, selon la plupart des experts, la température de l'atmosphère : alors qu'au cours des cent dernières années la température moyenne à la surface du globe n'a augmenté que d'un demi-degré, les dix dernières années ont constitué la décennie la plus chaude de l'Histoire. Et le phénomène ne fait sans doute que commencer : les simulations les plus sérieuses prévoient, malgré l'extrême variabilité des climats, que la Terre se réchauffera de deux degrés avant 2050, et de cinq degrés avant 2100. Les conséquences en sont déjà visibles : les calottes polaires ont commencé à fondre, au moins au Nord ; la vitesse de la fonte des glaces a augmenté de 250 % de 2004 à 2006, les glaciers du Groënland, deuxième source d'eau douce du monde, régressent très rapidement ;

de 1990 à 2006, trois millions de kilomètres cubes de glace sur les huit qui existaient au pôle Nord ont disparu ; le niveau des océans augmente de deux millimètres par an et aura monté en 2050 d'au moins douze centimètres, peut-être même de cinquante. La dernière fois qu'il a fait aussi chaud c'était au milieu du pliocène, il y a trois millions d'années, lorsque le niveau des océans était à 25 mètres de plus qu'aujourd'hui.

Des catastrophes naturelles s'ensuivront, aux conséquences financières gigantesques. Les écarts de températures étant de plus en plus marqués, des altérations très importantes se produiront dans la nature : les arbres pousseront plus vite et seront plus fragiles ; il y aura plus de chênes, moins de hêtres ; les cigales se retrouveront jusqu'en Scandinavie, avec la mante religieuse et les papillons méditerranéens ; le plancton migrera vers le nord, suivi par les poissons qui s'en nourrissent, faisant disparaître les oiseaux marins dont ils constituaient l'ordinaire. Beaucoup plus grave : nombre de côtes pourraient devenir inhabitables ; sept des dix plus grandes villes du monde sont en effet des ports, et un tiers de la population mondiale habite sur un littoral. Le désert africain progressera chaque année d'une surface égale à celle de la Belgique ; 2 milliards de personnes vivront dans des zones menacées de désertification, dont 700 millions en Afrique. Quinze millions ont déjà dû quitter leurs villages, devenus inhabitables. Selon le HCR (Haut Commissariat aux réfugiés des Nations unies), ces éco-exilés seront dix fois plus nombreux en 2050.

Les émissions de gaz carbonique et d'autres gaz polluants ne se réduiront pas aisément. Les pays du Nord auront du mal à modifier leur mode de vie et ceux du Sud rejetteront longtemps toutes restrictions, soutenant qu'elles ne feraient que sauvegarder la richesse et le confort du Nord. Le Brésil continuera à brûler la forêt amazonienne aussi longtemps que les pays industrialisés ne réduiront pas de manière substantielle leurs propres émissions de gaz carbonique. Les seuls accords internationaux portant sur ce sujet, signés à Kyoto en 1999, n'auront pratiquement aucun effet sur ces évolutions. Le changement ne sera sensible que du jour où les pays du Nord percevront l'extrême gravité de ses conséquences et quand les pays du Sud comprendront que les investissements venus du Nord se réduiront comme peau de chagrin s'ils ne font pas l'effort de réduire leur consommation d'énergie. Cela commencera, on le verra au chapitre suivant, par une très forte action du marché, sous la pression des compagnies d'assurances et des opinions publiques.

La sécheresse aura une autre conséquence : rendre l'eau potable encore plus rare. Les faits ici sont accablants : la moitié des cours d'eau du monde sont déjà en passe d'être gravement pollués par la production industrielle, agricole et urbaine. L'humanité a déjà consommé 80 % de ses ressources d'eau douce naturelle. Il ne reste plus que 8 000 m³ d'eau potable par habitant et par an, contre 15 000 m³ en 1900. Plus de 1,5 milliard de personnes ont difficilement accès à l'eau potable, et 3,5 milliards à une eau saine. Plus de 200 millions de personnes contractent chaque année le choléra après avoir absorbé de l'eau contaminée. L'eau polluée tue 15 000 personnes par jour. Elle entraîne des centaines de maladies. Cette situation, déjà très préoccupante, ne va qu'empirer : en 2025, la moitié de la population mondiale connaîtra un manque d'eau potable, en particulier en Afrique, au Moyen-Orient et en Asie du Sud. D'ici à 2040, la quantité d'eau potable disponible par habitant baissera encore de moitié, passant de 8 000 à 4 000 m³ par an. Le cas de Gaza est exemplaire : l'eau des puits y est tellement exploitée que la nappe phréatique est remplie par la mer, elle-même polluée par les eaux usées qui y sont déversées, 40 % des habitants ne possédant pas de système de tout-à-l'égout. Toute solution à long terme, à Gaza comme ailleurs, passera par un meilleur système de voirie urbaine, par la désalinisation de l'eau de mer et par une meilleure gestion de l'eau douce. En fait, il existerait de l'eau douce en quantité suffisante pour 20 milliards de personnes si l'on pouvait mieux gérer les prélèvements de l'agriculture et de l'industrie, doubler les 70 milliards de dollars consacrés annuellement à la production, à la distribution et à la gestion de l'eau douce, et organiser sur une grande échelle un dessalement de l'eau de mer, trente-cinq fois plus abondante que l'eau douce. Cela impliquera, comme pour toutes les autres matières premières, une hausse massive du prix pour le consommateur ou le contribuable. On verra au chapitre suivant comment la première vague de l'avenir développera des technologies adaptées.

Enfin, la diversité animale et végétale semble se réduire par le jeu combiné des dégradations de la nature. Environ 10 000 espèces disparaissent chaque année sur le 1,75 million d'espèces déjà recensées et les 14 millions qui semblent exister. Un quart des espèces de mammifères est menacé d'extinction ; le dixième des récifs coralliens, sans lesquels aucune vie terrestre n'aurait été possible, est déjà irrémédiablement condamné ; un autre tiers est fortement menacé de disparition d'ici à trente ans ; la raie manta, par exemple, est en voie d'extinction, comme quatre des sept espèces de tortues marines ; la population mondiale des hippocampes a diminué de moitié au cours des cinq dernières années ; 80 % de certaines espèces de requins ont disparu depuis dix ans ; la morue pourrait disparaître totalement avant la fin du siècle ; le thon rouge se fait rare. Au total, le nombre d'espèces animales pourrait chuter de 90 %, comme c'est arrivé déjà à deux reprises dans l'histoire du globe (d'abord il y a 250 millions d'années, puis il y a 65 millions d'années, quand disparurent les dinosaures et qu'apparurent les mammifères). La disparition de la moitié des espèces vivantes avant la fin du XXIe siècle n'est donc pas à exclure, et il n'est pas certain que l'espèce humaine puisse y survivre.

Comme par le passé, des technologies pourraient voir le jour pour surmonter chacune de ces raretés. Elles devraient permettre, entre autres, de réduire les consommations d'énergie, de mieux se débarrasser des déchets, de repenser la ville et les transports.

L'essoufflement technologique

Deux progrès technologiques ont assuré jusqu'ici l'expansion de la neuvième forme, en permettant l'un l'augmentation continue des capacités de

stockage de l'information par des microprocesseurs, et l'autre celle de l'énergie par des batteries.
Vers 2030, ces deux progrès atteindront leurs
limites : la loi de Moore (doublement des capacités
des microprocesseurs tous les dix-huit mois) aura
atteint sa limite physique ; de même la capacité
limite de stockage des batteries au lithium sera
atteinte.

En d'autres domaines, les innovations linéaires
semblent aussi se ralentir : l'industrie automobile
stagne, tout comme celle des équipements ménagers ; le téléphone portable et Internet n'ont presque
pas progressé depuis quinze ans ; la génétique
piétine ; les nouveaux médicaments ne sont pas au
rendez-vous ; les progrès agricoles se ralentissent ;
les nouvelles énergies se font attendre. Par ailleurs,
on voit fleurir beaucoup de faux progrès : les ordinateurs personnels sont inutilement puissants, les
voitures trop complexes. Un ordinateur portable
d'aujourd'hui est dix fois plus puissant et dix fois
plus cher que ceux qui pourraient aujourd'hui satisfaire les nécessités du consommateur.

Pour répondre aux besoins en énergie, en eau, en
matériaux, en produits alimentaires et vestimentaires,
en moyens de transport et de communication, pour
éliminer les déchets d'une population en très forte
croissance, il faudra donc résoudre des problèmes

scientifiques aujourd'hui encore insolubles, puis mettre au point des technologies et des systèmes logistiques industriellement efficaces, financièrement praticables et socialement acceptables.

Il faudra, en particulier, accomplir des progrès majeurs dans la miniaturisation d'un très grand nombre de processus ; non plus en empilant de plus en plus d'énergie et d'information sur des espaces de plus en plus petits, mais en utilisant l'infiniment petit, vivant ou non, comme une machine. Il faudrait, en particulier, réussir à modifier les semences agricoles pour les rendre moins consommatrices d'eau, d'engrais et d'énergie, et organiser le stockage de l'hydrogène gazeux dans des nanofibres pour fabriquer, dans des conditions économiques raisonnables, des piles à hydrogène sous haute pression, puis des moteurs hybrides produisant de l'hydrogène en continu par électrolyse. C'est l'ambition des vagues technologiques qui s'annoncent, *biotechnologies* et *nanotechnologies* ; mais leur validité, leur praticabilité, leur sécurité et leur acceptabilité politique et sociale ne seront pas acquises avant au moins 2025.

De plus, pour obéir aux injonctions des marchés financiers, les laboratoires de recherche des entreprises privées feront de moins en moins circuler leurs résultats et prendront de moins en moins de risques. Plus généralement, les entreprises industrielles seront de moins en moins enclines à prendre des risques et à investir dans l'industrie, préférant les bénéfices de la spéculation financière à ceux, plus hasardeux, de la technique.

Enfin, une rareté semble très durablement insurmontable : celle du temps.

La seule vraie rareté : le temps

La production d'objets marchands prendra de moins en moins de temps ; on en passera aussi de moins en moins à travailler, à cuisiner, à nettoyer, à manger. Au contraire, les produits mis sur le marché seront, eux, de plus en plus chronophages. Augmentera d'abord le temps de transport, avec la croissance de la taille de la ville. Il deviendra une sorte de temps-esclave où l'on pourra continuer à consommer et à travailler. On consacrera d'ailleurs de plus en plus de temps, au cours du transport, à communiquer, à intégrer des informations, à voir des films, à jouer, à assister à des spectacles. De même, il sera possible à beaucoup d'écouter de la musique, ou un livre enregistré, ou un spectacle vivant, tout en travaillant. La musique sera de plus en plus la grande consolatrice devant les chagrins, les deuils, la solitude, la désespérance.

Malgré ce temps contraint, beaucoup réaliseront qu'ils n'auront jamais le temps de tout lire, tout entendre, tout voir, tout visiter, tout apprendre : comme le savoir disponible double déjà tous les sept ans, et doublera tous les 72 jours en 2030, le temps nécessaire pour se tenir informé, apprendre, devenir et rester « employable », augmentera d'autant. Il en ira même du temps nécessaire pour se soigner et s'entretenir. Alors que ne changera pas le temps nécessaire pour dormir ou aimer.

Pour contourner cet obstacle, qui limite la consommation, l'Ordre marchand a d'abord incité à stocker les objets chronophages – livres, disques, films – de façon matérielle, puis, aujourd'hui, de façon virtuelle : empilements illimités, illusoires, sans plus aucune relation avec la possibilité d'en faire usage. Comme si ce stockage servait à donner l'illusion à chacun qu'il ne pourrait pas mourir sans avoir lu tous ces livres, entendu toutes ces mélodies, vécu le temps ainsi stocké. En vain. Les futures œuvres d'art tourneront d'ailleurs de plus en plus autour de ce thème du temps, devenu obsession.

On aura compris que le temps est, en fait, la seule réalité vraiment rare : nul ne peut en produire ; nul ne peut vendre celui dont il dispose ; personne ne sait l'accumuler.

On s'efforcera certes d'en produire un peu en allongeant encore la durée de vie humaine. On pariera sur une durée moyenne de cent vingt ans, sur une durée de travail de vingt-cinq heures par semaine.

Pour aller plus loin, il faudrait réussir à renverser des barrières *a priori* infranchissables en réduisant le temps mis à remplir les fonctions inhérentes à toute vie : naître, dormir, apprendre, se soigner, aimer, décider. Par exemple, il faudrait pouvoir faire naître un enfant en moins de neuf mois, ou lui apprendre à marcher en moins d'un an, à parler une langue en moins de trois mille heures.

D'aucuns découvriront alors que la liberté elle-même – objectif majeur de l'homme depuis les débuts de l'Ordre marchand – n'est en fait que l'illusoire manifestation d'un caprice à l'intérieur de la prison du temps.

Viendra alors la grande crise de cette forme.

La fin de la neuvième forme

La neuvième forme réussira donc, au moins jusqu'en 2025, à soutenir son agriculture, à protéger ses industries de pointe, à mettre au point de nouvelles technologies, à augmenter la productivité des services, à moderniser ses systèmes d'armes, à défendre ses zones commerciales, à garantir ses accès aux matières premières, à assurer son influence stratégique. Au cours de cette période, la Californie restera le « cœur », et les États-Unis conserveront leur avance technologique par des commandes publiques massives adressées à leurs entreprises stratégiques, en particulier militaires, financées par un budget dont le déficit, de plus en plus abyssal, restera couvert par des emprunts internationaux. Washington entretiendra une bonne entente avec l'Europe et avec les Onze, de sorte que ceux-ci continueront de souscrire à ses emprunts et de partager les coûts de sa défense. En particulier, les États-Unis ne feront rien pour demander une réévaluation massive des monnaies de ces pays, notamment de la monnaie chinoise, ce qui rendrait pourtant beaucoup plus facile le maintien des emplois sur le sol américain. Une partie des Onze, et les Européens, accepteront cette alliance, qui leur permettra de maintenir leur croissance sans pour autant devoir consacrer des sommes excessives à leur propre défense. Les États-Unis continueront à assister les gouvernements alliés, à combattre l'influence politique et sociale de leurs ennemis, à faire la propagande de leur modèle

de développement et à promouvoir la liberté individuelle, valeur suprême de l'Ordre marchand.

Ce programme pour les vingt prochaines années
est déjà en place. Il a été parfaitement résumé par
l'actuel président américain dans son adresse inau-
gurale de janvier 2005 : « Nous allons de l'avant
avec une confiance absolue dans le triomphe de la
liberté... L'Histoire voit la justice fluer et refluer,
mais elle possède une direction visible, définie par
la liberté et par l'Auteur de la liberté. » Toute
l'idéologie de l'Ordre marchand et de sa neuvième
forme est parfaitement résumée dans ces quelques
lignes.

Mais, d'année en année, d'ici à 2030, comme les
« cœurs » précédents, le neuvième devra affronter
les difficultés globales dont il a été question plus
haut et des défis, propres au « cœur », de plus en
plus coûteux, qui entraîneront le déclin et la disparition de la neuvième forme.

D'abord, le défi viendra des entreprises virtuelles ; si Internet est aujourd'hui, pour l'essentiel,
une colonie américaine, où l'on parle l'anglais, et
dont l'essentiel des richesses est drainé vers la mère
patrie, ce septième continent conquerra un jour son
autonomie. Il deviendra puissance en soi, entité
autonome, faisant des profits hors du sol américain.
De nouveaux pouvoirs de finance, d'information,

de distraction, de formation y joueront contre le pouvoir politique et culturel américain. Ils feront naître une diversité nouvelle qui remettra en cause la domination économique, politique, idéologique et esthétique américaine sur la démocratie de marché. Il deviendra de plus en plus évident qu'on peut être démocrate et favorable à l'économie de marché sans pour autant parler anglais ni croire en la suprématie naturelle et définitive de l'empire américain.

Ensuite, les entreprises réelles américaines se détacheront, elles aussi, de l'Amérique. De plus en plus concurrencées dans de nombreux secteurs par des entreprises et des centres de recherche installés ailleurs, les industries stratégiques américaines délocaliseront leurs productions et leurs recherches. Comme celles d'autres « cœurs » avant elles, ces firmes comprendront que leurs intérêts commerciaux ne se confondent plus avec ceux de leur gouvernement, dont l'image de plus en plus dégradée nuira à la vente de leurs produits. Elles tenteront d'abord d'obtenir de la Maison-Blanche une attitude plus conforme à ce dont ont besoin leurs consommateurs mondiaux ; puis, déçues, elles prendront leurs distances avec l'administration, investiront moins dans les universités et les hôpitaux américains, et créeront peu d'emplois aux États-Unis. Certaines d'entre elles passeront même sous le contrôle de fonds d'investissement étrangers, à la nationalité indiscernable. Ces fonds accumuleront leurs profits dans des paradis fiscaux, faisant perdre aux actionnaires américains l'essentiel du profit et à l'État américain l'essentiel de ses recettes fiscales. Le système financier, de plus en plus concentré autour d'institutions d'assurances et de fonds de couverture de risques très hasardeux, exigeant une rentabilité de plus en plus élevée, s'en trouvera menacé.

Partout en Amérique les frustrations marchandes des salariés seront de plus en plus mal ressenties. La classe moyenne, principal acteur de la démocratie de marché, retrouvera la précarité à laquelle elle croyait avoir échappé en se dissociant de la classe ouvrière ; les cadres déclassés, les ouvriers précaires, les employés malmenés, les familles à l'abandon, les propriétaires endettés, les consommateurs déçus, les usagers révoltés, les minorités frustrées, les croyants en colère fustigeront l'insondabilité de leur solitude, l'énormité des injustices, la violence des inégalités, les désintégrations communautaires. La concentration des populations dans les villes y créera des besoins croissants en voirie, écoles, hôpitaux, tous services collectifs de plus en plus difficiles à financer par l'impôt et dont l'insuffisance provoquera des troubles parmi les minorités. Le désastre de Katrina en 2005 a d'ailleurs révélé l'inégalité structurelle des services publics américains et montré l'incapacité américaine à gérer ses propres problèmes d'infrastructures.

Les salaires américains continueront de baisser en raison de la concurrence des travailleurs étrangers et de la délocalisation des entreprises. Les écarts de revenus des ouvriers avec les plus riches remettront en cause la légitimité du rêve américain.

Les dépenses d'énergie, d'eau, de santé, d'éducation, de sécurité, de retraite, de protection de l'environnement, occuperont une part croissante du revenu de chacun. Le financement des déficits intérieur et extérieur sera de plus en plus ardu. La monnaie américaine deviendra une devise plus politique qu'économique, qui freinera l'usage de cette devise par d'autres, en particulier en Amérique latine et au Moyen-Orient, usage pourtant essentiel à la puissance des États-Unis. La rentabilité du capital ne sera maintenue qu'artificiellement par l'augmentation continue de la valeur des actifs.

Ailleurs, en Amérique latine, en Europe, en Afrique, en Asie, au Moyen-Orient, le modèle californien sera – vers 2025 – remis en cause et la domination américaine rejetée. Le modèle de la démocratie de marché sera lui aussi contesté, sur le terrain même de sa réussite : de petits États totalitaires réussiront parfaitement bien et la démocratie de marché ne sera plus synonyme exclusif de succès économique ou d'efficacité écologique.

Vers 2025 ou 2030, l'Amérique ne sera donc plus capable de conserver sur son territoire l'essentiel des profits réalisés par ses entreprises ; les dépenses d'organisation, internes et externes, auront tant augmenté que le déficit structurel de sa balance des paiements deviendra insurmontable. L'Asie, qui assurera encore l'essentiel de son financement, aura alors besoin de ces ressources pour réduire les inégalités entre régions, lutter contre les troubles urbains, mettre en place son propre système d'assurances sociales et de retraites. Pékin décidera de ne plus financer à bas prix le déficit américain et même de rapatrier les capitaux investis dans des titres américains. D'autres banques centrales étrangères commenceront aussi à équilibrer leurs réserves en d'autres devises. Le Trésor américain devra proposer un rendement beaucoup plus élevé pour ses emprunts, alourdissant le coût pour les Américains des nouveaux contrats de vente à crédit, des prêts hypothécaires et des dettes indexées sur les taux variables, comme les cartes de crédit. Les ménages américains devront vendre leurs logements donnés en garantie de leurs crédits ; le prix de l'immobilier aux États-Unis baissera massivement ; la pyramide du crédit, dont l'assise est la valeur des logements des Américains, s'effondrera. Les ménages endettés deviendront insolvables. Les compagnies d'assurances exigeront le paiement des primes. L'État fédéral sera incapable de venir au secours des plus faibles, étant lui-même alors paralysé, à l'instar de tout le système financier américain. La production ralentira et le chômage atteindra des proportions jusque là inconnues. La crise pourrait aussi venir plus directement de l'incapacité du système financier à conserver son épargne qui ira se placer de façon de plus en plus spéculative dans des fonds gérés sur Internet à partir de paradis fiscaux. La rentabilité des capitaux ne pourra plus être maintenue par la hausse de valeur des actifs. La crise financière éclatera.

Tout cela ressemble à ce qui arriva, en d'autres temps, à Venise, Gênes, Anvers, Amsterdam, Londres, Boston et New York.

La Californie cessera alors – vers 2030 – de rassembler l'essentiel de la classe créative et d'être le centre de la mise en œuvre et du financement des principales innovations industrielles. La neuvième forme aura vécu.

Les États-Unis pourraient alors devenir soit une social-démocratie de type scandinave, soit une dictature, voire peut-être l'une après l'autre. Ce ne serait pas la première fois qu'une telle surprise aurait lieu : le premier dirigeant à appliquer les principes permettant de sortir de la crise de la huitième forme fut Mussolini ; le second fut Hitler. Et Roosevelt ne fut que le troisième.

Par une voie ou une autre, une dixième forme de l'Ordre marchand mondial pourrait alors voir le jour.

Une dixième forme marchande est-elle possible ?

Lors de chacune des neuf précédentes mutations de l'Ordre marchand, des soubresauts, des embellies, des résistances ont donné le sentiment aux contemporains que la forme alors en place, si menacée fût-elle, ne pourrait pas disparaître, et que le « cœur » du moment resterait à jamais la capitale du monde.

Souvent même, le pouvoir avait depuis longtemps changé de mains sans que quiconque, dans le « cœur » en déclin ni alentour, s'en fût vraiment rendu compte : les anciens maîtres continuaient de croire qu'ils dominaient le monde de leurs produits et de leur culture, de leur diplomatie et de leurs armées, alors qu'ils étaient en fait entrés dans une irréversible décadence, et que d'autres avaient déjà pris leur place. Ainsi de Bruges, de Venise, de Londres, de Boston ou de New York en leur temps. Ainsi demain, de la Californie.

Pourtant, si l'Histoire a un sens, dans trente ans ou moins, quand cette neuvième forme de l'Ordre marchand s'effacera, épuisée par les efforts qu'il lui aura fallu déployer pour lutter contre ses ennemis, elle laissera place à une autre forme, avec un autre « cœur », d'autres technologies, d'autres rapports géopolitiques entre les continents.

C'est là que toute l'Histoire racontée en détail aux chapitres précédents trouve sa justification, car elle permet de dessiner avec précision la figure de l'avenir.

Si, en effet, cette dixième forme ressemble aux neuf précédentes, elle fera apparaître de nouveaux équilibres entre les nations ; elle étendra la liberté des mœurs ; des technologies nouvelles permettront de réduire encore le temps nécessaire pour fabriquer nourriture, vêtements, moyens de transport et de distraction ; des placements industriels redeviendront rentables ; de nouveaux services seront transformés en produits industriels ; de nouveaux travailleurs en salariés précaires ; des énergies nouvelles remplaceront celles devenues rares ; de plus en plus de richesses seront concentrées en un nombre de plus en plus restreint de privilégiés ;

s'ouvrira aux consommateurs et aux citoyens une plus grande variété de choix qui imposera aux travailleurs de nouvelles formes d'aliénation.

Le « cœur » de cette dixième forme devra être, encore une fois, une vaste région, autour d'un très grand port – ou aéroport – maîtrisant les réseaux de commerce du monde. Dans ce nouveau « cœur », un climat relationnel particulièrement libéral et dynamique devra permettre à une classe créative de mettre en œuvre à son profit des idées, des techniques, des valeurs capables de résoudre les défis qu'affrontera alors l'Ordre marchand (c'est-à-dire de réduire cette fois les coûts de santé, d'éducation et de sécurité), et de faire surgir les nouveaux objets de consommation nécessaires à la relance de la croissance mondiale.

Le plus vraisemblable est que ce dixième « cœur », s'il vient au jour, sera situé, pour une quatrième fois, quelque part sur le territoire des États-Unis d'Amérique. Parce que ce pays restera, même après la crise de 2025, la première puissance militaire, technologique, financière et culturelle du monde ; et qu'il sera, sans concurrence imaginable, le plus vaste marché et le refuge le plus sûr pour les élites et pour les capitaux. Parce que Washington restera la capitale politique du monde et que l'armée américaine sera encore de loin la première force militaire de la planète. Parce que, enfin, l'Amérique restaurera un jour ses finances en trouvant les moyens – comme elle le fit avec l'automobile, puis avec les biens d'équipement ménager, enfin avec les objets nomades – de relancer la croissance par la production industrielle, qui reste à définir, de nouveaux objets.

Aussi, si une nouvelle ville américaine devait devenir le dixième « cœur », ce serait sans doute encore une ville située du côté de la Californie : celle-ci restera en effet, pour cinquante ans encore au moins, l'État le plus dynamique, au bord de l'océan le plus fréquenté de la planète. Aucun autre État américain ne sera plus en situation de rivaliser avec elle : l'État de New York sera trop affaibli industriellement ; le Texas, trop isolé, manquera par trop d'infrastructures.

Le deuxième « cœur » californien (comme il y eut deux « cœurs » successifs sur la côte est, Boston et New York) serait sans doute situé plus au sud, à la frontière mexicaine, au voisinage à la fois d'un autre grand pays, d'un des ports les plus dynamiques du Pacifique (San Diego), des industries de défense, de l'espace, des télécommunications, de la micro-électronique, des centres les plus importants en biotechnologies et nanotechnologies (La Jolla), et d'étudiants d'exception venus du monde entier étudier dans certaines des meilleures universités du monde (Stanford et Berkeley). Ce dixième « cœur », produisant de nouveaux objets industriels, répondant aux besoins du futur, s'étendrait alors du nord du Mexique à l'ouest du Canada.

Pourtant, à mon sens, il y a peu de chances qu'un tel schéma voie le jour : dans vingt ou trente ans, au moment où aura lieu la crise finale de la neuvième forme, les États-Unis seront fatigués – fatigués du pouvoir, fatigués de l'ingratitude de ceux dont ils auront assuré la sécurité et qui se considéreront encore comme leurs victimes. Ils auront besoin de souffler, de s'occuper d'eux-mêmes, de restaurer leurs finances, de panser leurs blessures, d'améliorer le bien-être de leurs propres habitants, de se recroqueviller sur leurs préoccupations, et surtout de se défendre sur leur propre sol. Ils ne voudront plus assumer ni militairement, ni financièrement, ni politiquement les charges inhérentes à la maîtrise du « cœur ». Ils ne voudront plus courir le risque de subir une guerre à domicile. Ils ne tenteront plus de gérer le monde, devenu hors de portée de leurs finances, de leurs troupes, de leur diplomatie. Leurs armées deviendront essentiellement défensives. Dès à présent, d'ailleurs, les dirigeants de Washington ne justifient plus la présence de troupes américaines à l'extérieur que par les seules nécessités de la défense du territoire national et de la protection des citoyens américains.

L'Amérique sera pourtant encore une très grande puissance. Par choix et non par résignation ou par obligation, elle ne sera plus ni l'empire dominant ni le « cœur » de l'Ordre marchand.

Il est évidemment difficile de se montrer plus précis sur la date de cette renonciation. Sinon que l'Histoire nous apprend que la durée de vie des empires est de plus en plus brève : l'Empire romain d'Orient a duré 1 058 ans ; le Saint Empire romain germanique, 1 006 ans ; les empires d'Orient, 400 ans chacun ; les empires chinois, moins de trois siècles ; les empires perses, mongols et européens, au moins deux à trois siècles ; l'Empire hollandais, deux siècles et demi ; l'Empire britannique, un siècle ; l'Empire soviétique, 70 ans ; les tentatives japonaises, allemandes et italiennes, moins encore. Les États-Unis, qui sont l'empire dominant depuis quelque cent vingt ans, soit déjà plus longtemps que la moyenne des empires les plus récents, cesseront bientôt de dominer le monde.

Cette perspective peut paraître inconcevable à beaucoup. Aujourd'hui, la plupart des dirigeants américains pensent encore que l'Empire américain sera éternel ; pour eux, au demeurant, l'Amérique est une démocratie, pas un empire ; elle est investie d'une mission salvatrice à l'échelle de l'humanité ; ils se comportent comme si le temps, c'est-à-dire Dieu, ne pouvait que servir leurs intérêts ; comme si l'Amérique, invulnérable et sans reproche, allait encore être maîtresse du monde dans plusieurs siècles. Beaucoup de gens autour d'eux, dans le reste du monde, y compris parmi leurs pires adversaires, le croient aussi. Certains d'entre eux agissent même comme si leur propre suicide pouvait seul menacer l'éternité du pouvoir américain. Il n'empêche : dans trois décennies, il faudra chercher ailleurs le nouveau « cœur » du monde.

D'autres lieux seraient possibles. L'Histoire nous a enseigné qu'il n'est pas nécessaire qu'un « cœur » soit situé sur le territoire de la nation la plus vaste ou la plus peuplée pour prétendre à ce statut ; ni Bruges, ni Venise, ni les villes qui leur ont succédé ne l'étaient. Pour y atteindre, il leur a fallu trouver en elles-mêmes l'énergie, la force créatrice, le désir d'innover, de produire en masse, de s'exposer au monde, de dominer. Selon ces critères, plusieurs villes pourraient, dans vingt ou trente ans, faire figure de candidates.

Londres, d'abord, en aurait les moyens : première place financière du continent européen, pôle d'attraction des élites du monde en même temps que proche des deux plus grandes universités mondiales, elle réunira encore, dans vingt ou trente ans, de nombreuses caractéristiques d'un « cœur » : une population diverse, un port et un aéroport exceptionnels, une capacité créative hors norme. Mais cela ne suffira pas : celle qui fut la ville-« cœur » du XIXe siècle n'aura plus l'arrière-pays industriel et l'infrastructure de transport et de services publics nécessaires à la production des futurs objets de consommation ; la City ne sera plus qu'une formidable plate-forme financière, à la fois sophistiquée et fragile, qui pourrait être délaissée à la moindre incertitude technologique ou militaire, et que fuiront, à la prochaine explosion de la bulle immobilière, beaucoup de ceux qui y vivent aujourd'hui.

Le « cœur » pourrait être aussi constitué par la vaste conurbation installée en Europe tout au long de la ligne des trains à grande vitesse, de Londres à Francfort en passant par Bruxelles, Lille et Paris : il y aura là à la fois la puissance financière et industrielle nécessaire. Ce serait peut-être possible si l'intégration politique, industrielle et militaire de quelques pays de l'Union européenne, dont la France et l'Allemagne, était alors assez avancée pour qu'ait été édifié un pouvoir politique, industriel et militaire fort, sans lequel un « cœur » ne saurait tenir son rôle. Cette région pourrait alors remplacer la Californie, et l'euro pourrait peut-être remplacer le dollar. Mais cela n'aura sans doute pas lieu, en tout cas pas avant de fortes secousses, qui se produiront beaucoup plus tard, et dont il sera question aux chapitres suivants. Il y faudrait en effet cette volonté d'exister, de diriger, d'avancer ensemble, de rassembler les talents venus d'ailleurs, ce désir de prendre le pouvoir sur le monde, stimulé par la peur du manque, ce courage de risquer sa vie et son âme qui ont façonné par le passé tous les « cœurs », mais qui ne semblent plus avoir de raison de se manifester sans de terribles menaces, qui viendront plus tard dans cette partie de l'Europe.

Un autre « cœur » pourrait émerger dans les pays scandinaves, entre Stockholm, Helsinki et Oslo. Là existent et existeront de plus en plus un climat relationnel exceptionnel, des industries de pointe, d'excellentes universités, des ressources pétrolières majeures, un haut niveau éducatif, une très grande sécurité, une exceptionnelle protection sociale, une haute qualité de vie, que viendra paradoxalement améliorer le réchauffement climatique – même s'il menace les côtes. Ces villes pourraient même attirer une vaste classe créative venue du reste du monde. Mais, à mon sens, les pays nordiques, soucieux de se garder des dangers du monde, refuseront de se mêler des affaires des autres, sauf comme diplomates discrets, n'ayant pas envie d'attirer l'attention des ennemis de la liberté. Ils refuseront donc de jouer ce rôle de « cœur », car celui-ci n'est jamais neutre.

Aucune autre ville, aucun autre pays en Europe ne sera prêt à assurer les dépenses de protection et d'expansion d'un « cœur » : celui-ci n'est donc pas près de retraverser l'Atlantique.

Tokyo sera un autre candidat sérieux : son industrie disposera encore, autour de 2030, d'une certaine avance sur celles des autres pays du pourtour asiatique du Pacifique, et jouera un rôle majeur dans la conception des futurs objets. Mais la capitale du Japon n'a pas su saisir sa chance dans les années 1980 ; et elle ne sera pas non plus, en 2030, capable de créer des valeurs universelles : la liberté individuelle n'est pas son idéal philosophique. Elle ne saura pas non plus attirer assez de talents étrangers. Par ailleurs, faute d'une réconciliation avec la Chine et la Corée, le Japon ne sera toujours pas en situation d'assumer le rôle de protecteur politique de la périphérie et de l'hinterland ; encore moins d'assumer le rôle militaire planétaire qui doit incomber au « cœur ».

Deux autres villes d'Asie, Shanghai et Bombay, seront vers 2030 les deux premières villes des deux plus grandes économies du monde ; elles pourraient donc, elles aussi, prétendre à devenir un jour ce « cœur » de l'Ordre marchand. Elles seront, de fait, l'une et l'autre des ports majeurs, recevant les produits d'un immense arrière-pays et lui apportant ce qui vient du reste du monde. Mais il leur faudrait, pour avoir une chance de devenir ce « cœur », être capables de mettre en place des réseaux de communication, des infrastructures urbaines, législatives, policières, militaires, technologiques ; être capables de stabiliser leur environnement politique et de trouver l'emploi nécessaire pour occuper une population rurale en surnombre. À mon sens, ces deux villes n'y parviendront pas, en tout cas pas dans les trois prochaines décennies. Trop occupées à régler leurs problèmes intérieurs, menacées de devoir affronter les rébellions d'autres provinces moins privilégiées, manquant des infrastructures les plus élémentaires, elles ne seront pas prêtes à temps pour prendre le relais de la neuvième forme.

L'Australie sera sans doute aussi, un jour très lointain, en situation de devenir un « cœur » : nouvelle Amérique, douée de la même dynamique, de la même capacité d'accueillir des immigrants, de la même volonté de développer des technologies d'avenir, dotée même, dès aujourd'hui, d'un des tout premiers ports du monde ; mais elle est encore trop peu peuplée, trop à l'écart du reste du monde. Il y faudrait d'énormes progrès dans le transport de marchandises qui mettraient Sydney à moins de quatre heures d'avion de Los Angeles ou de Tokyo, et à cinq jours de bateau ; et une population d'au moins cent millions d'habitants. Cela semble hors de portée pour longtemps.

La Russie et le Canada, au climat amélioré par le réchauffement climatique, ne seront pas pour autant des candidats crédibles. L'islam rêvera aussi d'accueillir le « cœur », que ce soit au Caire, à Ankara, à Bagdad ou à Djakarta. Mais il sera loin, en 2035, d'en avoir les moyens industriels, financiers, culturels et politiques ; il y faudrait une liberté intellectuelle aujourd'hui impensable.

Il serait aussi imaginable de penser que le « cœur » bascule dans l'univers virtuel et qu'y règnent des automates virtuels. Nous y reviendrons.

Il serait enfin assez élégant d'imaginer que la migration des « cœurs » se continue vers l'ouest, poursuivant le voyage entrepris il y a trois mille ans, et passe successivement au Japon, en Chine, en Australie, en Inde, pour aboutir finalement, un jour, au Moyen-Orient où l'Ordre marchand fut conçu. On pourrait même imaginer que le « cœur » s'arrête à Jérusalem, devenue capitale de tous les États de la région, enfin en paix les uns avec les autres. *Ville-monde* même – pourquoi pas ? –, capitale planétaire de l'ensemble des démocraties de marché, ou capitale d'une démocratie de marché planétaire.

En attendant la réalisation de cette très lointaine utopie, dont il sera question plus loin dans la troisième vague de l'avenir, aucun « cœur » ne prendra le relais de Los Angeles. Pendant un très long laps de temps, jusqu'à ce que se lèvent les trois vagues suivantes de l'avenir, un « cœur » ne sera plus nécessaire au fonctionnement de l'Ordre : le marché sera devenu assez puissant et le coût de l'échange de données assez faible pour que les membres de la classe créative n'aient plus besoin de vivre au même endroit pour diriger le monde ; l'industrie nouvelle s'installera en mille sites à la fois ; la forme marchande fonctionnera sans « cœur ».

Le capitalisme n'en sera que plus vivant, plus dynamique, plus prometteur, plus dominateur. Ceux qui auront annoncé ses funérailles en seront, encore une fois, pour leurs frais.

4

Première vague de l'avenir : l'hyperempire

Beaucoup, aux États-Unis comme ailleurs, prédisent que l'Histoire ne racontera désormais jamais plus rien d'autre que la généralisation du marché, puis de la démocratie, à l'intérieur des frontières de chaque pays ; c'est ce qu'ils nomment *la fin de l'Histoire*. Cette évolution, disent-ils, se fera naturellement, pacifiquement. Selon eux, elle n'exigera pas une guerre des démocraties contre les ultimes dictatures ; ce n'est pas, expliquent-ils, en bombardant Moscou qu'on en a fini avec l'Union soviétique, ni en bombardant et occupant Bagdad qu'on « démocratisera » l'Irak. Ni même en recourant à des sanctions économiques : aucun embargo, plaident-ils, n'a jamais vaincu une seule dictature. Les peuples, espèrent-ils, se libéreront eux-mêmes, par le simple jeu de la croissance économique, de la transparence de l'information et de l'expansion des classes moyennes. L'Ordre marchand, prévoient-ils, sera alors *polycentrique*, c'est-à-dire une juxtaposition d'un nombre croissant de démocraties de marché autour de quelques puissances dominantes.

Un tel scénario aura bien lieu : Entre 2025 et 2035, quand la neuvième forme s'effacera, elle laissera place à un monde sans maître, vaguement coordonné par quelques puissances relatives. Mais je ne crois pas que celui-ci puisse durer ; un tout autre monde, dans le droit-fil de l'Histoire, se mettra ensuite en place : un marché sans démocratie.

Vers 2050, sous le poids des exigences du marché et grâce à de nouveaux moyens technologiques, l'ordre du monde s'unifiera autour d'un marché devenu planétaire, sans État. Commencera ce que je nommerai l'*hyperempire*, déconstruisant les services publics, puis la démocratie, puis les États et les nations mêmes.

Ce marché mondial unifié et sans États restera durablement fidèle aux valeurs de l'ancien « cœur » californien. Comme les valeurs culturelles de Londres ressemblèrent longtemps à celles d'Amsterdam, celles de Boston à celles de Londres et celles de Los Angeles à celles de New York, l'hyperempire demeurera partiellement américain ; ses objets de consommation, on le verra, seront encore très largement la prolongation des objets nomades, tout comme le seront sa culture (métissée), son mode de vie (précaire), ses valeurs (individualistes), son idéal (narcissique).

Ainsi débutera la première phase de l'avenir. Puis viendra, on le verra, une série de guerres d'une extrême violence, conduisant à un *hyperconflit*. Enfin, devant l'échec de l'hyperempire et de l'hyperconflit, de nouvelles valeurs conduiront à un rééquilibrage entre démocratie et marché à l'échelle du monde, à une *hyperdémocratie* planétaire.

La généralisation de la démocratie de marché : le monde polycentrique

Partout où ce n'est pas encore le cas, c'est-à-dire essentiellement en Chine et dans le monde musulman, la croissance marchande créera vers 2035 une classe moyenne qui mettra à bas la dictature et installera une démocratie parlementaire.

On continuera dès lors à assister, comme depuis deux siècles, à la généralisation au monde entier, progressive et parallèle, chaotique et irréversible, du marché puis de la démocratie, c'est-à-dire de la démocratie de marché. Le phénomène concernera même l'Égypte, l'Indonésie, le Nigeria, le Congo, la Chine et l'Iran. Tous ces pays seront emportés, intacts ou par morceaux, par la logique qui naguère renversa la dictature au Chili, en Espagne, en Russie ou en Turquie. L'islam, l'hindouisme, le confucianisme ne s'opposeront plus à la démocratie ; chacune de ces vieilles sagesses en revendiquera même la paternité.

La mise en place d'élections libres ne suffira évidemment pas à instaurer durablement ces démocraties de marché : les exemples irakien, algérien ou ivoirien démontrent que des élections, même libres, si elles ne sont pas accompagnées de la mise en place d'institutions stables, économiques et politiques, et si n'existe pas un véritable désir des citoyens de vivre ensemble, peuvent au contraire faire reculer la démocratie. Il faudra que, progressivement, ces pays, comme l'ont fait tous les autres avant eux, se dotent de constitutions laïques, de parlements, de partis politiques, de systèmes juridiques et policiers respectant les droits de l'homme, d'une véritable pluralité de l'information. Cela leur prendra du temps : il ne faudra pas exiger de l'Asie et de l'Afrique ce que nul, à l'époque, n'exigea de l'Europe.

Pour les y aider, les nations déjà démocratiques devront se servir de leurs propres valeurs et de leurs institutions plus que de leurs missiles ; elles devront ouvrir leurs marchés aux entreprises, aux produits et aux étudiants venus de ces pays ; elles devront y financer des investissements créateurs d'emplois, y soutenir de nouveaux médias, y favoriser la naissance d'une agriculture moderne, d'un système bancaire, d'une sécurité sociale, d'un système judiciaire et policier, enfin y promouvoir des journaux, des radios, de nouvelles élites et des organisations non gouvernementales.

Au fil de ce processus, des ethnies, des régions, des peuples décideront de ne plus vivre les uns avec les autres ; des régions riches se débarrasseront du faix de régions pauvres, comme on a vu la Tchéquie se séparer de la Slovaquie. Parmi les démocraties existantes, la Flandre pourrait décider de se séparer de la Wallonie ; l'Italie du Nord, de celle du Sud ; la Catalogne, du reste de l'Espagne ; l'Écosse réclamer son indépendance ; les Kurdes pourraient se dissocier des autres Irakiens ; les Indiens ou les Indonésiens pourraient même s'éloigner les uns des autres. Les États créés artificiellement par la colonisation en Afrique et en Asie voleraient ainsi en éclats. Plus de cent nations nouvelles pourraient naître avant la fin du siècle.

245

Dans chacune de ces futures démocraties, comme dans les anciennes, une part croissante du revenu national passera pour un temps par les budgets publics et par des systèmes d'assurances, sociales et privées, qui mutualiseront les risques de santé et ceux liés au vieillissement. Ce processus s'accompagnera de l'effacement progressif des classes paysanne et ouvrière, et de l'essor de classes moyennes, moins soumises à la pénibilité du travail, mieux à même de se contenter de libertés formelles et de bien-être matériel.

Aussi longtemps que démocratie et marché resteront de forces égales, ils se partageront leurs champs de compétence et respecteront leurs frontières ; l'Ordre marchand s'organisera comme une juxtaposition de démocraties de marché ; le monde sera *polycentrique*, avec une ou deux puissances majeures sur chaque continent : les États-Unis, le Brésil, le Mexique, la Chine, l'Inde, l'Égypte, la Russie et l'Union européenne (même si celle-ci ne présentera pas tous les attributs d'un État). Le Nigeria s'y joindra, s'il existe encore, ce qui est peu probable. Ensemble, ces neuf nations, devenues maîtresses de l'ordre polycentrique, formeront un gouvernement informel du monde dont j'aurai à reparler dans la troisième vague de l'avenir. On les retrouvera d'abord au Conseil de sécurité des Nations unies et au G8.

Un tel ordre polycentrique ne pourra pas se maintenir : par nature, le marché est conquérant ; il n'accepte pas de limites, de partage de territoires, de trêves. Il ne signera pas de traité de paix avec les États. Il refusera de leur laisser des compétences. Il s'étendra bientôt à tous les services publics et videra les gouvernements (même ceux des maîtres de l'ordre polycentrique) de leurs ultimes prérogatives, y compris celles de la souveraineté.

Même si, pour un temps, des nations, des agences de régulation et des organisations internationales vont tenter de contenir et de limiter les marchés, les puissances industrielles, financières, technologiques, qu'elles soient légales ou illégales, refuseront d'accepter tout équilibre polycentrique, bouleverseront sans cesse les frontières et concurrenceront tous les services publics les uns après les autres. Puis les services d'éducation, de santé, ceux liés à l'exercice de la souveraineté, aujourd'hui remplis pour l'essentiel par des agents publics, cesseront totalement d'être publics : médecins, professeurs, puis juges et soldats deviendront des salariés du secteur privé.

Enfin, comme d'autres avant eux, ces services, devenus de plus en plus coûteux, en temps et en argent, du fait du vieillissement de la planète, de l'urbanisation massive, de l'insécurité croissante, des enjeux écologiques et de la nécessité de se former en permanence, seront remplacés par des objets industriels produits en série.

Commencera, commence déjà, une formidable bataille géopolitique, entre les démocraties de marché et le marché, pour la suprématie planétaire. Cette bataille conduira à la victoire, impensable aujourd'hui, du capitalisme sur les États-Unis, et même du marché sur la démocratie. En voici l'histoire.

L'objet substitut de l'État : de l'*hypersurveillance* à l'*autosurveillance*

Progressivement, les marchés trouveront de nouvelles sources de rentabilité dans les activités aujourd'hui exercées par les services publics : éducation, santé, environnement, souveraineté. Des entreprises privées voudront commercialiser ces fonctions, puis les remplaceront par des produits de consommation fabriqués en série, qui entreront parfaitement dans la dynamique du progrès technique à l'œuvre depuis les débuts de l'Ordre marchand.

D'abord, on cherchera (et on trouvera) de nouveaux moyens d'accumuler de plus en plus d'information et d'énergie dans des volumes de plus en plus réduits. En particulier, pour diminuer la consommation d'énergie, de matières premières et d'eau, et les conséquences sur l'environnement. Cela passera par des technologies conduisant à stocker énergie et information sur des entités nanométriques : d'où l'appellation de *nanotechnologies.* On ira vers la construction de nanomachines par assemblage de molécules, ce qui exigera de repérer les atomes, de les manipuler et de les positionner. Diverses technologies permettront d'économiser eau, forêts et pétrole, d'utiliser des ressources encore incertaines comme les richesses maritimes et celles de l'espace. Des microprocesseurs utiliseront des biomolécules de l'ADN et des peptides. Ils serviront à fabriquer des nano-ordinateurs. Des nanocentrales d'énergie utiliseront des piles à hydrogène. Des autorépliqueurs seront capables de se réparer eux-mêmes et de se reproduire. Par ailleurs, des progrès techniques majeurs amélioreront l'efficacité écologique des matériaux, de la propulsion, de l'aérodynamique, des structures, des combustibles, des moteurs, des systèmes.

Ces technologies modifieront radicalement la façon dont sont produits les objets actuels. Elles permettront de consommer beaucoup moins d'énergie par unité produite, de mieux gérer l'eau potable, les déchets urbains et les émissions polluantes ; elles amélioreront les caractéristiques des produits alimentaires, des vêtements, des logements, des véhicules, des équipements ménagers et des objets nomades.

D'autres objets nomades miniaturiseront les moyens d'informer, de distraire, de communiquer, de transporter, augmentant massivement l'ubiquité nomade. L'objet nomade unique sera intégré au corps d'une façon ou d'une autre. Il servira de capteur et de contrôleur. Des matières plastiques spécifiques, récupérables et recyclables, permettront de transformer les vêtements en objets nomades connectés. D'autres matières plastiques deviendront des écrans jetables, ce qui permettra de réaliser des murs-images dans les lieux publics et dans des maisons connectées ; cela bouleversera la façon d'éclairer, de construire, de lire, d'habiter, de vivre le nomadisme. Des robots personnalisés aideront les invalides, puis les valides, dans leur vie quotidienne ; ils permettront de participer simultanément à plusieurs réunions virtuelles, et de reproduire – au moins virtuellement – une personne disparue ou fantasmée. Des voitures autoguidées permettront de ne plus avoir à conduire, du moins sur autoroute. Des avions hypersoniques mettront Tokyo et Los Angeles à moins de quatre heures de n'importe quel point du Pacifique ; des bateaux mettront tous les ports d'Asie à moins de vingt-quatre heures les uns des autres et réduiront la traversée du Pacifique à trois jours. Diverses sociétés privées enverront des touristes dans des hôtels placés en orbite ; elles organiseront des voyages vers la Lune, puis vers Mars.

Vers 2040, s'amorcera l'essentiel, qui diminuera massivement le coût d'organisation des démocraties de marché, rétablira la rentabilité de l'industrie, réduira progressivement à néant le rôle des États et détruira peu à peu l'ordre polycentrique : des objets nouveaux prendront, comme moteurs de la croissance, le relais des automobiles, des machines à laver, des objets nomades : il s'agira d'objets de *surveillance*, remplaçant de nombreuses fonctions de l'État que je nommerai *surveilleurs*.

Les services d'éducation, de santé, de souveraineté seront ainsi progressivement remplacés – comme ce fut le cas avec les transports, les services domestiques, la communication – par des machines produites en série ; ce qui ouvrira, une nouvelle fois, de nouveaux marchés aux entreprises et augmentera la productivité de l'économie. Comme il s'agira là de toucher à des services essentiels à l'ordre social, constitutifs même des États et des peuples, cela modifiera radicalement les relations à l'imaginaire individuel et collectif, à l'identité, à la vie, à la souveraineté, au savoir, au pouvoir, à la nation, à la culture, à la géopolitique.

Là se situe la plus profonde révolution qui nous attend dans le prochain demi-siècle.

Ces *surveilleurs* ne surgiront pas tout prêts de l'imagination de chercheurs farfelus ou de techniciens illuminés ; ils répondront aux impératifs financiers de l'Ordre marchand, toujours à l'affût de nouveaux moyens de réduire le temps nécessaire à la production des objets existants, d'augmenter la capacité des réseaux, de réduire les dépenses collectives, de valoriser l'usage du temps, de transformer des désirs et des besoins en richesses marchandes.

Ce processus se déroulera en deux étapes, que je nomme *hypersurveillance* et *autosurveillance*.

Quand la loi du marché commencera à l'emporter sur celle de la démocratie, les services publics d'éducation, de soins, de sécurité, puis de justice et de souveraineté commenceront à être concurrencés par des entreprises privées. Les États seront tenus de traiter les chaînes de cliniques étrangères comme les hôpitaux publics, les filiales d'universités privées étrangères comme les universités nationales.

Des compagnies privées de sécurité, de police, de renseignement concurrenceront les polices nationales dans la surveillance des mouvements et des données, pour le compte de compagnies d'assurances et d'entreprises, qui voudront tout savoir de leurs employés, de leurs clients, de leurs fournisseurs, de leurs concurrents, de leurs risques ; et qui voudront protéger leurs actifs, matériels, financiers, intellectuels, contre diverses menaces. Ce transfert vers le privé réduira peu à peu les dépenses publiques et aidera à économiser les ressources rares. Il s'inscrira, comme on l'a vu précédemment, dans la foulée de l'apparition de services permettant de suivre à la trace objets et gens. L'ubiquité nomade ouvre à l'hypersurveillance quand celui qui est connecté laisse trace de son passage.

Des services privés géreront ensuite les droits sociaux et les services administratifs. On pourra recevoir un document administratif ou une allocation plus rapidement en payant plus cher : c'est déjà le cas en Grande-Bretagne. D'ores et déjà, l'État s'est déchargé, en beaucoup de lieux, d'innombrables décisions, confiées à de hautes autorités indépendantes qui le dégagent de toute responsabilité.

Autrement dit, en échange d'une baisse d'impôt qui avantagera surtout les plus riches, les services publics deviendront payants, ce qui pénalisera les plus pauvres. Et comme ces entreprises privées en concurrence devront dépenser des sommes considérables pour attirer les clients, ce que n'a pas à faire un service public, le coût final du service pour le client augmentera d'autant.

Les usagers, personnes privées ou entreprises, deviendront des consommateurs, tenus de payer directement leurs services, soit sous forme d'achat direct aux prestataires, soit sous forme de primes versées à des compagnies d'assurances – privées ou publiques –, substituts aux impôts, qui diminueront massivement.

Ces compagnies d'assurances exigeront non seulement que leurs clients paient leurs primes (pour s'assurer contre la maladie, le chômage, le décès, le vol, l'incendie, l'insécurité), mais elles vérifieront aussi qu'ils se conforment à des *normes* pour minimiser les risques qu'elles auront à couvrir. Elles en viendront progressivement à dicter des normes planétaires (quoi manger ? quoi savoir ? comment conduire ? comment se conduire ? comment se protéger ? comment consommer ? comment produire ?). Elles pénaliseront les fumeurs, les buveurs, les obèses, les inemployables, les mal protégés, les agressifs, les imprudents, les maladroits, les distraits, les gaspilleurs. L'ignorance, l'exposition aux risques, les gaspillages, la vulnérabilité seront considérés comme des maladies. Les autres entreprises devront elles aussi obéir à des normes afin de réduire les risques de catastrophes industrielles, d'accidents du travail ou d'agressions externes voire de gaspillages de ressources réelles. D'une certaine façon, toutes les entreprises seront ainsi poussées à tenir compte dans leurs décisions de l'intérêt général. Certaines feront même de leur « citoyenneté » une des dimensions de leur image et de leur action.

La montée des risques liés au vieillissement, à la croissance urbaine, aux catastrophes provoquées par les dérèglements écologiques, aux attentats augmentera peu à peu la part de ces primes d'assurances dans le revenu national, en même temps que baissera la part des prélèvements obligatoires.

Les entreprises devront à la fois respecter les normes que leur imposeront les compagnies d'assurances et imposer à leurs collaborateurs – dont ils paieront une partie des cotisations – de respecter d'autres normes : surveiller sa santé, son savoir, sa vigilance, ses propriétés, économiser les ressources rares, se soigner, se former, se protéger – et plus généralement *être en forme* – deviendront des comportements socialement nécessaires.

Pour que les compagnies d'assurances soient économiquement rentables, chacun – personne privée, entreprise – devra ainsi accepter qu'un tiers vérifie sa conformité aux normes ; pour cela, chacun devra accepter d'être surveillé.

« *Surveillance* » : maître mot des temps à venir.

Ainsi verra d'abord le jour une *hypersurveillance*. Les technologies permettront de tout savoir des origines des produits et du mouvement des hommes, ce qui aura aussi, dans un avenir plus lointain, des applications militaires essentielles. Des capteurs et des caméras miniatures placés dans tous les lieux publics, puis privés, dans les bureaux et les lieux de repos, et finalement sur les objets nomades eux-mêmes, surveilleront les allées et venues ; le téléphone permet déjà de communiquer et d'être repéré ; des techniques biométriques (empreintes, iris, forme de la main et du visage) permettront la surveillance des voyageurs, des travailleurs, des consommateurs. D'innombrables machines d'analyse permettront de surveiller la santé d'un corps, d'un esprit ou d'un produit.

L'objet nomade unique sera en permanence localisable. Toutes les données qu'il contiendra, y compris les images de la vie quotidienne de chacun, seront stockées et vendues à des entreprises spécialisées et à des polices publiques et privées. Les données individuelles de santé et de compétences seront tenues à jour par des bases de données privées qui permettront d'organiser des tests prédictifs en vue de traitements préventifs. La prison elle-même sera remplacée progressivement par la surveillance à distance d'un confinement à domicile.

Plus rien ne restera caché ; la discrétion, jusqu'ici condition de la vie en société, n'aura plus de raison d'être. Tout le monde saura tout sur tout le monde ; on évoluera vers moins de culpabilité et plus de tolérance. L'oubli était teinté hier de remords ; demain, la transparence incitera à ne plus en avoir. La curiosité, fondée sur le secret, disparaîtra aussi, pour le plus grand malheur des journaux à scandales. Du coup, la célébrité aussi.

Un peu plus tard, vers 2050, le marché ne se contentera pas d'organiser la surveillance à distance : des objets industriels produits en série permettront à chacun d'*autosurveiller* sa propre conformité aux normes : des *autosurveilleurs* apparaîtront. Des machines permettront à chacun – entreprise ou personne privée – de surveiller sa consommation d'énergie, d'eau, de matières premières, etc. ; d'autres encore d'autosurveiller son épargne et son patrimoine. Ces machines permettront aussi de gagner du temps de vie. Déjà le miroir, la balance, le thermomètre, l'alcootest, les tests de grossesse, les électrocardiographes, d'innombrables capteurs mesurent des paramètres, les comparent à une valeur dite normale et annoncent à chacun le résultat du test. Des technologies démultiplieront ces moyens de surveillance portative : des ordinateurs seront intégrés aux vêtements par des nanofibres et miniaturiseront davantage encore ces autosurveilleurs du corps. Des puces électroniques sous-cutanées enregistreront continuellement les battements du cœur, la pression artérielle, le taux de cholestérol. Des microprocesseurs branchés sur différents organes surveilleront leurs écarts de fonctionnement par rapport à des normes. Des caméras miniatures, des senseurs électroniques, des biomarqueurs, des nanomoteurs, des nanotubes (capteurs microscopiques qu'on pourra introduire dans les alvéoles pulmonaires ou dans le sang) permettront à chacun de mesurer en permanence – ou périodiquement – les paramètres de son propre corps.

De même apparaîtront, en matière d'éducation et d'information, des instruments et des logiciels d'autosurveillance de la conformité à des normes de savoir ; ils organiseront la vérification des connaissances : l'ubiquité nomade de l'information deviendra contrôle permanent du savoir.

Pendant quelque temps encore, seuls médecins et professeurs (qui collaboreront à la production et à l'expérimentation de ces autosurveilleurs) seront autorisés à s'en servir. Puis ces objets seront miniaturisés, simplifiés, fabriqués à coût très bas et rendus disponibles à tous, en dépit de la forte opposition des experts qu'ils concurrenceront. La surveillance deviendra nomade et autonome. Chacun renouvellera avec passion ces instruments : la peur de la dégradation physique et de l'ignorance, la familiarité croissante avec les objets nomades, la méfiance grandissante envers les corporations médicale et enseignante, la foi dans l'infaillibilité technologique ouvriront d'énormes marchés à ces diverses gammes d'appareils. Les compagnies d'assurances y pousseront, soucieuses d'ajuster en permanence leurs primes à l'évaluation des risques encourus par chacun de leurs clients. Elles exigeront donc de leurs clients qu'ils fassent la preuve qu'ils utilisent des autosurveilleurs.

Les praticiens se trouveront alors un nouveau rôle en soignant des maladies qui, auparavant, n'auraient pas été détectées ; des professeurs deviendront les tuteurs de ceux qui auront été repérés comme réfractaires au savoir.

Une nouvelle fois, des services collectifs, cette fois étatiques, deviendront des objets industriels produits en série. Tout ce qui se met en place depuis quelques décennies trouvera son aboutissement. Chacun sera devenu son propre gardien de prison.

En même temps la liberté individuelle aura atteint son paroxysme, au moins dans l'imaginaire.

Au-delà des autosurveilleurs viendront – viennent déjà – des *autoréparateurs* permettant d'amender les erreurs détectées par les autosurveilleurs. Une des premières formes de cette autoréparation aura été les industries du maquillage, de la beauté, de la mode, de la diététique, de la gymnastique, de la remise en forme, de la chirurgie esthétique. Le vieillissement du monde en augmentera la nécessité. On commencera par intégrer des *dispositifs d'auto-réparation* dans des systèmes artificiels tels que machines, ponts, immeubles, automobiles, équipements ménagers, objets nomades. Puis des microprocesseurs, d'abord fabriqués avec des matériaux organiques, ensuite à partir de biomatériaux, s'occuperont de réparer les corps. Ils délivreront des médicaments à intervalles réguliers ; des microcapsules seront introduites dans le sang avec mission de repérer et détruire l'amorce d'un cancer, de lutter contre le vieillissement du cerveau et du corps. Si l'on vient à connaître les mécanismes génétiques des dépendances, on pourra aussi tenter d'en bloquer ainsi les manifestations. Il sera même possible un jour de manipuler l'intérieur de cellules sans les altérer pour réparer *in vivo* les organes humains.

Au-delà de ces objets, chacun voudra aussi disposer de services et d'accessoires de voyage pour l'ultime traversée : la valorisation du temps s'étendra à la mise sur le marché de moyens d'atteindre à l'éternité. Au lieu de vendre, comme jadis l'Église, des « indulgences », le marché vendra des services de suicide, de mort médicalement assistée, de cryogénisation, puis on commercialisera des machines permettant d'organiser des simulacres d'agonie, des semi-suicides, des expériences de presque-mort, des aventures extrêmes sans garantie de retour.

Ultérieurement, les progrès des neurosciences permettront d'aller chercher, par un acte purement mental, des connaissances ou des informations dans des bases de données externes, sans avoir eu à les stocker dans sa propre mémoire. Des prothèses bioniques, branchées directement sur le cerveau, aideront à lancer des ponts entre des savoirs, à produire des images mentales, à voyager, à apprendre, à fantasmer, à communiquer avec d'autres esprits. On sait déjà déplacer un curseur sur un écran grâce à une image mentale transmise à un ordinateur par le biais d'un implant électronique placé dans le cortex moteur. Cela permet déjà à un tétraplégique d'écrire quinze mots à la minute, par simple transmission de pensée, et de les envoyer par *e-mail*. La télépathie est ainsi, déjà, une réalité. Demain, ces processus permettront de fournir de nouvelles formes de communication directe par l'esprit, d'améliorer le processus d'apprentissage et de création en réseau. On en fera aussi une source d'émotions artistiques nouvelles.

La déconstruction des États

Ces technologies interviendront au moment où les dépenses mutualisées seront de plus en plus importantes. Pays par pays, secteur par secteur, elles réduiront progressivement le rôle de l'État et des institutions de prévoyance publiques. Ainsi, après avoir augmenté, la part des dépenses collectives dans le revenu national de chaque pays diminuera massivement.

La croissance des marchés dans le monde polycentrique agira alors dans le même sens que ces technologies et contribuera, elle aussi, à affaiblir massivement les États. D'abord, les grandes entreprises, appuyées sur des milliers de sociétés spécialisées, influeront sur les médias – par un chantage à la publicité – afin d'orienter le choix des citoyens. Puis elles affaibliront les États.

Dans un premier temps, quand les riches minorités se rendront compte qu'elles ont davantage intérêt à ce qu'un domaine soit soumis au marché plutôt qu'au vote, elles feront tout pour que ce domaine soit privatisé. Ainsi, par exemple, quand une minorité riche pensera que le système des retraites par répartition n'est plus conforme à ses intérêts, elle le fera basculer, en nouant des alliances passagères, dans un système de retraites par capitalisation, de telle sorte que ses pensions ne dépendent plus d'une décision majoritaire qui pourrait lui être défavorable. De même pour la santé, la police, l'éducation, l'environnement.

Puis le marché, par nature planétaire, transgressera les lois de la démocratie, par nature locale. Les plus riches des membres de la classe créative (quelque cent millions sur les deux milliards de détenteurs d'actions, d'actifs mobiles et de savoir nomade) considéreront leur séjour dans tout pays (y compris celui de leur naissance, et fût-ce un des maîtres de l'ordre polycentrique) comme un contrat individuel excluant toute loyauté et toute solidarité avec leurs compatriotes ; ils s'expatrieront s'ils estiment ne pas en avoir pour leur argent.

De même, quand des entreprises – y compris celles des nations devenues maîtresses de l'ordre polycentrique – estimeront que la fiscalité et le droit qui leur sont applicables ne sont pas les meilleurs qu'elles puissent espérer, elles déplaceront leurs centres de décision hors de leur pays d'origine.

Les États se feront alors concurrence par une baisse massive des impôts sur le capital et sur la classe créative, ce qui les privera progressivement de l'essentiel de leurs ressources ; exsangues, et poussés aussi par l'apparition des autosurveilleurs, les États abandonneront au marché le soin de proposer la plupart des services relevant de l'éducation, de la santé, de la sécurité et même de la souveraineté. D'abord en délocalisant les services publics dans les pays à bas coût de main-d'œuvre, puis en les privatisant. Alors les impôts baisseront, les revenus minima et les statuts protégeant les plus faibles seront balayés ; la précarité se généralisera.

Faute d'État, les entreprises favoriseront ainsi de plus en plus les consommateurs contre les travailleurs dont les revenus diminueront. Les technologies de l'autosurveillance organiseront et accéléreront ce processus en favorisant le consommateur contre l'usager du service public, le profit contre le salaire, en donnant toujours plus de pouvoir aux compagnies d'assurances et de distraction aux producteurs d'autosurveilleurs.

Commencera alors, au plus tard vers 2050, une lente déconstruction des États, nés pour certains il y a plus de mille ans. La classe moyenne, principal acteur de la démocratie de marché, retrouvera la précarité à laquelle elle croyait avoir échappé en se détachant de la classe ouvrière ; le contrat l'emportera de plus en plus sur la loi ; les mercenaires, sur les armées et sur les polices ; les arbitres, sur les juges. Les juristes de droit privé feront florès.

Pendant un certain temps, les États des pays maîtres de l'ordre polycentrique pourront encore fixer quelques règles de leur vie sociale. La majorité politique y rejoindra la majorité économique, c'est-à-dire l'âge auquel l'enfant deviendra un consommateur autonome. Dans chaque pays, les partis politiques, en plein désarroi, chercheront – de plus en plus en vain – des domaines de compétence : ni la gauche ni la droite ne pourront empêcher la privatisation progressive de l'éducation, de la santé, de la sécurité, de l'assurance, ni le remplacement de ces services par des objets produits en série, ni, bientôt, l'avènement de l'*hyperempire*. La droite en accélérera même l'avènement par des privatisations. La gauche en fera autant, en donnant à la classe moyenne les moyens d'accéder plus équitablement à la marchandisation du temps et à la consommation privée. L'appropriation publique des grandes entreprises ne sera plus une solution crédible ; le mouvement social n'aura plus la force de s'opposer à la marchandisation du monde. Des gouvernements médiocres, appuyés sur de rares fonctionnaires et des parlementaires discrédités,

manipulés par des groupes de pression, continueront à donner un spectacle de moins en moins
fréquenté, de moins en moins pris au sérieux.
L'opinion ne s'intéressera pas beaucoup plus à leurs
faits et gestes qu'elle ne s'intéresse aujourd'hui à
ceux des tout derniers monarques du continent
européen.

Les nations ne seront plus que des oasis en
compétition pour attirer des caravanes de passage ;
leur train de vie sera limité par les rares ressources
qu'apporteront ceux des nomades qui accepteront
d'y faire halte assez longtemps pour y produire, y
commercer, s'y distraire. Les pays ne seront plus
habités durablement que par les sédentaires – forcés
d'être là parce que trop ennemis du risque, trop
fragiles, trop jeunes ou trop vieux –, et par les plus
faibles, pour certains venus d'ailleurs pour y trouver un cadre de vie plus décent.

Seuls se développeront les États qui auront su
s'attirer la loyauté de leurs citoyens en favorisant leur
créativité, leur intégration et leur mobilité sociale.
Certaines nations de tradition social-démocrate et
certaines minuscules entités étatiques résisteront
mieux que d'autres. Ironie de l'Histoire : avec l'avènement de l'hyperempire, on assistera ainsi au retour
de ces cités-États qui dominèrent les débuts de
l'Ordre marchand.

Dans certains pays, pour empêcher cette destruction de l'identité nationale, et pour faire face aux vagues d'immigration qui s'ensuivront, des dictateurs racistes, théocratiques ou laïcs, prendront le pouvoir. En particulier, ce qui se jouera bientôt dans des pays comme les Pays-Bas ou la Belgique, premiers « cœurs » du monde marchand, démocraties parmi les plus anciennes, sera révélateur de l'évolution qui touchera ensuite les États les plus robustes et les plus soucieux de leurs libertés. On en reparlera plus loin avec la deuxième vague de l'avenir.

Tandis que l'Afrique s'évertuera en vain à se construire, le reste du monde commencera à se déconstruire sous les coups de la globalisation. L'Afrique de demain ne ressemblera donc pas à l'Occident d'aujourd'hui ; c'est bien plutôt l'Occident de demain qui ressemblera à l'Afrique d'aujourd'hui.

Puis, à mon sens avant même la fin du XXIᵉ siècle, le gouvernement des États-Unis lui aussi perdra – le dernier sans doute au sein de ce monde polycentrique – l'essentiel des instruments de sa souveraineté.

Ce sera d'abord le cas dans le monde virtuel : tout comme l'imprimerie, on l'a vu, joua contre les pouvoirs en place, Internet jouera contre les États-

Unis. Il commencera par ne pas servir les intérêts de Washington, puis, en favorisant la gratuité, en démultipliant les sources d'information, en libérant les contrôles exercés sur celle-ci par les plus riches, il videra le gouvernement des États-Unis, comme celui des autres pays, de nombre de ses pouvoirs les plus importants. Beaucoup de gens revendiqueront même la citoyenneté de l'univers virtuel, abandonnant celle de tout État réel, même celle des États-Unis d'Amérique.

Dans le monde réel, les entreprises d'origine américaine délocaliseront leurs centres de recherches et leurs sièges sociaux ; elles feront ainsi perdre à l'État fédéral américain l'essentiel de ses ressources. Le financement des fonctions de souveraineté, en particulier de la défense, sera de plus en plus ardu. Enfin les citoyens ne voudront plus voir mourir leurs enfants au combat et ne souhaiteront plus être contraints de participer à la défense de leur pays.

Certaines forces, en particulier militaires, tenteront alors de redonner à l'État fédéral des moyens d'agir en nationalisant des entreprises stratégiques, en fermant les frontières, en affrontant, si nécessaire, d'anciens alliés. Les moyens d'information mentiront, truqueront une vérité de plus en plus inacessible. En vain : à terme, Washington devra abandonner le contrôle des grandes décisions économiques et politiques au profit de chacun des États de l'Union et des grandes firmes. Les services administratifs seront les uns après les autres privatisés. Les prisons deviendront des entreprises privées à coût de main-d'œuvre nul. L'armée elle-même, dernier refuge de la souveraineté, d'abord constituée de mercenaires, sera ensuite privatisée, comme le reste.

Alors, comme autrefois l'Empire romain, l'Empire américain disparaîtra, sans laisser d'autorité politique en place dans la nouvelle Rome. Les États et les nations auront encore une place, apparences nostalgiques, fantômes évanescents, boucs émissaires impuissants et faciles de la marchandisation absolue du temps.

La marchandisation absolue du temps

Le capitalisme ira alors à son terme : il détruira tout ce qui n'est pas lui. Il transformera le monde en un immense marché, au destin déconnecté de celui des nations, et dégagé des exigences et servitudes d'un « cœur ». Cet hyperempire aura, comme l'Empire américain avant lui, et comme chacune des neuf formes de l'Ordre marchand, des aspects formidablement libérateurs, mais aussi des dimensions extrêmement aliénantes. Il parachèvera ce qu'a commencé le marché depuis ses origines : faire de chaque minute de la vie une occasion de produire, d'échanger ou de consommer de la valeur marchande.

Comme les vainqueurs de l'Empire romain, les marchés s'empresseront d'endosser les habits des vaincus ; la société américaine inspirera pour longtemps encore le modèle que l'hyperempire proposera au monde. L'hyperempire poussera aussi les entreprises à entrer sur tous les marchés de la surveillance ; il incitera tout étudiant à financer ses propres études supérieures et sa formation permanente. Pour défendre la propriété privée des biens, des idées, des brevets et des personnes en l'absence d'un État, mais aussi pour protéger l'environnement, le marché fera surgir polices, armées, justices privées, mercenaires et arbitres.

Tout temps passé à autre chose que consommer – ou accumuler des objets à consommer de manière différée – sera considéré comme perdu ; on en viendra à dissoudre les sièges sociaux, les usines, les ateliers pour que les gens puissent consommer depuis chez eux tout en travaillant, en jouant, en s'informant, en apprenant, en se surveillant ; l'âge limite de la retraite disparaîtra ; les transports deviendront des lieux de commerce ; les hôpitaux et les écoles laisseront la place, pour l'essentiel, à des lieux de vente et à des services après-vente d'autosurveilleurs et d'autoréparateurs qui deviendront, on le verra, les germes de la troisième vague de l'avenir.

Plus l'homme sera seul, plus il consommera, plus il se surveillera et se distraira afin de meubler sa solitude. Une liberté individuelle sans cesse augmentée – du moins en apparence – par les auto-surveilleurs conduira de plus en plus chacun à se considérer comme responsable de sa seule sphère personnelle, professionnelle et privée, à n'obéir en apparence qu'à son propre caprice et en fait aux normes fixant les exigences de sa propre survie.

Alors que le nomade des premières sociétés, comme le citoyen des démocraties de marché, obéissait, on l'a vu, à un ensemble de règles complexes, expression d'ambitions collectives multiples, le citoyen de l'hyperempire ne sera plus tenu par le moindre contrat social. En situation d'ubiquité nomade, l'homme de demain percevra le monde comme une totalité à son service, dans la limite des normes imposées par les assurances à son comportement individuel ; il ne verra l'autre que comme un outil de son propre bonheur, un moyen de se procurer du plaisir ou de l'argent, voire les deux. Nul ne songera plus à se soucier d'autrui : pourquoi partager quand il faut se battre ? Pourquoi faire ensemble quand on est concurrents ? Plus personne ne pensera que le bonheur d'autrui puisse lui être utile. Encore moins cherchera-t-on son bonheur dans celui de l'autre. Toute action collective semblera impensable, tout changement politique, de ce fait, inconcevable.

La solitude commencera dès l'enfance. Personne ne pourra plus forcer des parents, biologiques ou adoptifs, à respecter et aimer leurs enfants assez longtemps pour les élever. Adultes précoces, les plus jeunes souffriront d'une solitude que ne compensera plus aucun des réseaux des sociétés antérieures. De même, de plus en plus de gens âgés, vivant davantage et donc plus longtemps seuls que par le passé, ne connaîtront un jour presque plus personne parmi les vivants. Le monde ne sera alors qu'une juxtaposition de solitudes, et l'amour une juxtaposition de masturbations.

Pour contrecarrer cette solitude, beaucoup choisiront de partager à tout âge, avec d'autres, provisoirement ou durablement, un toit, des biens, des avantages, des combats, des jeux, en l'absence même de toute vie sexuelle commune, en tout cas sans obligation de fidélité, en acceptant la multiplicité de leurs partenaires respectifs. Beaucoup chercheront dans ces réseaux d'infinies occasions de rencontres précaires, rémunérées ou non. Ils trouveront dans les objets d'autosurveillance et les

272

drogues d'autoréparation des substituts à leur solitude.

Pour gérer le temps marchand, les deux industries dominantes resteront l'assurance et la distraction. Les compagnies d'assurances (et les institutions de couverture des risques des marchés financiers) créeront des polices privées qui organiseront d'abord l'hypersurveillance des entreprises, des consommateurs et des travailleurs. Elles dépenseront des sommes considérables pour façonner l'opinion publique et s'attacher leurs clients ; elles exigeront d'eux l'obligation du respect des normes, puis l'achat d'autosurveilleurs. Pour les plus pauvres, la micro-assurance ne sera plus, comme dans la neuvième forme, un instrument de promotion de la démocratie, mais son substitut. De même, les industries du divertissement utiliseront les technologies de la surveillance, en proposant des spectacles sans cesse adaptés aux réactions des spectateurs, dont les émotions seront en permanence captées, surveillées, et intégrées dans le spectacle. La gratuité résiduelle servira de support à de nouvelles consommations. L'autosurveillance se grimera en information, en jeu ou en distraction pour ne pas paraître se réduire à la gestion d'une peur. Ce qui subsistera de la politique deviendra aussi pure mise en scène d'une représentation donnée par les politiciens, intermittents d'un spectacle délaissé.

Les entreprises nomades

Dès 2020, soit bien avant que l'hyperempire ne renverse les nations, beaucoup d'entreprises commenceront à ne plus avoir de base sédentaire. Elles seront soit des regroupements provisoires d'individus, soit des rassemblements durables de tribus. Dans les deux cas, en compétition féroce les unes contre les autres pour conquérir clients et investisseurs.

Les premières, organisées sur le modèle des troupes de théâtre, rassembleront – rassemblent déjà – des compétences et des capitaux pour remplir une tâche déterminée. Leur durée de vie dépendra des projets de ceux qui les auront fondées, de leurs capacités à inventer des produits nouveaux, de la décision de leurs financiers et de leurs clients. Comme l'espérance de vie des gens aura beaucoup augmenté, ces entreprises vivront bien moins longtemps que ceux qui y travailleront. La plupart d'entre elles disparaîtront au plus tard avec leurs créateurs ; leurs employés seront des intérimaires embauchés pour remplir une tâche donnée. Leur travail, de plus en plus contraint par les exigences de la rentabilité, du juste-à-temps, du sur mesure, sera de plus en plus stressant, flexible et précaire. Ces « troupes » – des entreprises – joueront dans des « théâtres » – les marchés qui les accueillent – aussi longtemps qu'elles auront des « spectateurs » – des clients. Elles se disperseront après avoir monté une « pièce » – un produit – ou plusieurs. Les micro-entreprises construiront l'essentiel de ces « compagnies théâtrales ». Beaucoup seront des multinationales minuscules, composées de quelques associés localisés en tout lieu de la planète. Le travail créatif sera, comme toujours, la principale source de richesses.

Les entreprises de la seconde catégorie, beaucoup plus rares, seront durablement organisées selon le modèle des cirques ou des studios de cinéma, c'est-à-dire autour d'un nom, d'une histoire, d'un projet. Elles rassembleront plusieurs troupes (employées intérimaires, sans cesse remplacées par d'autres). Elles donneront leurs représentations en des lieux sans cesse changeants, là où se trouveront les marchés. Le public sera attiré par la renommée passée du cirque, et viendra consommer leurs produits sans les connaître à l'avance – alors qu'il devra connaître avec précision ceux des « théâtres » avant de s'y rendre. Leur première qualité sera de savoir sélectionner les spectacles à proposer chaque saison. Leurs cultures, leurs langues, leurs localisations seront mobiles et précaires. Leurs conseils d'administration seront formés de professionnels de la gouvernance très bien rémunérés. Leurs dirigeants devront avoir le temps de penser le long terme pour chercher de nouvelles attractions ; ils devront gérer des processus de production flexibles, des équipes de commercialisation locales, des marketings spécifiques avec des équipes spécialisées dans la coordination mondiale. Ils devront tout faire pour développer la créativité de leurs collaborateurs, même de passage, et la loyauté de leurs clients, même épisodiques.

Ces firmes seront en fait des assembleurs, des « ensembliers » réunissant des modules fabriqués par des sous-traitants spécialisés, eux-mêmes « troupes de théâtre » en compétition impitoyable les unes avec les autres. Elles seront, pour l'essentiel, des réseaux d'associés nomades. Pour garder ceux de leurs collaborateurs auxquels elles tiendront, elles leur offriront tout ce qu'un État procurait : du cadre de vie à la sécurité, de l'assurance à la formation. Leur principal actif sera leur marque, qu'elles protégeront et feront vivre, pour donner envie aux consommateurs de leurs produits futurs. Elles financeront d'énormes programmes de communication afin de se constituer en références dans un univers particulier. Elles incarneront des valeurs que chaque consommateur voudra à son tour incarner, des lieux où chacun souhaitera se rendre. Elles prendront en compte les valeurs environnementales et sociales, et remplaceront en partie les fonctions abandonnées par les gouvernements, au moins en finançant largement les ONG. Les principaux « cirques » seront des entreprises industrielles travaillant dans les infrastructures, les machines-outils, les moteurs, l'alimentation, l'équipement ménager, le vêtement, le transport, le tourisme, la distribution, la beauté, la forme, la distraction, l'énergie, l'information, la finance, l'assurance, la défense, la santé, l'éducation. On en verra surgir aussi dans les domaines de l'environnement, de la sécurité privée, du mercenariat, de l'arbitrage, des surveilleurs, des infrastructures de réseaux, en particulier de finance, de voirie, d'équipements urbains, d'environnement, de transports et de communication. De gigantesques marchés s'ouvriront plus que jamais pour les produits destinés aux plus pauvres. En particulier, le microcrédit deviendra plus important que le système bancaire traditionnel. Des compagnies d'assurances se porteront acquéreurs des principaux de ces « cirques » et en assureront la croissance.

Des « cirques » auront l'audace et l'intelligence de changer radicalement de positionnement, comme l'ont fait Nokia ou General Electric.

Les premiers « cirques » seront essentiellement d'origine américaine ou rattachés à des valeurs américaines ; car c'est là que se trouveront les entités les mieux capables de réunir les moyens d'un projet mondial durable. On peut déjà nommer parmi eux : AIG pour l'assurance, City Group pour la banque, Disney pour la distraction, Bechtel pour l'ingénierie, Whirlpool pour l'équipement ménager, United Health Group pour la santé, Pearson pour l'éducation, Wal-Mart pour la distribution, Exxon pour l'énergie, Microsoft pour le logiciel, Boeing pour la défense et l'aviation, Nike pour le vêtement, Motorola pour la communication, Coca-Cola pour les boissons et l'alimentation. Peu seront européennes : peut-être Nokia, L'Oréal, Nestlé, Danone, Mercedes, Vuitton, HSBC, Sanofi. Les « cirques » seront ensuite indiens, brésiliens, japonais, chinois, russes, mexicains.

Puis ces firmes se détacheront d'une base nationale et deviendront totalement nomades. Elles dureront en général beaucoup plus longtemps que les empires financiers ou les fonds d'investissement qui en seront temporairement propriétaires. Les entreprises cesseront d'être hiérarchiques pour devenir labyrinthiques ; d'être uniformes pour devenir des conglomérats d'entreprises locales, produisant à la demande des biens sur mesure.

Certains de ces « cirques » iront – vont déjà, pour certains – jusqu'à créer leur propre monnaie, afin de fidéliser leurs fournisseurs et leurs clients. Ils le feront sous forme de « points » offerts en cadeau à leurs partenaires ; puis ils organiseront la transférabilité de ces points hors de leurs propres circuits. Personne, bientôt, pas même le gouvernement des États-Unis, ne pourra s'y opposer.

Si, dans un demi-siècle ou moins, des compagnies d'assurances parviennent à contrôler les principales entreprises et à imposer leurs normes aux États, si des mercenaires privés remplacent les armées, si des monnaies d'entreprises se substituent aux principales devises, alors l'hyperempire aura triomphé.

Face aux États affaiblis, agonisants, voire volatilisés, dans la négation du droit et l'impunité qu'impliquera l'hyperempire, se développeront deux autres catégories d'entreprises : *pirates* et *relationnelles*.

D'abord se renforceront celles des entreprises que les États n'auront plus les moyens d'interdire : présentes depuis les débuts de l'Ordre marchand, les *entreprises pirates* verront leur marché s'élargir. Certaines exerceront des activités licites sans respecter toutes les lois (en particulier fiscales). D'autres exerceront des activités criminelles (trafics de drogue, d'armes, d'êtres humains, jeux illicites, trafic d'influence, blanchiment d'argent, copies de produits de marque) et utiliseront la violence. Leur chiffre d'affaires dépassera même un jour celui de l'économie licite. Elles blanchiront leur argent, qui reviendra en partie sur le marché légal, qu'elles perturberont de plus en plus. Elles s'interpénétreront même avec des entreprises de l'économie de marché qu'elles financeront et établiront avec elles des entreprises conjointes. Pour triompher, elles se doteront de tous les attributs des États en voie de déshérence : réseaux de communication, instruments de collecte de ressources, armements. Elles contrôleront les moyens d'information et en feront un instrument de propagande et de mensonge à leur service, par la peur et la corruption. Elles se doteront de systèmes de microfinance, nourris par l'argent sale, pour séduire et financer les plus déshérités. Elles seront aussi, on le verra au chapitre suivant, les acteurs clés et les initiateurs de la deuxième vague de l'avenir, celle de l'*hyperconflit*.

Ensuite, en réaction contre ces contradictions de la globalisation marchande, des entreprises à but non lucratif, *relationnelles*, viendront exercer certaines des fonctions que les États ne sauront plus remplir : les ONG, les fondations, du Sud et du Nord, en font déjà partie. En recréant de la gratuité et du bénévolat, elles aussi s'imbriqueront dans le marché, qui les financera et établira avec elles des entreprises conjointes. Elles feront naître, par leur existence même, la troisième vague de l'avenir, l'*hyperdémocratie*, où, on le verra, des institutions démocratiques planétaires contribueront à équilibrer l'hyperempire.

Les maîtres de l'hyperempire : les hypernomades

Les maîtres de l'hyperempire seront les vedettes des « cirques » et des « compagnies théâtrales » : détenteurs du capital des « entreprises-cirques » et d'un actif nomade, stratèges financiers ou d'entreprises, patrons des compagnies d'assurances et de loisirs, architectes de logiciels, créateurs, juristes, financiers, auteurs, designers, artistes, matriceurs d'objets nomades, je les nomme ici *hypernomades*.

Ils seront quelques dizaines de millions, femmes autant qu'hommes, pour beaucoup employés d'eux-mêmes, vaquant de « théâtre » en « cirque », impitoyables compétiteurs, ni employés ni employeurs mais occupant parfois plusieurs emplois à la fois, gérant leur vie comme un portefeuille d'actions.

Par le jeu d'une compétition très sélective, ils constitueront une nouvelle classe créative, une *hyperclasse*, qui dirigera l'hyperempire. Ils vivront dans tous les « cœurs » du monde polycentrique. Ils devront défendre la propriété de leurs capitaux, de leurs créations, de leurs logiciels, de leurs brevets, de leurs tours de main, de leurs recettes et de leurs œuvres d'art. Ils parleront de plus en plus de langues, aidés en cela par des machines à traduire. À la fois hypocondriaques, paranoïdes et mégalomanes, narcissiques et égocentriques, les hypernomades chercheront à avoir accès aux autosurveilleurs les plus récents et aux drogues électroniques et chimiques délivrées par des autoréparateurs. Ils voudront vivre plus vieux que tous les autres ; ils expérimenteront des techniques qui leur permettront d'espérer doubler leur temps de vie. Ils sacrifieront à toutes les recettes de la méditation, de la relaxation et de l'apprentissage de l'amour de soi.

Pour eux, l'apprentissage sera une nécessité vitale ; la curiosité, une exigence absolue ; la manipulation, une pratique courante. Spécifiques seront leurs canons esthétiques, leurs distractions, leur culture. Celle-ci sera plus que jamais labyrinthique ; leur besoin de modeler et d'inventer les conduira à faire disparaître pour eux-mêmes les frontières entre travailler, consommer, créer, se distancer.

Ils inventeront ainsi le meilleur et le pire d'une société planétaire volatile, insouciante, égoïste et précaire. Arbitres des élégances, maîtres des richesses et des médias, ils ne se reconnaîtront aucune allégeance, ni nationale, ni politique, ni culturelle. Ils se vêtiront de plus en plus comme des nomades, rappelant par leurs tenues leurs périples, leurs prothèses et leurs réseaux. Ils seront les mécènes d'artistes multiformes qui mêleront des formes d'art virtuel dans lesquelles les émotions seront suscitées, mesurées, captées et modifiées par des autosurveilleurs. Ils vivront dans des cités privées, à l'abri de murs gardés par des merce-naires. Greenwich, dans le Connecticut, en est déjà un premier exemple. Ils feront monter les prix des œuvres d'art et de l'immobilier.

Le couple ne sera plus leur principale base de vie et de sexualité ; ils choisiront plutôt, dans la transpa-rence, les amours simultanées, polygames ou poly-andres. Collectionneurs, hommes et femmes, plus intéressés par la chasse que par les proies, accumulant et exhibant leurs trophées, sans cesse mobiles pour s'étourdir, ils seront, pour beaucoup, les enfants de familles mouvantes, recomposées, sans base géographique ou culturelle. Ils ne seront loyaux qu'à eux-mêmes, s'intéresseront davantage à leurs conquêtes, à leur cave à vins, à leurs auto-surveilleurs, à leurs collections d'œuvre d'art, à l'organisation de leur vie érotique et de leur suicide qu'à l'avenir de leur progéniture, à laquelle ils ne légueront plus ni fortune ni pouvoir. Ils n'aspireront pas non plus à diriger les affaires publiques ni à être au-devant de la scène ; la célébrité passera, à leurs yeux, pour une malédiction.

Quelques-uns, plus cyniques que les autres, se mettront au service de l'économie pirate et en deviendront les maîtres. On les retrouvera comme les acteurs principaux de la deuxième vague de l'avenir.

D'autres, au contraire, développeront une conscience aiguë des enjeux planétaires et investiront, fortune faite, dans l'action humanitaire ; ils deviendront – parfois simplement pour se donner une posture – altruistes. Ils seront les animateurs des entreprises relationnelles, les tenants d'une démocratie planétaire. On les retrouvera parmi les principaux acteurs de la troisième vague de l'avenir.

Comme toutes les autres classes créatives avant elle, celle-ci exercera une influence déterminante sur le mode de vie de ceux qui s'évertueront à l'imiter.

Les nomades virtuels : des sports au spectacle vivant

Juste en dessous des hypernomades, quelque quatre milliards de sédentaires salariés et leurs familles seront, en 2040, les principaux consommateurs solvables : cols blancs, commerçants, médecins, infirmières, avocats, juges, policiers, administrateurs, enseignants, développeurs, chercheurs en laboratoire, techniciens de l'industrie, ouvriers qualifiés, employés de service. La plupart d'entre eux n'auront plus de lieu de travail fixe. Sans cesse joignables, ils devront surveiller en permanence leur « employabilité », c'est-à-dire leur forme (pour travailler physiquement) et leur savoir (pour travailler intellectuellement). Pour les plus jeunes, voyager sera signe d'une progression vers l'hyperclasse : plus un employé sédentaire voyagera, plus il gravira les échelons dans la hiérarchie de sa firme.

Comme les travailleurs manuels non qualifiés furent la force sociale et politique dominante des trois premiers quarts du XXe siècle, les masses de sédentaires qualifiés domineront la scène sociale et politique des trois prochaines décennies.

Ils auront à souffrir du retour du nomadisme : la délocalisation des entreprises et l'immigration des travailleurs feront baisser leurs revenus. Ils regretteront le temps où les frontières étant fermées l'emploi était assuré pour la vie, les objets durables, les mariages scellés une fois pour toutes, les lois intangibles. Ils idéaliseront le statut de fonctionnaire ; ils assimileront un emploi garanti à vie à un patrimoine, et le traitement correspondant à une rente. Ceux qui travailleront pour ce qu'il restera de l'État ou de ses dépendances seront de moins en moins nombreux ; leur statut sera de plus en plus précaire. Ceux-là feront tout pour retarder la déconstruction des États, y compris par la violence.

Les classes moyennes, sédentaires par nature, prendront peur des maladies dont le nomadisme accélérera la propagation. Ils revendiqueront le droit à l'enracinement, à la lenteur. Certains se cloîtreront dans l'autisme d'une pratique assidue des objets nomades, dans l'obsession narcissique des autosurveilleurs, à l'instar des *otaku* japonais, ces fanatiques du nomadisme virtuel, de l'écoute autistique de la musique et de l'autosurveillance du corps. D'autres choisiront de refuser le mouvement par l'obésité : un quart des adultes américains, un cinquième des Européens sont aujourd'hui considérés comme obèses ; à terme, plus de la moitié de la population sédentaire pourrait être affectée par ce fléau, reflet d'un refus du nomadisme à venir.

Pour ces classes moyennes, s'assurer et se distraire seront les réponses majeures aux enjeux du monde. S'assurer : telle sera leur obsession. Se distraire : leur façon d'oublier.

Les industriels de l'assurance développeront pour ces milliards de sédentaires des produits spécifiques couvrant les risques de précarité, de chômage, de maladie, de mouvement, d'incertitude, de désordre, et ce dans tous les domaines, économiques, financiers, culturels : ils pourront même un jour s'assurer contre le chagrin d'amour, l'impuissance sexuelle, l'insuffisance intellectuelle ou la privation d'amour maternel.

Les industriels de la distraction inventeront de nouvelles façons de leur faire partager – virtuellement – l'existence des hypernomades et de leur donner ainsi accès à un *nomadisme virtuel.*

Les classes moyennes, en particulier, vivront par procuration la vie des hypernomades par la pratique de quatre sports principaux, tous simulacres du mouvement, tous solitaires, représentations idéalisées de la compétition dans l'hyperempire, où chacun sera supposé avoir sa chance ; tous pratiqués par d'anciennes élites des « cœurs » précédents, tous praticables et permettant de progresser : l'équitation, le golf, la voile et la danse. Ces simulacres de voyages leur permettront de mimer une rupture avec le monde tout en bénéficiant de sa logistique : à travers des parcours sûrs, dans des forêts domestiquées, le long de côtes sans pirates, avec des services de secours efficaces, des *club-houses*, des havres, des refuges accueillants. Pour être bon cavalier, bon golfeur, bon marin ou bon danseur, il faudra faire montre des qualités du voyageur (habileté, intuition, tolérance, grâce, ténacité, courage, lucidité, prudence, sens du partage, équilibre) sans en endurer les fatigues. Des autosurveilleurs permettront de s'entourer, pour chacun de ces sports à domicile, d'univers virtuels en trois dimensions ou de les pratiquer virtuellement. Ces sports permettront aussi aux sédentaires de vivre de façon ludique les exigences de la compétition, de trouver du plaisir à progresser, de se familiariser avec les autosurveilleurs, d'éprouver l'illusion d'être des hypernomades alors même que ceux-ci auront depuis longtemps abandonné ces distractions. Ils devront prouver des émotions de plus en plus fortes.

Les sédentaires paieront aussi de plus en plus cher pour assister en temps réel au spectacle de sports d'équipe, eux aussi simulacres sophistiqués de la vie des hypernomades : les acteurs de ces matches, en concurrence impitoyable, aux règles de plus en plus violentes, rapides, meurtrières tentent de pénétrer dans une citadelle adverse défendue par un sédentaire (le goal au football) ou par d'autres nomades (au basket, au football américain, au rugby ou au base-ball). Ces spectacles, derniers lieux de rencontre, seront aussi les ultimes sujets de conversation. Les nouvelles technologies permettront d'y donner accès sur tous les médias, à deux ou à trois dimensions, et de s'en servir même pour autosurveiller ses propres émotions. Les spectateurs pourront se livrer en ligne à des matchs de football opposant des milliers de joueurs. Les grandes compétitions de ces sports, et d'abord celles du premier d'entre eux, le football, constitueront des marchés importants pour des « entreprises-cirques » organisatrices de spectacles.

Toujours imitateurs des hypernomades, certains de ces nomades virtuels iront aussi grossir les rangs des consommateurs de drogues : alcool, cannabis, opium, morphine, héroïne, cocaïne, produits de synthèse (amphétamines, méthamphétamines, ecstasy). Des drogues chimiques, biologiques, électroniques, distribuées par des « autoréparateurs », deviendront des produits de consommation de masse d'un monde sans loi ni police dont les principales victimes seront les infranomades.

Les victimes de l'hyperempire : les infranomades

L'hyperempire fera en effet triompher le marché à l'échelle du monde, mais n'en fera pas disparaître la pauvreté, qui touchera encore une part croissante de l'humanité : le nombre de ceux que je nomme *infranomades*, qui vivront en dessous du seuil de pauvreté, c'est-à-dire avec moins de deux dollars par jour, dépassera les 3,5 milliards en 2035 au lieu de 2,5 milliards en 2006.

Les États, affaiblis, ne pourront plus financer des revenus décents d'assistance ; les tentatives pour réduire le nombre des plus pauvres par le seul jeu des forces du marché se solderont par un échec : la croissance ne fournira pas assez d'emplois ; la production de biens spécifiques destinés à cette catégorie ne suffira pas à la faire accéder aux biens de base ; le marché ne saura pas, par lui-même, installer dans les mégalopoles les infrastructures rendues nécessaires par la croissance du nombre des citadins.

Les infranomades seront, dès lors, de plus en plus vulnérables aux épidémies, au manque d'eau, à la désertification, au réchauffement climatique ; ils seront de plus en plus contraints de se déplacer de la campagne vers la ville, puis de ville en ville, pour fuir la misère, la sécheresse, chercher un emploi et un logement.

Ils seront de plus en plus disponibles pour toutes les révoltes et nourriront l'économie pirate. Ils seront aussi les principales cibles des marchands d'utopies et deviendront les acteurs majeurs, et les premières victimes, de l'*hyperconflit*, s'il a lieu. Mais ils seront aussi les principaux enjeux et les grands vainqueurs de l'*hyperdémocratie*, si celle-ci se matérialise.

En attendant, pire défaite, nul ne saura plus organiser la gouvernance de l'hyperempire.

La gouvernance de l'hyperempire

Cette victoire du marché sur la démocratie créera une situation pratiquement inédite : un marché sans État. Or, tous les théoriciens reconnaissent qu'un tel marché suscite l'apparition de cartels, sous-utilise les forces productives, pousse à la spéculation financière, favorise le chômage, gaspille les ressources naturelles, libère l'économie criminelle, donne le pouvoir aux pirates. Tel fut en particulier le sort de la Chine en 1912, de la Somalie en 1990, de l'Afghanistan en 2002, de l'Irak en 2006. Tel sera celui de l'hyperempire.

Les États, ou ce qui en restera vers 2050, n'y seront plus que les relais des entreprises dans l'opinion. Nul ne sera plus capable d'assurer l'égalité de traitement des citoyens, l'impartialité des élections, la liberté de l'information.

Le marché lui-même ne pourra se satisfaire d'une telle situation : il a toujours eu besoin, partout où il s'est installé, d'un État fort pour exister ; à l'échelle mondiale, il aura besoin que soient respectées quelques règles, pour que les mauvais joueurs ne faussent pas la concurrence, pour que la loi des armes ne vienne pas se substituer à celle de l'échange, pour que le droit de propriété ne soit pas enfreint, pour que les consommateurs restent solvables et pour que la violence soit socialement maîtrisée.

Les entreprises de l'assurance et de la distraction, principales forces du marché, tenteront de jouer ces rôles : elles produiront des normes permettant à chacun de trouver sa place dans l'hyperempire et offriront des spectacles permettant de s'en évader. Elles devront s'appuyer, pour y parvenir, sur des organisations spécialisées, corporatives, formes de gouvernance autoproclamée.

Les banques et les institutions financières se doteront – se dotent déjà – d'organismes prudentiels mondiaux réunissant tous les mois à la Banque des règlements internationaux, à Bâle, les présidents des principales banques centrales du monde. Ce comité a déjà édicté (sous le nom de « Bâle I », puis « Bâle II ») des règles comptables et financières applicables, sans qu'aucune loi mondiale en décide, à toutes les banques de la planète. Un tel organisme de coordination de toutes les banques centrales tentera un jour, de sa propre autorité, de fixer une parité stable entre les principales monnaies du monde en imposant des normes budgétaires aux États. Puis il fera émerger une quasi-monnaie mondiale et tentera de contrer les monnaies privées.

D'autres organisations définiront des règles de contrôle de l'origine des capitaux pour lutter contre l'économie pirate. D'abord publiques, puis privées, ces instances compléteront, puis remplaceront l'action des polices en s'appuyant sur des mercenaires.

De très nombreuses autres professions (comptables, avocats, publicitaires, informaticiens, médecins, pharmaciens, architectes, enseignants, ingénieurs), poussées elles aussi par les compagnies d'assurances, édicteront des normes. Elles créeront des organisations spécialisées, financées par des quasi-impôts, pour surveiller leurs membres et éviter les scandales. Elles utiliseront à cette fin toutes les technologies de l'hypersurveillance.

D'autres institutions de gouvernance du même type verront le jour à l'échelon national ou continental, en particulier dans les domaines de l'énergie et des télécommunications, de la santé ou de l'éducation.

Enfin des agences de notation établiront des normes d'orthodoxie financière, sociale, écologique, ethique. Elles influeront sur le comportement des entreprises et des États, soucieux de faire bonne figure face aux marchés. En particulier, dans le domaine de l'environnement, les compagnies d'assurances exigeront que les entreprises obéissent à des normes édictées par de telles agences de notation pour réduire les dérèglements du climat et les dégâts causés par les catastrophes naturelles qu'ils peuvent entraîner.

La « gouvernance » deviendra donc en elle-même un secteur économique particulièrement rentable. Des entreprises s'y spécialiseront pour épauler les compagnies d'assurances qui les auront fait naître. Elles relaieront peu à peu au niveau planétaire les régulateurs nationaux. L'emporteront celles qui pourront se doter d'autorités policières privées pour pallier la faiblesse des armées et des polices publiques, et pour vérifier l'application des normes et la véracité des déclarations de sinistres. Des entreprises de gouvernance apparaîtront aussi pour fournir aux entreprises des membres compétents pour leurs conseils d'administration.

Ces organismes de surveillance seront d'abord dominés par l'Empire américain : l'ICANN, qui gère aujourd'hui Internet, constitue un bel exemple d'une instance internationale autoproclamée, masquant en fait le gouvernement américain. Ces organismes étendront le droit américain au reste du monde avant de créer le leur.

Notateurs et assureurs seront ainsi les maîtres fragiles de la gouvernance de l'hyperempire. Ils seront concurrencés, menacés, soudoyés par des organisations criminelles qui tenteront de les éliminer, et par d'autres, relationnelles, qu'ils tenteront, eux, d'éliminer.

Le football, dont j'ai parlé plus haut comme du premier spectacle de la planète, constitue dès aujourd'hui un exemple particulièrement achevé de ce que sera, demain, cette gouvernance d'ensemble de l'hyperempire. De fait, aucune instance internationale n'est, dans son domaine, aussi puissante que ne l'est la Fédération internationale de football, même si les États-Unis n'y jouent qu'un rôle mineur. Elle contrôle déjà les recettes considérables que les médias déversent sur ce sport, sans que la légitimité de ceux qui la dirigent soit établie, ni que soit contrôlé l'usage qu'elle fait de ces ressources. Elle a ses propres laboratoires de contrôle antidopage, qu'elle utilise à sa guise. Le moindre club de quartier du bout du monde se sent tenu de respecter la plus infime modification du règlement qu'elle édicte depuis Zurich. Le droit du travail nomade et universel y est très en avance sur les droits nationaux.

Il en va de même pour toutes les autres fédérations internationales des grands sports mondiaux, et davantage encore du Comité international olympique, lui aussi installé à Lausanne...

À l'instar de ces organisations sportives, les autres institutions de gouvernance de l'hyperempire seront des institutions autoproclamées, pour le plus grand bénéfice de leurs maîtres, d'abord américains, puis hypernomades, légaux ou criminels. Leur doctrine – l'apologie de la compétition – constituera une représentation idéalisée de l'hyperempire.

Ces fédérations seront de plus en plus contrôlées par les compagnies d'assurances qui en couvriront les risques majeurs : ainsi, en 2003, la FIFA a émis un emprunt spécifique pour couvrir à hauteur de 262 millions de dollars le risque d'une annulation de la finale de la Coupe du monde 2006, en raison notamment d'actes terroristes. Cela a donné aux compagnies d'assurances et de réassurances le contrôle réel de l'événement.

Si ces institutions de gouvernance viennent à basculer dans l'économie criminelle, elles prépareront le moment où l'hyperempire sera, dans la deuxième vague de l'avenir, broyé par les pirates. En revanche, si elles réussissent à faire éclore un intérêt général planétaire, elles contribueront à faire advenir le temps où la troisième vague de l'avenir

les rassemblera au sein d'un gouvernement démocratique planétaire.

La fin de la liberté, au nom de la liberté

L'hyperempire sera, vers 2050, un monde de
déséquilibres extrêmes et de grandes contradictions.
Il échouera et s'effondrera, pris dans ses propres
filets. Tandis que la transparence rendra plus
visibles et moins tolérables les inégalités, les cycles
économiques, politiques, militaires y seront d'une
amplitude de plus en plus grande. Sous prétexte
d'aider les hommes à sortir de la rareté, le marché
devra en créer de nouvelles ; les entreprises industrielles prendront de moins en moins de risques tout
en exigeant, sous la pression des assureurs, une
rentabilité maximale ; les salariés réclameront en
vain que leur part du revenu ne décroisse pas ; les
consommateurs, électeurs de surcroît, revendiqueront des baisses de prix. La priorité croissante accor-
dée au court terme, à l'immédiat, au précaire, à la
déloyauté, rendra de plus en plus difficile de financer toute recherche et de collecter l'impôt. Les assurances seront incapables de couvrir tous les risques.
La distraction et l'information ne sauront plus divertir du vacarme des tragédies. La croissance, qui

permet aujourd'hui à chacun d'espérer, ne pourra plus servir d'alibi. L'hypersurveillance bridera la liberté et tarira la source de l'innovation.

Le nomadisme, à la source même de la dynamique de l'Ordre marchand, sera lui-même peu à peu bloqué par les limites techniques opposées aux voyages : les exigences écologiques conduiront à limiter les voyages en avion ; on colonisera vers 2030 la Lune ; on rendra commerciaux un peu plus tard des vols à l'intérieur du système solaire. Mais on ne pourra aller beaucoup plus loin : à la vitesse de la lumière, il faudrait en effet quatre ans et trois mois pour atteindre l'étoile la plus proche ; pour aller plus loin, les astronautes devraient vivre une vie entière à bord, progressivement remplacés par leurs propres enfants qu'ils initieraient au pilotage...

L'hypermonde de l'hyperempire ne pourra supporter de rester ainsi encagé à l'intérieur de frontières ; il ne pourra accepter que la Terre soit à la fois la prison et l'oasis de l'humanité. Il tentera alors – il tente déjà – ce dernier coup de force : sortir de lui-même. C'est là qu'il retrouvera son dialogue infiniment recommencé avec sa propre sexualité. Il essaiera de se produire comme un objet pour tenter d'aller vivre ailleurs qu'en lui-même.

Depuis toujours, l'espèce humaine cherche à prendre des distances avec son propre mode de reproduction. Pour se distinguer du règne animal, elle s'est d'abord efforcée de nier la fonction reproductive de la sexualité, puis de lui donner une autre signification. Dans l'ordre rituel, la plupart des cosmogonies affirment d'ailleurs que le propre des dieux est de ne pas être issus d'une relation sexuelle ; en particulier les religions monothéistes considèrent la sexualité comme une contrainte imposée aux hommes par les forces du mal. L'Ordre marchand, au contraire, choisit de l'admettre, tout en lui reconnaissant une fonction autre que la reproduction : le plaisir ; la reproduction reste ainsi, dans l'Ordre marchand comme dans les ordres antérieurs, une contrainte animale que la psychanalyse vise ensuite, à partir de la fin du XIXe siècle, à rendre tolérable. Au XXe siècle, l'Ordre marchand s'emploie à évacuer le rôle reproductif de la sexualité en artificialisant la maternité par des techniques de plus en plus sophistiquées : pilule, accouchement prématuré, fécondation *in vitro*, mères porteuses. Dans l'hyperempire, l'Ordre marchand ira jusqu'à dissocier reproduction et sexualité : la sexualité sera le règne du plaisir, la reproduction celui des machines.

L'hypersurveillance, l'autosurveillance, puis l'autoréparation y pourvoiront : après avoir réparé les organes malades, on voudra les produire, puis créer des corps de remplacement. On produira d'abord des lignées de cellules souches, sans détruire l'embryon, ce qui rendra éthiquement acceptable la thérapie génique, puis le clonage thérapeutique, puis le clonage reproductif. On fabriquera enfin l'être humain comme un artefact sur mesure, dans des utérus artificiels, pour permettre au cerveau de se développer davantage avec des caractéristiques choisies d'avance. L'être humain sera alors devenu un objet marchand.

Grâce aux formidables progrès à attendre des nanosciences, chacun espérera même transférer sa conscience de soi dans un autre corps, se procurer son propre double, les copies de gens aimés, d'hommes et de femmes de rêve, des hybrides fabriqués avec des traits particuliers sélectionnés pour atteindre des objectifs précis. Certains chercheront même à organiser le dépassement de l'espèce humaine par une forme de vie et d'intelligence différente, supérieure.

Dans cette version ultime de l'hyperempire, la mort sera repoussée jusqu'à la disparition du dernier clone de soi ayant conscience de lui-même, voire jusqu'à l'oubli de tous les clones issus de soi par tous les autres clones issus d'autrui.

Puis l'homme, fabriqué enfin comme un artefact, ne connaîtra plus la mort : à l'instar de tous les objets industriels, il ne pourra plus mourir, puisqu'il ne sera jamais né.

Mais ce meurtre ultime n'aura pas lieu : bien avant que l'humanité ne se soit ainsi transformée en machines, bien avant que ne s'instaure l'hyper-empire, l'homme aura su résister à cette perspective – il y résiste déjà. L'hyperempire échouera. Il se fracassera sur la rive. Les hommes mettront tout en œuvre pour empêcher un tel cauchemar.

Après la violence de l'argent, viendra – vient déjà – celle des armes.

5

Deuxième vague de l'avenir : l'hyperconflit

La disparition du système soviétique et la généralisation de la démocratie semblent avoir éloigné la guerre. La course aux armements a cessé. Tous les pays paraissent avoir compris que la croissance économique leur rapportait plus que la conquête. Jamais, en fait, l'ensemble du monde n'a été aussi pacifique, au moins en apparence : il n'y a aujourd'hui aucune guerre entre deux pays, pour la première fois depuis plus d'un siècle.

Pourtant, comme à la fin de chaque forme, en même temps que se défont les États et que s'annonce l'hyperempire, commence un nouvel avant-guerre. Quand le marché se généralise, les différences se nivellent, chacun devient le rival de tous. Quand l'État s'affaiblit, disparaît la possibilité de canaliser la violence et de la maîtriser. Les conflits locaux se multiplient, les identités se crispent, les ambitions s'affrontent, les vies n'ont plus de valeur. La disparition de l'Union soviétique a fait disparaître un des gendarmes du monde. Au-delà, l'échec annoncé de l'hyperempire, la sophistication des armes et la multiplication des acteurs pourraient même, en convergeant, provoquer, au sein de l'hyperempire, un conflit global, un embrasement planétaire, un *hyperconflit* beaucoup plus destructeur que tous ceux, locaux ou mondiaux, qui l'auront précédé. En voici la genèse.

Des ambitions régionales

D'ici à l'an 2025, avec l'avènement progressif d'un ordre polycentrique, de nouvelles puissances régionales surgiront, désirant toutes avoir accès aux mêmes richesses. Elles se doteront des moyens militaires de leurs ambitions. Parmi elles, on trouvera toutes celles qui domineront cette période et quelques autres, plus marginales et belliqueuses.

Fascinée par la façon dont naissent et meurent les empires, la Chine – dont les dépenses militaires sont, encore aujourd'hui, particulièrement faibles – voudra redevenir une puissance majeure, y compris sur le plan stratégique ; d'une façon ou d'une autre, elle cherchera à reconquérir Taïwan et à asseoir son hégémonie sur l'Asie de l'Est, comme les États-Unis le firent sur les Amériques au XIXe siècle. Elle essaiera d'en éloigner le Japon et les États-Unis. Elle s'appuiera sur la Corée du Sud, qui devra s'armer en conséquence, et laissera perdurer le régime totalitaire de Corée du Nord, qui voudra lui aussi se doter de nouveaux moyens, y compris nucléaires, de se défendre. Le Japon en viendra à se réarmer à son tour, afin de résister à une menace coréenne et à la montée de la puissance chinoise. L'Inde refusera de se laisser encercler par des forces musulmanes. Le Pakistan, même s'il ne devient pas islamiste, cherchera à se défendre contre l'Inde et à assurer son ascendant sur ses voisins, de l'Afghanistan au Cachemire. L'Indonésie tentera de se doter des moyens d'assurer la direction de l'islam dans son ensemble et de dominer l'Asie du Sud-Est. L'Australie elle-même souhaitera affirmer son influence sur la région et se protéger des visées de l'Indonésie.

L'Iran chiite tentera de contrôler l'islam, au grand dam des sunnites, à dominante arabe. L'ancienne Perse disposera, pour ce faire, d'une vaste population, de beaucoup d'argent et de pétrole, d'une position géostratégique. La Turquie refusera de lui abandonner le contrôle de l'ensemble turcophone.

L'Arabie Saoudite, vassale incertaine des États-Unis, essaiera de demeurer dominante dans sa région. L'Égypte aura toutes les raisons de se penser comme la plus grande puissance potentielle du monde arabe. Israël tentera de rester une puissance régionale afin de survivre. L'Algérie et le Maroc se disputeront la prééminence au Maghreb. Malgré des menaces de désarticulation, le Nigeria et le Congo, à la croissance démographique vertigineuse, voudront contrôler les régions qui les entourent. L'Afrique du Sud souhaitera dominer ses voisins pour ne pas rester enclavée.

La Russie tentera de recouvrer un statut mondial et se considérera en première ligne face à l'islam et à la Chine ; pour se défendre contre ces voisins, elle se réarmera et tissera un réseau d'alliances militaires calquées sur son réseau de pipelines. En Europe occidentale, l'Allemagne et la France pourraient retrouver chacune une ambition régionale, si l'Union européenne ne réussit plus à canaliser leurs rivalités.

Le Brésil entendra dominer l'hémisphère sud des Amériques ; le Venezuela s'efforcera de lui disputer ce rôle et de coaliser autour de lui les pays andins en vue de chasser les États-Unis de la région ; le Mexique et l'Argentine ne se laisseront pas marginaliser. Au Mexique, en particulier, des révoltes politiques et sociales majeures viendront remettre en cause l'alliance avec les États-Unis, pendant que le Canada tentera de rester neutre. Les exigences de la lutte contre les trafiquants de drogue, imposée par les États-Unis, exigeront aussi un renforcement majeur du potentiel militaire mexicain.

Toutes ces ambitions régionales s'entrechoqueront. On verra une Amérique latine en révolte contre la présence économique et politique américaine, un monde arabe rêvant d'éliminer Israël, un ensemble perse désireux de bousculer le monde arabe, une Russie désirant dominer à nouveau une partie de l'Europe et se protéger à la fois de la Chine et de l'islam ; l'Inde et le Pakistan chercheront à écarter l'autre des pays limitrophes ; la Chine et la Russie convoiteront les mêmes régions frontalières. Le Japon, les États-Unis la Chine rivaliseront pour dominer l'est de l'Asie.

Se noueront des alliances militaires associant parfois des partenaires improbables : l'Iran coopérera avec la Chine et la Russie ; la Chine avec le Pakistan ; la Russie avec l'Union européenne ; le Pakistan, l'Égypte, l'Indonésie et l'Iran pourraient s'unir en un ensemble musulman ; les petits pays du Sud-Est asiatique, regroupés dans l'Asean, s'uniront militairement pour échapper à la domination américaine, chinoise ou japonaise ; l'Iran et le Venezuela chercheront des appuis russes et chinois ; l'Union européenne se rapprochera militairement des États-Unis ; la Russie se liera à l'Algérie et vend déjà des armements au Venezuela qui a demandé à entrer comme observateur à... la Ligue arabe !

Ces chocs d'ambitions, d'abord sur les terrains diplomatique et économique, pourront aller jusqu'à des affrontements militaires entre États. Viendront s'y mêler de très anciennes forces, pirates et mercenaires.

Armées pirates, armées corsaires

Les États n'ont jamais été les acteurs exclusifs de la violence du monde. Des mafias, des gangs, des mouvements terroristes – je les nomme ici *pirates* – se sont toujours immiscés entre les nations pour les combattre ou, à tout le moins, violer leurs lois. Quand la déconstruction affaiblira les États, que le droit et la police se feront plus discrets, la violence proliférera dans la vie publique et entre individus ; ces pirates deviendront même des agents essentiels de l'économie et de la géopolitique.

Dès lors que s'achèvera la neuvième forme et que commencera l'hyperempire, les pirates seront plus nombreux et plus puissants que jamais. Ils ne chercheront plus seulement à se faire une place au sein de l'hyperempire ; ils ne se contenteront plus de profiter d'une guerre froide. Quelles que soient leurs motivations, criminelles ou politiques, n'ayant ni territoires ni même familles à protéger, ils chercheront à asseoir leur pouvoir sur le monde. Plus l'hyperempire se développera, plus ils seront puissants, sans qu'une police étatique ait les moyens de les combattre.

Les pirates seront de plusieurs sortes.

Certaines des nations qui se déferont sous la pression des marchés et du jeu démocratique feront naître des entités pirates, zones floues, de non-droit, États pirates ou non-États. Elles seront entre les mains de chefs de guerre à la tête de bandes surarmées, contrôlant des régions, des ports, des pipelines, des routes ou des matières premières. C'est déjà le cas de la Somalie, de la Transnistrie (à la frontière entre Moldavie et Ukraine), d'une partie de l'Éthiopie, du Sri Lanka, de l'Afghanistan, du Pakistan, entre bien d'autres régions d'Afrique et d'Asie.

Des villes grandies trop vite, on l'a vu, deviendront elles aussi des royaumes pirates où aucune armée, aucune police n'osera plus entrer. C'est déjà le cas, entre autres, de certaines agglomérations du Brésil, du Nigeria, du Congo, de la Colombie. Elles aussi se doteront d'armements de plus en plus sophistiqués.

Des organisations mafieuses, des cartels, des criminels en col blanc, responsables de trafic de drogue, de femmes, d'armes ou de jeux, opérant sans base géographique, collecteront des fonds, menaçant et agissant comme des États et contre des États pour garantir leur sécurité. Ils se doteront – ils se dotent déjà – des armes les plus sophistiquées ; ils menaceront juges, policiers et dirigeants politiques susceptibles de se mettre en travers de leur route. Parfois, comme c'est déjà le cas en Colombie, en Somalie, au Brésil ou au Pakistan, ces bandes contrôleront des villes, des territoires, voire des pays entiers. Des hypernomades (chimistes, intellectuels, comptables, ingénieurs, officiers, financiers) se mettront à leur service et participeront à leurs côtés à la déconstruction générale du monde.

Des groupements politiques ou religieux, eux aussi sans assise territoriale, se doteront de tous les moyens militaires pour prendre le contrôle d'un pays, en chasser les occupants, y détruire l'Ordre marchand. C'est par exemple le cas d'Al-Qaïda et des autres groupes nihilistes dans sa mouvance.

D'autres formes pirates verront le jour. La prolifération de la violence et de la colère, rendues possibles par l'installation de l'hyperempire, provoquera des audaces d'un genre nouveau : des masses d'infranomades, n'ayant rien d'autre en commun que voyager ensemble, pourraient se révéler menaçantes. Tout comme les masses nomades qui franchirent le Rhin en 406, des foules pourraient traverser, les armes à la main, le détroit de Gibraltar, le fleuve Amour ou la rivière Usumacinta, menaçantes et non plus suppliantes.

Certaines de ces forces se ligueront contre des États, et en particulier contre des démocraties : on verra – on voit déjà – des barons de la drogue au service de causes politiques ou se servir d'immigrants comme passeurs. On verra – on voit déjà – des nations en ruines devenir les repaires de mafieux. On verra – on voit déjà – des forces terroristes, par nature nomades, trouver refuge dans des non-États ; on verra – on voit déjà – des organisations mafieuses soutenir des ambitions politiques, laïques ou religieuses comme le fit la Mafia, Cosa Nostra, ou les gangsters français devenus collabos en 1940. On verra – on voit déjà – des violences urbaines si extrêmes qu'elles exigeront des réponses plus militaires que policières.

Face à ces menaces ou agressions, les nations auront besoin de soldats et de policiers de plus en plus nombreux, capables de risquer leur vie. Or les volontaires se feront de plus en plus rares ; et les opinions publiques des démocraties de marché ne voudront plus de morts dans leurs armées, encore moins parmi les conscrits. Aujourd'hui déjà, seulement 0,5 % de la population américaine est sous les armes et chaque soldat tué est une tragédie nationale. Pour assurer les missions qu'il s'est donné, l'Empire américain devra, comme jadis l'Empire romain, incorporer de plus en plus d'étrangers dans ses propres troupes : 5 % des forces armées américaines sont déjà constituées d'immigrés non encore naturalisés ; leur nombre augmente considérablement depuis le décret du 4 juillet 2002, qui accélère la naturalisation des étrangers s'engageant dans l'armée (la copie presque à l'identique d'un décret de l'empereur Hadrien remontant à l'an 138 de notre ère...).

Cela ne suffira pas non plus : aux *pirates* il faudra opposer des *corsaires*. Des entreprises de mercenariat se développeront, employant d'anciens militaires, et seront utilisées comme sous-traitants des armées et des polices. En Afrique, il existe déjà une centaine de sociétés de ce type, qui fournissent hommes et matériels à des gouvernements, à des entreprises, voire à des institutions internationales. Elles assureront bientôt des fonctions générales de sécurité : défense, protection voire attaque. Des entreprises industrielles financeront légalement de tels mercenaires qu'elles mettront au service de gouvernements dont elles chercheront à obtenir des marchés. Certaines de ces sociétés de mercenaires seront utilisées pour restaurer la paix là où les unités d'interposition de l'ONU ou de l'OUA auront échoué, comme ce fut déjà le cas en Sierra Leone. Il arrivera à l'ONU de faire protéger ses propres bureaux par des mercenaires. Certains pays les utiliseront plus ou moins ouvertement pour mener une guerre au loin sans engager visiblement leurs propres forces, pour lutter contre les trafiquants de toutes sortes. Parmi ces sociétés de mercenaires, certaines obéiront à un code de bonne conduite leur imposant le respect des lois de la guerre, d'autres adhéreront aux conventions de Genève. La plupart, comme les gouvernements qu'ils serviront, ne respecteront plus aucune règle : la pratique de la torture en Irak et le sort fait aux prisonniers de Guantanamo en sont les signes précurseurs.

La colère des laïcs

Puis montera partout la colère des peuples contre l'Ordre marchand et d'abord contre les États-Unis, qui le dirigeront encore pendant vingt ans au moins. Une colère laïque, rationnellement fondée.

La haine à l'encontre d'un « cœur » ne se déchaîne pas quand celui-ci est au faîte de sa puissance, mais quand il commence à décliner. Tel fut le destin de tous les « cœurs » antérieurs ; ce sera celui de l'Empire américain. Triomphant au moment de la chute du mur de Berlin, Washington est déjà devenu la principale cible d'une critique mettant en cause la globalisation et la démocratie de marché.

Se nouera alors, contre l'Amérique et l'Ordre marchand, une *coalition critique*, regroupant tous ceux qui n'en attendent plus rien ou qui sont frustrés de ne pas en recevoir les bénéfices. Ils critiqueront pêle-mêle l'Amérique, l'Occident, la globalisation, la démocratie de marché et l'hyperempire en devenir. Antimondialistes de tout poil, la plupart n'auront rien à proposer à la place.

Leur critique portera d'abord – porte déjà – sur le rôle envahissant des États-Unis d'Amérique qui monopolisent l'essentiel des richesses du monde, en gaspillent les ressources, en dérèglent le climat, asservissent des peuples, prétendent les régenter à leur guise, violent beaucoup des règles de la démocratie qu'ils prétendent vouloir dicter aux autres.

Ensuite, la critique portera sur les marchés ; elle sera d'autant plus facile que les faits établiront de plus en plus clairement qu'ils ne suppriment ni la pauvreté, ni le chômage, ni l'exploitation ; qu'ils concentrent tous les pouvoirs en quelques mains, précarisant des majorités de plus en plus nombreuses ; qu'ils détournent des exigences du long terme ; qu'ils concourent à dérégler le climat ; qu'ils créent des raretés et inventent de nouvelles gratuités

314

pour en tirer profit ensuite ; que l'espérance et la qualité de la vie ne sont pas du tout les mêmes d'un endroit à l'autre du monde ; qu'ils deviendront, avec l'hypersurveillance et l'autosurveillance, une des formes les plus pernicieuses et les plus absolues de la dictature. Enfin, on reprochera aux marchés de libérer la violence en orientant tous les désirs vers la convoitise d'objets marchands, y compris celle des armes.

Il sera alors facile de dénoncer aussi la démocratie comme une illusion, où les plus riches concentrent entre leurs mains les pouvoirs d'informer, de distraire, de savoir, de surveiller, de soigner, d'enseigner, d'orienter, de décider, d'accumuler. Ces nouveaux idéologues expliqueront que la démocratie parlementaire est, comme le marché, un leurre, l'instrument des forces armées et des grandes entreprises ; qu'elle produit des inégalités, détruit la nature, sape les valeurs morales. Ils avanceront même qu'elle n'est qu'un prétexte commode, invoqué par les Américains pour conserver leur pouvoir sans perdre leur âme, tout en fermant les yeux sur le développement de l'économie-pirate là où elle leur est utile.

L'Ordre marchand sera donc accusé, à juste titre, d'être, pour beaucoup, et par sa nature même, une source de misères, d'injustices, de précarité, de désordres, de gaspillages, de bouleversements écologiques, d'immoralisme, de destruction des identités, de violations des règles religieuses, d'oppression. Beaucoup dénonceront aussi, tout ensemble, marché et démocratie comme des machines à fabriquer de la déloyauté, à annihiler toutes formes de morale et d'organisation sociale, à détruire la liberté qu'elles prétendent promouvoir. Ils se plaindront de devoir aller vivre là où le marché a besoin de leur travail, d'avoir à quitter les lieux où plongent leurs racines, de ne pas disposer des moyens financiers de la liberté promise, de ne plus influer sur le monde par leur vote, d'être dominés, surveillés, autosurveillés, auto-produits, d'être tenus d'obéir à des normes fixées par les exigences du profit.

D'autres encore dénonceront le principe même d'une liberté individuelle qui conduit à n'être plus loyal qu'envers soi-même, à ne plus se sentir lié par une parole ou un contrat, mettant sans cesse aux enchères ses obédiences, ses sentiments, ses valeurs, sa foi, le sort des siens, toujours prêt à abandonner, et s'attendant à tout moment à l'être, sans que soient jamais pris en considération les besoins des généra-tions à venir. L'apologie de la dictature redeviendra un sujet de conversation respectable.

Beaucoup, enfin, profiteront de l'affaiblissement progressif des États pour laisser s'épanouir leurs pulsions de violence, hors de toute contrainte : la première des libertés sera celle de tuer, gratuitement, sans but ni stratégie.

Les villes, où se retrouveront toutes les formes d'aliénation, toutes les preuves que la démocratie de marché n'est, pour l'immense majorité des humains, qu'une gigantesque escroquerie morale, deviendront les principaux lieux de la révolte. On y trouvera de plus en plus de criminels en série, on y assistera à une infinité de meurtres.

À la différence des révolutionnaires communistes d'antan qui avaient le projet de bâtir une autre société en lieu et place du capitalisme, ces nouveaux contestataires ne proposeront, pour la plupart, aucun système de substitution. Depuis que le communisme a échoué, aucune utopie ne semble plus disponible ni à la place du marché, ni à la place de la démocratie. Sauf, pour quelques-uns, qui proposeront le retour à la théocratie.

La colère des croyants

Si, selon l'idéal judéo-grec, l'Ordre marchand représente l'aboutissement bienvenu du progrès et de l'individualisme, il constitue aussi, pour d'autres croyants, le pire ennemi : parce que la liberté humaine y passe avant les ordres de Dieu ; parce qu'il remet notamment en cause la stabilité de la famille dont dépend la transmission de la foi. Ces croyants reprendront à leur compte les critiques laïques émises contre le marché et la démocratie.

Les deux grandes religions prosélytes, le christianisme et l'islam, seront au cœur de cette bataille. Chacune à sa façon reprendra ces critiques pour en faire même, pour certains, des justifications de conflits et de violence entre eux et contre l'Ordre marchand.

Certains mouvements chrétiens reprocheront – reprochent déjà – au marché et à la démocratie de sécréter des désirs futiles, de favoriser la luxure et l'infidélité, de commercialiser des valeurs morales, de laisser la science penser le monde autrement que le décrit la lettre des textes sacrés, de renoncer à donner un sens à la mort, d'édicter un droit différent de celui de la Bible. Ils s'opposeront, en particulier, à toute forme d'avortement, de contrôle des naissances, d'euthanasie. Ils regretteront que les préoccupations matérialistes éloignent les hommes des interrogations sur l'au-delà. Ils proclameront, pour certains, la suprématie des valeurs chrétiennes sur les droits de l'homme, et même sur la raison. Certains d'entre eux iront jusqu'à considérer que l'usage de la force est théologiquement licite.

L'Église catholique, premier empire nomade, « hors sol », s'est longtemps opposée par la force à la raison, à la science, au progrès, à l'Ordre marchand, aux droits des capitalistes comme à ceux des entrepreneurs et des travailleurs, avant de s'y résigner. Elle redeviendra, dans certaines de ses composantes, de plus en plus radicale, plus proche de ses idéaux initiaux. Certains catholiques reprocheront de plus en plus violemment au libéralisme de nier l'ordre divin ; ils s'opposeront de plus en plus à la démocratie, au marché, aux valeurs judéo-grecques, pour défendre sans compromis la pureté de la foi. D'autres dans l'Église, continueront à défendre encore la non-violence, l'amour et la justice.

Des Églises protestantes seront à l'avant-garde de ces luttes. En particulier l'évangélisme, venu de plusieurs États du sud des États-Unis – la « Bible Belt » –, et qui regroupe plus de 70 millions de ressortissants américains, dont plusieurs centaines de milliers de *pasteurs-propagandistes*. L'évangélisme fait déjà la loi dans certains départements de nombreuses universités américaines ; il y censure l'enseignement des sciences et des autres religions. Ces Églises seront de plus en plus influentes politiquement. Elles inspireront de plus en plus de décisions du Congrès et de l'appareil d'État américains ; les discours et les actes de l'actuel président en sont déjà, eux aussi, très influencés. À les entendre, par un lent glissement sémantique, ce ne seront plus les valeurs de la démocratie que l'Occident devra défendre, mais celles de la chrétienté. Ces Églises inciteront les femmes à rentrer à la maison afin de faire de plus en plus d'enfants.

Au moment où l'émergence de l'hyperempire menacera sérieusement l'existence même des États-Unis, certaines de ces Églises pourraient aller jusqu'à encourager l'Amérique à mener une guerre contre l'islam, voire contre la démocratie et contre le capitalisme. Seuls parmi les grandes démocraties à n'avoir jamais connu un passé de dictature, les États-Unis pourraient alors, vers 2040, être la proie d'une tentation théocratique, explicite ou implicite, sous la forme d'un *isolationnisme théocratique* où la démocratie ne serait plus qu'une apparence.

En Afrique comme en Amérique latine, les citadins, dont la misère ne fera qu'empirer, seront de plus en plus sensibles au discours de ces Églises évangélistes, devenues des puissances financières, idéologiques, militaires et politiques majeures. Au Brésil, plus de 30 millions de personnes en sont déjà adeptes. Elles sont présentes au Japon, en Inde, en Chine, en Indonésie. Elles s'entendront, comme elles l'ont déjà fait, avec des mafias, des empires du crime, des maîtres du jeu et pourraient fort bien s'allier, çà et là, avec des pirates laïcs, trafiquants d'armes, de femmes ou de drogues. Elles rivaliseront aussi, frontalement, avec l'islam – avec lequel la concurrence sera acharnée –, elles défendront les chrétiens dans les pays où ceux-ci sont minoritaires comme au Liban, en Syrie, en Irak, en Palestine. Elles tenteront même, non sans un certain succès, de convertir des musulmans – minorités kurdes d'Irak et de Syrie, Berbères du Maghreb – en leur apportant une aide sociale et en leur promettant des visas vers l'Amérique ou l'Europe en tant que « chrétiens persécutés ».

En Europe, on verra aussi des Églises chrétiennes s'opposer explicitement au capitalisme. On entendra des fidèles, des partis catholiques, des autorités religieuses, dénoncer le poids du marché, la liberté de circulation et sa traduction institutionnelle : l'Union européenne. Les valeurs religieuses retrouveront une visibilité politique. Déjà, parmi le personnel politique européen, personne n'aurait osé, il y a peu encore, poser le problème de l'adhésion de la Turquie à l'Union européenne en termes religieux, ni faire de la question théologique une des dimensions du débat constitutionnel européen. Les partis d'extrême droite prendront de plus en plus appui sur ces valeurs religieuses pour défendre leurs programmes. Ils proposeront, eux aussi, explicitement, de renvoyer les femmes à la maison pour élever les enfants qui permettraient de se passer de l'appoint des immigrés et de combattre d'autant mieux l'islam. Plusieurs démocraties européennes pourraient un jour inscrire le christianisme dans leur Constitution, voire devenir ouvertement des théocraties. Le Vatican jouera un rôle central dans cette évolution. Il pourra choisir de faire alliance avec les autres monothéismes ou, au contraire, d'inciter à leur faire la guerre, en particulier à l'islam.

Dans l'islam aussi, des forces très variées mêleront de plus en plus dans leurs critiques : démocratie, marché, globalisation, États-Unis, Israël, Europe, judaïsme, chrétienté. Si rien n'est fait, un divorce majeur aura lieu entre une partie de l'islam et l'Occident.

En 2006, plus d'un milliard d'êtres humains sont musulmans, soit un tiers de moins que de chrétiens. Bien qu'en soi l'islam ne soit pas plus intolérant que les autres monothéismes, et qu'il ait apporté la pensée judéo-grecque à l'Europe, les pays où il domine aujourd'hui sont tous des théocraties ou des dictatures laïques, hormis quelques démocraties en devenir : Turquie, Algérie, Maroc, Koweït, Sénégal. Il est pratiquement impossible dans ces pays de construire des églises ou des synagogues, de se convertir à une autre religion, de vivre de façon athée, d'épouser un(e) non-musulman(e) sans qu'il(elle) se convertisse. L'idéologie dominante consiste à croire que toute réponse à toute question est dans le Coran, que tout intellectuel est inutile, que l'origine de tout problème – du sida à la misère – est due aux « infidèles ». Économiquement, sociale-ment, culturellement, ces pays sont parmi les moins développés du monde (on traduit dans l'ensemble des pays musulmans moins de livres étrangers que dans la seule Grèce), bien que les hasards de la distri-bution des ressources naturelles fassent de certains d'entre eux les plus riches du monde.

Pour l'instant, très rares sont les voix, à l'inté-rieur de l'islam, pour réclamer sa mise en confor-mité avec les droits de l'homme. Un jour, sans doute, sous l'effet conjugué de la croissance écono-mique, de l'appel de la jeunesse et des femmes, des théologiens le conduiront sur la voie de la tolérance et de la démocratie ; ils insistent sur les sourates datant d'avant 622 plus que celles qui suivent ; et retrouvent la tradition philosophique d'Ibn Rushd. En attendant, principal concurrent du christianisme et comme lui prosélyte, l'islam voudra, dans cer-taines de ses composantes minoritaires, retrouver son lustre du XIᵉ siècle, se rassembler de Cordoue à Bagdad, puis s'étendre à l'ensemble de la planète :

par la démographie, par la conversion, voire, dans l'esprit de certains, par la guerre.

La figure dominante de l'islam n'est d'ailleurs pas le fidèle, mais le pèlerin, le prédicateur, le converti, le prosélyte. La conversion y est, en principe, individuelle, sans connotation politique ; elle doit se faire au nom d'un idéal de pureté, de solidarité, de soumission au pouvoir masculin. En fait, toute conversion est irréversible : il est interdit à un musulman de changer de religion, en général sous peine de mort. La conversion est, et sera aussi, pour certains, politique : l'islam s'efforcera de rassembler ceux qui, partout, critiquent l'Ordre marchand, et de convertir nombre de laïcs issus de ce que j'ai nommé plus haut la « coalition critique ».

En promettant l'appartenance à une communauté (l'*Umma*), l'islam recueillera de plus en plus d'échos chez nombre d'isolés, de faibles, de vaincus, de révoltés. Il mènera une action sociale auprès des plus démunis, proposant de leur fournir ce que le marché n'offre pas : des formes concrètes de solidarité, de charité, de dignité permettant d'échapper à la solitude et d'espérer en un paradis.

Sa capacité à convertir n'est pas encore considérable : en France, par exemple, seulement 3 000 personnes se convertissent chaque année à l'islam ; et les convertis n'y sont en 2006 que 70 000. Le rythme ne devrait pas augmenter.

C'est la démographie qui sera le principal facteur de croissance du nombre des musulmans : ils seront près de 1,8 milliard en 2020, soit le quart de la population mondiale, et auront alors, sans doute, dépassé les chrétiens. Leur expansion diminuera avec la croissance économique, qui réduira leur taux de natalité, l'une des plus élevées du monde.

Les maîtres à penser les plus intransigeants de l'islam exigeront des fidèles, où qu'ils soient, de ne pas obéir à d'autres lois que celles de Dieu et de refuser toute Constitution laïque. Tout commence avec Ibn Hanbal (780-855) et Ibn Taymiyya (mort en 1328) qui entendaient imposer une obéissance littérale au texte. Puis vint Abdel Wahhab (1703-1792), aujourd'hui encore très influent, qui affirmait qu'un musulman ne doit pas obéir à une loi autre que le Coran, refusait l'intercession des saints et excommuniait *(takfir)* les libéraux, faisant l'apogée de la *salafiyya* (la trace des ancêtres). Dans la même ligne, ceux qui suivent aujourd'hui le théologien pakistanais Sayyid Mawdudi (1903-1979) (hostile à la création d'un État laïc pakistanais lors de la partition de l'Inde) interdisent l'obéissance à tout autre législation que celle du Coran ; la seule souveraineté étant, pour eux, la *souveraineté politique exclusive de Dieu seul*. Mawdudi présentait l'islam comme la troisième voie entre capitalisme et socialisme et voulait faire de l'islam rassemblé un État théocratique.

Pour que la loi de l'islam puisse être ainsi rigoureusement respectée et ne soit pas remise en cause par sa confrontation avec des systèmes de valeurs différents, des mouvements de plus en plus nombreux appelleront à la constitution d'un empire théocratique musulman. Ce qui passera, pour certains d'entre eux, par la guerre.

Pour quelques-uns, cet empire devra d'abord se reconstruire sur les terres des temps de gloire, s'étendant de Cordoue à Bagdad. Il y a vingt ans, Sayyid Qotb, leader des Frères musulmans, disciple de Mawdudi, appelait à une *révolution islamique* permettant le passage de la *Jahiliyya*, période anté-islamique, à la *Hakimiyya*, la *souveraineté de Dieu* (« rébellion totale en tout lieu de notre Terre, chasse aux usurpateurs de la souveraineté divine qui dirigent les hommes par des lois venues d'eux-mêmes »). Pour lui, il faut traduire la sourate XII,40, qui dit « le *hukum* n'est qu'à Dieu » par « le pouvoir suprême n'est qu'à Dieu », et non pas, comme classiquement, par « le jugement n'appartient qu'à Dieu ». Là est le renversement : une théocratie, au lieu d'un rapport moral individuel à Dieu. Son projet consistait en la fusion de l'*Umma islamiyya* (la meilleure communauté surgie pour les hommes) et du *Dar al-Islam*, le royaume régi par la loi islamique. Qotb, dont les disciples sont encore innombrables, souhaitait combattre tout musulman non fidèle à sa vision de l'islam et tous les « infidèles ». Aujourd'hui, parmi d'autres, le Hizb ul-Tahrir (parti de la Libération), basé à Londres, appelle lui aussi à la renaissance de ce « califat » par la guerre *(harb)*.

Dans l'islam chiite, l'iman Khomeyni voulait, dès les années 1960, imposer l'idée de la guerre comme une arme de conversion et faisait l'apologie du martyre, du suicide, du *chahid*. « L'épée, écrivait-il, est la clé du paradis. »

Pour d'autres encore, la guerre devra viser le monde entier. L'empire de l'islam devra s'étendre à la planète, sans centre ni nation dominante, pour en faire une sorte d'*hyperempire théologique.*

Les partisans de cette guerre islamique pour la reconquête du califat ou pour la conquête du monde, définissent aujourd'hui une stratégie militaire en trois étapes :

– Dans les territoires où il est encore minoritaire, l'islam devra pratiquer le *Dar al-Sulh*, la « paix momentanée », laquelle pourra être dénoncée à tout moment.

– Dans les territoires où il aura converti, ou chassé, une fraction significative de la population, il devra installer un *Dar al-Harb* ou « zone de guerre ». Les derniers croyants à d'autres monothéismes y seront provisoirement tolérés, avec un statut inférieur, celui de *dhimmi* (« protégés ») ; les adeptes d'autres philosophies et les athées en seront chassés.

– Dans les territoires où le pouvoir musulman sera devenu totalement dominant, tous les croyants à un autre monothéisme devront être convertis ou chassés : les juifs, parce qu'ils n'ont pas accepté le Coran à Médine ; les chrétiens, parce qu'ils placent Jésus au-dessus de Mahomet. Tous les « infidèles » y seront déclarés ennemis, parce que « l'incroyance est une seule nation ».

Certains groupes qui adopteront cette stratégie, comme Al-Qaïda lors de sa création en 1996, viseront d'abord à chasser les troupes chrétiennes du voisinage de La Mecque, où elles stationnent depuis 1991. Même s'il leur faut pour cela combattre des régimes arabes. La *fitna* (la « discorde ») entre musulmans sera donc, pour eux, salutaire. Ils voudront ensuite éliminer les chrétiens et les juifs des Lieux saints d'Irak et de Jérusalem, puis prendre le pouvoir au Liban, en Égypte, en Afrique du Nord, en Asie centrale, en Indonésie, au Pakistan. Ils réclameront ensuite l'expulsion de tous les tenants de la philosophie judéo-grecque hors des autres terres antérieurement conquises par l'islam, de l'Espagne à la Chine.

D'autres groupes, comme Al-Qaïda aujourd'hui, prôneront, avant même de tenter de restaurer l'Empire musulman, une guerre sainte immédiate contre l'Empire américain, Israël, l'Europe, le marché, la démocratie. Comme les nihilistes de la fin du XIXe siècle, ils ne chercheront qu'à détruire, sans avoir le projet, même utopique, d'une autre société à substituer à celle qu'ils condamnent. Al-Qaïda ne sera d'ailleurs bientôt plus qu'un mouvement parmi d'autres, inspirateur d'autres groupuscules surgissant d'initiatives locales.

D'autres mouvements – les plus nombreux – mettront l'islam au service de revendications nationalistes, comme ont toujours fini par le faire les idéologues de l'islam, depuis les Almohades au XIIe siècle jusqu'à ceux du XVIIIe siècle, puis le Rafah turc, le FIS algérien, le Hamas palestinien, les Frères musulmans d'Égypte et le Hezbollah libanais.

Le monde asiatique, qui réunira très bientôt une majorité de la population du globe, sera lui aussi concerné par ces enjeux : si nul ne fait la guerre au nom du bouddhisme, du confucianisme ou de l'hindouisme, l'islam tentera de prendre le pouvoir absolu dans tous les pays d'Asie où il domine déjà, du Pakistan à l'Indonésie. Là se trouveront d'ailleurs de très nombreuses écoles religieuses extrémistes.

Par ailleurs, nombre de cultures nationales utiliseront l'arme religieuse pour se défendre, comme les Tibétains, et pour reconquérir une identité nationale perdue.

Enfin, diverses sectes aux origines diffuses, comme celles de Moon en Corée, de Falun Gong en Chine ou l'Église de scientologie aux États-Unis, se développeront grâce au vide spirituel et moral creusé par l'hyperempire. On compte déjà plus de membres de Falun Gong (dont le chef, Li Hongzhi, est réputé avoir sauvé quatre-vingts mondes...) que d'inscrits au Parti communiste chinois ! Et certaines de ces sectes s'allieront, elles aussi, avec les partenaires les moins fréquentables pour se jeter dans la mêlée, avec toutes les armes.

Les armes de l'hyperconflit

De tout temps, l'issue des guerres s'est jouée sur la détention d'armes nouvelles et sur le prix attaché par chaque belligérant à la vie de ses propres soldats. En leur temps, les archers de la bataille de Crécy, les chars de combat de la Première Guerre mondiale, l'arme atomique de la Seconde Guerre mondiale décidèrent du sort des batailles.

De tout temps, de nouvelles armes sont apparues, à la fois comme les produits et comme les accoucheurs de technologies civiles : le propulseur est né avec le levier, les armes à feu avec la mécanique, les chars avec l'automobile. Inversement, c'est dans l'armée que sont nés le télégraphe, la radio, l'énergie, le nucléaire, Internet, entre bien d'autres novations technologiques majeures.

Dans les cinquante prochaines années, de nouvelles technologies seront développées par les armées avant d'être utilisées sur le marché civil. Pour les besoins de la défense ou de la police, les gouvernements financeront des recherches nécessaires à la mise au point des technologies de l'hypersurveillance et de l'autosurveillance. Inversement, ces technologies auront ensuite des applications civiles.

Ces futures armes seront d'ailleurs essentiellement fondées sur le concept de surveillance : les armées développeront à la fois des infrastructures numériques d'ubiquité nomade, des systèmes de surveillance des mouvements suspects, des moyens de protection d'installations stratégiques, des réseaux d'intelligence économique. Des robots – dissimulés en territoire ennemi – et des drones – robots volants – relaieront des données, détecteront des agents chimiques ou biologiques, serviront d'éclaireurs à l'avant de détachements d'infanterie confrontés à des zones minées ou à des angles morts. Des logiciels de simulation des combats seront en permanence réactualisés au plus proche des champs de bataille.

Par ailleurs, de nouvelles unités de combat intégreront des moyens de simulation, de surveillance et de frappe. De nouveaux réseaux et outils d'ubiquité nomade permettront aux combattants de rester connectés et de simuler toutes les situations ; des vêtements intelligents serviront à fabriquer de nouveaux uniformes ; de nouveaux matériaux permettront de concevoir de nouveaux boucliers ; des technologies de simulation en trois dimensions serviront à préparer et conduire les combats ; des robots serviront de substituts aux combattants. Des systèmes électroniques *(e-bombs)* pourront détruire des réseaux de communications et rendre aveugle et sourde une armée.

Les marines joueront un rôle nouveau dans la lutte contre les trafics, la surveillance de l'émigration et la protection des détroits. L'aviation de chasse n'aura plus la même utilité qu'aujourd'hui et perdra son influence sur les états majors et les budgets.

Les nouvelles armes, dites conventionnelles, seront d'autant plus nécessaires que les armes non conventionnelles (nucléaires et autres) se trouveront de plus en plus disséminées.

Les cinq grandes puissances autorisées par les traités à disposer de l'arme nucléaire disposeront encore durablement de plus de cinq mille têtes nucléaires, pour l'essentiel placées sur sous-marins et lancées par des fusées balistiques ultraprécises. Parmi ces cinq puissances, certaines se réserveront aussi la possibilité d'utiliser des armes nucléaires tactiques, c'est-à-dire à courte portée, comme armes d'opérations et non plus seulement de dissuasion. Celles-ci pourraient même être à ce point miniaturisées qu'elles seraient utilisables par un seul combattant, comme c'était déjà le cas durant la guerre froide. L'Inde, Israël, le Pakistan, depuis trente ans puissances nucléaires, se doteront eux aussi de sous-marins nucléaires lanceurs d'engins balistiques à capacité nucléaire, susceptibles d'atteindre toute capitale potentiellement hostile ou rivale. La Corée du Nord, qui vient de procéder à son premier essai d'arme nucléaire, se dotera elle aussi de fusées balistiques d'une portée supérieure à sept mille kilomètres, au motif affiché de se prémunir contre toute tentative de déstabilisation de son régime. Devant cette menace, le Japon n'hésitera plus longtemps avant de se doter d'armes du même type afin de se protéger de celles que pourraient lancer contre lui les dirigeants de Pyongyang. Il lui suffira de quatre mois, à partir du moment où la décision sera prise, pour disposer de l'arme. L'Iran, évidemment, s'en dotera, ou s'en approchera de fort près, sauf si un affrontement, dont il sera question plus loin, l'en empêchait. D'autres pays feront de même après lui ; et d'abord, l'Égypte et la Turquie, puis sans doute l'Indonésie, l'Australie, le Brésil et l'Arabie Saoudite. Au total, avant trente ans, plus de quinze pays seront ouvertement dotés d'armes nucléaires et des moyens de les lancer.

La pénurie d'énergie poussera aussi à autoriser les pays les plus divers à se doter de centrales nucléaires civiles. Cela les conduira à utiliser comme combustible, sous le nom de MOX, des déchets recyclés. Ce qui multipliera encore les risques de prolifération et de disparition, lors des transferts de ces déchets radioactifs, qui pourront être utilisés dans la fabrication d'armes radiologiques, mêlant déchets nucléaires et explosifs conventionnels.

D'autres armes – chimiques, biologiques, bactériologiques, électroniques, nanotechnologiques – verront ensuite le jour. Comme pour les nouvelles technologies civiles qu'elles préfigureront, on cherchera à augmenter leur puissance, leur miniaturisation, leur précision. Des armes chimiques viendront tuer des dirigeants sans pouvoir être détectées ; des épidémies de masse seront déclenchables à volonté ; des armes génétiques complexes seront un jour spécialement dirigées contre certains groupes ethniques. Des nano-robots de la taille d'un grain de poussière, dits *gelée grise*, effectueront des missions de surveillance furtive et attaqueront les cellules du corps des ennemis. Puis, lorsque les techniques de clonage animal auront progressé, on confiera ces missions à des animaux clonés, à des bombes animales vivantes, à des chimères.

Ces armes ne seront pas uniquement développées par les laboratoires militaires de grands pays, mais aussi par de grandes firmes, des « entreprises-cirques », qui y trouveront de nouveaux marchés. L'armement restera, comme toujours, au cœur de l'appareil industriel et les marchés publics seront, jusqu'à la mise en place de l'hyperempire, tournés pour l'essentiel vers le secteur de l'armement. Les grandes firmes d'assurances et les compagnies de mercenaires prendront ensuite le relais.

La plupart de ces armes seront également accessibles aux petites nations, aux non-États, aux corsaires, aux pirates, aux mercenaires, aux maquis, aux mafias, aux terroristes, aux trafiquants de toutes sortes. Par exemple, dans un avenir proche, il sera possible de fabriquer une *e-bomb* pour seulement 400 dollars à partir d'un condensateur, d'une bobine de cuivre et d'un explosif.

Armes chimiques, radiologiques, biologiques seront ainsi à la portée de toutes les bourses. Il sera possible de faire de plus en plus de morts avec des moyens rudimentaires : dans les villes et les transports de masse, l'encombrement multipliera l'efficacité des armes les plus sommaires.

Enfin, et peut-être surtout, comme toute guerre ne peut se gagner que si les peuples qui la mènent la jugent juste et nécessaire et si est maintenue la loyauté des citoyens et la croyance en ses valeurs, les principales armes de l'avenir seront les instruments de propagande, de communication et d'intimidation.

S'armer, s'allier

Face à ces menaces multiformes, dont elles seront les premières cibles, les démocraties de marché, et en particulier les maîtres de l'ordre poly-centrique, se rendront compte qu'elles ne peuvent plus réagir en ordre dispersé, et que leurs budgets de défense seraient mieux utilisés si leurs équipe-ments étaient techniquement compatibles et placés sous un commandement coordonné.

Les États-Unis continueront de moderniser tous leurs systèmes d'armes : conventionnelles, électro-niques, nucléaires, chimiques, bactériologiques. Une unité nouvelle de l'US Army, le *Future Combat System*, sera bientôt composée de troupes au sol très mobiles, équipées d'armes conventionnelles de haute précision, d'un réseau de communication, de moyens de simulation, de robots et de forces aériennes avec et sans pilotes ; cette unité pourra être déployée en moins de quatre jours n'importe où dans le monde ; le délai entre la détection d'une cible et sa destruction deviendra quasi nul, alors qu'il était de trois jours lors de la guerre du Golfe et de cinq minutes lors de la guerre d'Irak. Un tel système n'aura de sens que si les États-Unis se dotent, par un réseau de satellites, d'une infrastructure numérique planétaire.

Le coût de ces armements nouveaux est considérable : les États-Unis y consacreront 500 milliards de dollars. Un million de soldats américains resteront, pour un temps, déployés sur quatre continents, appuyés par des milliers d'avions et navires, avant de se replier sur la seule défense du territoire national américain. Pendant les quarante prochaines années, la défense continuera de représenter plus du quart du budget fédéral américain, avec parfois d'immenses gaspillages, entraînés par la nécessité de créer des emplois dans toutes les circonscriptions électorales des *congressmen*, dont la voix restera nécessaire au vote du budget de la défense.

Les Européens – qui dépensent ensemble aujourd'hui pour leur défense cinq fois moins que les

États-Unis – devront, après avoir beaucoup critiqué le bellicisme des Américains, trouver eux aussi les moyens de financer ces infrastructures numériques et ces systèmes d'armes. Pour le faire, ils créeront des forces armées et de police de plus en plus imbriquées, harmoniseront leurs matériels et se coordonneront avec les États-Unis, ne serait-ce que pour communiquer et échanger des données.

La Chine et l'Inde feront aussi croître leurs budgets militaires, aujourd'hui quinze fois inférieurs à celui des États-Unis, pour atteindre au moins le niveau anglais ou français. Elles se doteront des mêmes armes, fabriquées pour l'essentiel chez elles. Le Japon et la Russie en feront autant.

Pour partager ces coûts croissants, plusieurs de ces nations rassembleront une partie de leurs effectifs en une force militaire de la *communauté internationale*, regroupant des troupes conventionnelles et des forces de police. Elles formeront ainsi, d'abord occasionnellement, puis institutionnellement, une *alliance* face aux pirates et aux ennemis de l'Ordre marchand. L'Alliance atlantique, fondée contre la menace soviétique, deviendra peut-être le socle de ce rassemblement, qui se constituera parfois aussi en forces des Nations unies. Dans certains cas, l'Inde, la Chine et plusieurs des Onze s'y joindront.

L'Alliance s'élargira un jour aux plus grandes firmes de l'hyperempire, en particulier militaires. Elle regroupera alors des armées nationales et des entreprises privées de mercenaires.

Tous les pays de l'Alliance voudront surveiller les « amis des ennemis ». Par exemple, les musulmans d'Europe, d'Amérique ou de Chine devront peut-être un jour faire la preuve qu'ils ne sont pas liés à telle ou telle entité hostile, comme durent le faire les Japonais dans les années 1940 et les communistes dans les années 1950. De même, si le Mexique en vient un jour à être considéré par les États-Unis comme un pays dangereusement révolutionnaire, les Chicanos, de plus en plus nombreux, feront l'objet d'une stricte surveillance.

Vers 2035 ou 2040, l'Alliance réalisera qu'elle n'a pas les moyens de maintenir sa domination sur l'Ordre marchand : épuisés financièrement et humainement par ces conflits, confrontés aux mêmes dilemmes que l'Empire romain à partir du début de notre ère, les pays qui la composeront formeront alors l'ordre polycentrique et changeront de stratégie : ils ne s'occuperont plus du reste du monde, réduiront leur dépendance énergétique et financière, instaureront un protectionnisme, disposeront leurs chariots en cercle et limiteront leur défense à la protection de leurs intérêts, au sens le plus étroit. Ils chercheront à mettre en place un bouclier au-dessus de leurs territoires pour surveiller et détruire toute arme ou aéronef détourné tentant de toucher leur sol. Des murs de plus en plus hauts seront dressés contre les pirates, sur le modèle du mur protégeant et isolant aujourd'hui Israël des attaques terroristes. L'Alliance considérera par exemple essentiel de maîtriser la situation en Méditerranée orientale et occidentale, en général à la demande des pays concernés. Pour voyager par avion vers les pays de l'Alliance, il faudra fournir des informations détaillées sur sa vie, et même peut-être laisser en gage, ou en otage, des biens ou des êtres chers.

Là encore, une fois de plus, les technologies de pointe de l'économie de marché, celles de l'hyper-surveillance, participeront à la mise en place des moyens de la guerre et de la police.

Pour autant, le succès ne sera pas assuré : on ne peut mettre sous cloche ni les marchés, ni les démocraties, ni les pirates.

Négocier, aider

Certains, en Europe et ailleurs, proposeront alors de renoncer à se défendre, de réduire les budgets militaires, de désarmer unilatéralement, de collaborer avec l'ennemi. Naîtront ces *États post-nationaux dénucléarisés*, pacifistes et soumis, dont rêve, dès aujourd'hui, parmi d'autres, le philosophe allemand Jürgen Habermas.

D'autres encore, soucieux de préserver la paix sans se soumettre, tenteront de faire preuve d'imagination diplomatique. L'organisation des Nations unies essaiera de mettre en œuvre les procédures prévues par sa charte pour la négociation, la prévention des conflits, la dissuasion. Pour que les questions en litige puissent être traitées de façon plus confidentielle, des institutions discrètes de prévention de la violence se multiplieront, sur le modèle de l'Organisation de la sécurité et de la coopération en Europe, de la Communauté de Sant'Egidio – organisation catholique discrète et efficace –, de la fondation du président Carter, qui remplit remarquablement ce rôle depuis plus de vingt ans, ou encore de celle, plus récente, du président Clinton. Le rôle de ces institutions *ad hoc*, entreprises relationnelles particulières, sera de déceler à l'avance les sources de conflits et les zones de tensions, de tenter de trouver des accords entre les belligérants potentiels et de les faire respecter. Elles devront disposer pour cela de considérables moyens d'observation, de surveillance, d'analyse et de prévention. Elles devront aussi avoir suffisamment d'influence pour que les accords passés sous leurs auspices soient respectés. On les retrouvera dans la vague suivante de l'avenir comme facteur essentiel de la paix.

Pour éviter la guerre, les démocraties de marché essaieront aussi d'étendre le règne de la liberté à ceux qui pourraient devenir leurs ennemis. Elles aideront ceux des pays encore incertains qui le voudront à rejoindre leurs rangs, c'est-à-dire à organiser la séparation des pouvoirs religieux et laïcs, à se débarrasser de milices terroristes, à jeter les bases d'une économie de marché. Action en général illusoire, comme le montre ce qui se passe aujourd'hui en Afghanistan (narco-État où le trafic de drogue représente aujourd'hui les neuf dixièmes de la richesse produite) ou en Irak (où s'est installé un chaos absolu), à moins d'être accompagnée de la mise en place d'une société civile efficace, qui ne peut venir que de la société elle-même.

Ceux des États qui refuseront une telle évolution vers la démocratie resteront agressifs et seront traités comme tels par les démocraties de marché.

Dissuader les régimes agressifs

Face aux États durablement agressifs, la dissuasion sera toujours nécessaire, et son absence toujours désastreuse. En octobre 1936, face à la remilitarisation de la Ruhr par les troupes nazies, Halifax et Blum ont laissé faire, et la guerre eut lieu. En octobre 1962, face à l'installation de fusées soviétiques à Cuba et le refus de celles-ci par les frères Kennedy, la paix n'a pas été rompue. Au début des années 1980, François Mitterrand a appuyé l'installation de fusées américaines en Europe, aidant ainsi à faire disparaître la menace soviétique.

De même, aujourd'hui et demain, ceux qui voudront vivre libres dans des démocraties de marché ne pourront accepter la présence, face à eux, d'armes offensives contrôlées par des groupes annonçant ouvertement leur objectif : les détruire.

Nul ne sera à l'abri d'armes qui, en premier lieu, viseront d'autres cibles : les fusées de Corée pointées sur le Japon viseront un jour les États-Unis et la Chine. Celles d'un Pakistan tombé entre les mains de fondamentalistes menaceront l'Inde, puis l'Europe. Celles du Hezbollah, autrement dit de l'Iran, qui visent aujourd'hui Israël seront un jour pointées, depuis Beyrouth ou Téhéran, sur Le Caire,

343

Riyad, Alger, Tunis, Casablanca, Istanbul, puis Rome, Madrid, Londres et Paris. Celles de la Chine, si le parti se durcissait pour éviter sa propre liquidation, pourraient viser un jour le Japon et les États-Unis.

Les démocraties ne devront pas se laisser impressionner par de telles menaces. Si, par peur des représailles, elles acceptent que soient durablement braquées sur elles les fusées iraniennes, pakistanaises ou coréennes, elles feront un marché de dupes, comme le firent la France et la Grande-Bretagne en 1936, puis en 1938 à Munich. Avec une probabilité plus grande encore, car ces armes pourront être lancées de quinze endroits différents par quinze régimes dictatoriaux différents et aux objectifs contradictoires. Pour les éliminer, l'Alliance devra d'abord menacer les régimes concernés d'actions préventives, mettre en évidence ses propres capacités de frappe, intimider pour faire reculer. Si cela ne suffit pas à faire disparaître ces menaces, il faudra frapper.

Attaquer préventivement

Aucune dissuasion ne sera possible contre les pirates, parce qu'ils n'ont pas de territoire à défendre. Leur céder en un lieu ne suffira pas à les calmer : les mafieux ne se contenteraient pas du contrôle de la Colombie ou de l'Afghanistan ; les extrémistes islamistes ne se contenteraient pas de la destruction d'Israël, ni du retrait américain d'Irak ou d'Arabie Saoudite.

Contre les pirates, il n'y aura que l'attaque préventive. L'Alliance et chacun de ses membres se prépareront donc à mener préventivement la guerre à ceux de ces pirates (ou à celles des nations où ils auront trouvé refuge) qui menaceront d'utiliser leurs armes au service d'une foi, d'une ambition laïque, ou pour la recherche d'un profit criminel. Naturellement, l'Alliance ne devra pas, pour justifier une telle guerre préventive, inventer des intentions bellicistes ni prendre prétexte d'armes de destruction massive imaginaires, comme ce fut le cas pour la guerre contre l'Irak en 2002. L'Alliance ne pourra pas à la fois fonder sa politique extérieure sur les droits de l'homme et les violer quotidiennement. Sans doute le fera-t-elle.

Les optimistes diront que ces roulements de tambour ne doivent pas être pris trop au sérieux : un pays, ou une entité non étatique, accédant au statut de puissance nucléaire, ou disposant d'armes extrêmement meurtrières, devient nécessairement raisonnable. La meilleure preuve en est que le sont devenus, jusqu'ici, tous ceux qui ont reconnu, officiellement ou officieusement, détenir de tels arsenaux.

Les optimistes ont en partie raison : des démocraties, où le pouvoir est contrôlé par l'opinion publique, ou des régimes totalitaires ayant largement souffert de la guerre, n'en feront jamais un usage offensif. Mais plus le nombre d'acteurs du jeu stratégique est élevé, plus augmentera le nombre de ceux d'entre eux qui seront mus par des fous ou pour qui la mort (des autres, y compris celle de leurs troupes) ne comptera pas. Plus s'élèvera alors la probabilité de voir ces armes utilisées.

Le monde vivra donc de plus en plus hanté par la peur de l'anéantissement nucléaire, de la guerre miniaturisée, de la guerre en réseau, de la guerre-suicide. De fait, quatre types de conflits éclateront avant l'hyperconflit : guerres de rareté, guerres de frontières, guerres d'influence, guerres entre pirates et sédentaires.

Guerres de rareté : pétrole et eau

Comme on s'est battu pour le charbon et le fer, on se battra pour le pétrole, l'eau et les matières rares. D'abord et comme depuis un siècle, l'approvisionnement en pétrole, de plus en plus difficile et coûteux, déclenchera nombre de conflits. Les États-Unis, qui consomment un quart du pétrole du monde, dont près des deux tiers viennent encore de l'extérieur, voudront absolument garder le contrôle de leurs sources d'approvisionnement ; ils entendront continuer à contrôler l'Arabie Saoudite et l'Irak ; ils souhaiteront aussi reprendre le contrôle de l'Iran pour empêcher un blocus du détroit d'Ormuz, qui priverait la planète d'un cinquième de la production mondiale et propulserait les cours jusqu'à 250 dollars le baril. La présence américaine en Asie centrale sera de plus en plus considérable, à la fois pour surveiller ce qui se joue en Iran et pour éviter que la Chine ne fasse main basse sur la région. Les États-Unis contrôleront plus que jamais le golfe du Mexique, et voudront s'assurer que le Canada, le Mexique et le Venezuela ont, au moins, des dirigeants dociles. Des conflits pourraient aussi éclater, sur la base de prétextes pétroliers, en Asie centrale entre la Chine et la Russie, entre les États-Unis et la Chine, entre la Turquie et l'Iran. Le Kazakhstan s'imposera comme arbitre et comme puissance régionale. Les autres principaux pays consommateurs (l'Union européenne, le Japon, la Chine et l'Inde) voudront eux aussi conserver, par la force si nécessaire, un accès aux gisements du Moyen-Orient, de Russie, d'Afrique et d'Asie centrale, ainsi que le contrôle des zones par où ce pétrole est acheminé vers la mer.

Aux marges de la Russie, où se trouvent d'innombrables pipelines, des guerres civiles sans merci, souvent financées par des compagnies pétrolières rivales, ruineront les régions de transit.

Pour les mêmes raisons, le Venezuela, le Nigeria, le Congo, l'Indonésie, dont les gisements seront un jour épuisés sans même avoir permis d'y édifier des économies modernes, pourraient aussi devenir, ou redevenir, des zones de conflits.

Enfin, les zones maritimes où seront localisés les principaux gisements futurs, et par où transiteront les convois de tankers, seront autant de lieux d'affrontements possibles.

L'eau potable, de plus en plus rare on l'a vu, provoquera, elle aussi, des guerres de plus en plus significatives : au cours des cinquante dernières années, on s'est déjà battu trente-sept fois pour elle, de façon toujours très localisée. Cela ne pourra que se rééditer : 145 nations ont une partie de leur territoire située sur un bassin transfrontalier ; environ un tiers des 263 bassins transfrontaliers sont partagés par plus de deux pays ; 19 bassins concernent au moins cinq pays. La troisième réserve souterraine d'eau douce du monde, la nappe du Guarani, est disputée entre le Brésil, l'Argentine, le Paraguay et l'Uruguay. Le bassin du Danube est partagé par 18 nations et les crises des Balkans y trouvent en partie leurs racines. Demain, quand l'eau potable commencera à manquer, ces batailles deviendront beaucoup plus sévères. L'Inde, manquant d'eau, pourrait vouloir détourner les trois plus grands fleuves nés en Inde, qui se jettent dans la mer au Bangladesh. La pose par le Liban de pompes sur la rivière Ouazzane, affluent du Jourdain alimentant le lac Tibériade et fournissant dès maintenant à Israël le tiers de son eau potable, déclenchera un conflit. Le projet de contrôle des eaux de l'Euphrate et du Tigre par la Turquie inquiétera la Syrie et l'Irak. Le Tadjikistan, le Kirghizistan, le Kazakhstan, l'Ouzbékistan et le Turkménistan se disputeront de plus en plus les fleuves Amou-Daria et Syr-Daria, essentiels à la culture intensive du coton. Des barrages hydroélectriques en Chine – où le Mékong prend sa source – menaceront de priver d'eau le Vietnam, le Cambodge et la Thaïlande. Le Mexique et les États-Unis se disputeront le Colorado et le Rio Grande. Le Sénégal et la Mauritanie pourraient se battre pour le contrôle du fleuve Sénégal. L'Algérie, la Libye et le Tchad pourraient aussi s'affronter pour l'exploitation de rares nappes phréatiques transfrontalières. L'Albanie, la Grèce et la Macédoine risquent d'entrer en conflit pour les mêmes raisons. Enfin et surtout, dix États se partagent les eaux du Nil ; or, l'Éthiopie, en amont, qui fournit 86 % du débit et n'en utilise que 0,3 %, entend construire 36 barrages ; ils assécheraient en partie l'Égypte, provoquant un conflit immédiat.

Enfin, le dérèglement du climat provoquera des guerres pour occuper des terres restées ou devenues respirables et cultivables : la Sibérie, le Maroc, l'Algérie, l'Espagne du Sud pourraient devenir des champs de bataille.

Guerres de frontières : du Moyen-Orient à l'Afrique

Plusieurs pays feront la guerre à leurs voisins pour réunifier des peuples ; ce pourrait être le cas entre l'Inde et le Pakistan pour le contrôle du Cachemire, et entre de très nombreux pays d'Afrique subsaharienne pour rassembler des ethnies.

D'autres chercheront aussi à détruire un voisin ; plusieurs pays arabes continueront de vouloir anéantir l'État hébreu, qui devra gagner contre eux toutes les guerres, sous peine d'anéantissement. Les irréductibles de la région déclencheront d'ailleurs les hostilités dès que s'annoncera un accord de paix entre Israël et ses voisins.

La victoire de la démocratie donnera aussi naissance à de nouveaux conflits, au sein même de nombreuses nations : pour remettre en cause une domination ethnique, pour provoquer une sécession ou pour l'éviter. Aujourd'hui, plus de quarante conflits de ce type se déroulent à l'intérieur de vingt-sept pays ; ils perdurent pour certains depuis plus de dix ans, pour la plupart en Afrique et en Asie. Ceux de ces conflits qui ravagent la Côte-d'Ivoire, le Darfour, le Cachemire, le Congo, le Sri Lanka sont les plus meurtriers. Le Congo en est à 3 millions de morts.

Si ces nations ne sont pas capables d'organiser leurs partitions dans le calme, comme le firent l'URSS et la Tchécoslovaquie en 1992, on ira vers des guerres civiles, qui se concluront par la création d'États nouveaux, comme en Inde ou en Yougoslavie, ou par la ruine générale, comme au Rwanda, en Transnistrie, en Somalie, en Côte-d'Ivoire ou en Éthiopie. Des conflits de ce genre se déclencheront au Congo, en Russie, en Asie centrale (entre Russie, Géorgie, Arménie, Turquie et Iran), au Sénégal, en Inde, en Chine, en Indonésie, aux Philippines. Le Nigeria connaîtra sans doute le pire de ces affrontements entre Ibos et Haoussas.

D'autres conflits du même genre pourraient avoir lieu entre divers groupes à l'intérieur des pays développés. Des villes s'y déclareront même en sécession ; des minorités ethniques ou linguistiques revendiqueront leur indépendance ; des partages de territoires s'y passeront mal.

Il faut ainsi s'attendre à de très nombreuses guerres civiles et donc, comme à chaque fois, à la désignation de boucs émissaires à éliminer. Comme à chaque fois, seront alors perpétrés des génocides, avec les armes les plus sommaires. Trois au moins de ces massacres se sont déjà déroulés au XXe siècle : contre les Arméniens, les juifs et les Tutsis. Beaucoup d'autres auront lieu au XXIe siècle. Et ceux qui ne veulent pas y croire n'ont qu'à se souvenir que personne en 1938 ne pensait possible la Shoah.

Guerres d'influence

Comme par le passé, certains pays iront aussi jusqu'à faire la guerre à leurs voisins pour tenir leur rang et détourner leurs opinions de préoccupations internes ou pour mener un combat idéologique ou religieux.

Ainsi l'Iran ou le Pakistan pourraient se lancer dans la guerre pour prendre le contrôle de la région allant de la Palestine à la frontière chinoise ; le Nigeria pourrait vouloir contrôler les matières premières environnantes en occupant ses voisins ; le Kazakhstan pourrait se battre pour contrôler l'ensemble des régions turcophones qu'il disputerait à la Turquie ; comme ce fut souvent le cas, la Russie pourrait faire la guerre pour ne pas être encerclée, cette fois par les alliés asiatiques des États-Unis, par la Chine et par l'islam ; la Chine pourrait entrer en conflit pour reprendre Taïwan, pour contrôler le Kazakhstan, pour occuper la Sibérie, pour mettre au pas son rival japonais, ou pour permettre à un parti unique menacé de conserver le pouvoir ; les États-Unis pourraient entrer en guerre pour défendre Taïwan, ou Israël, ou l'Europe contre des armes pointées depuis l'Iran, l'Égypte ou le Maghreb ; l'Inde pourrait partir au combat pour contrôler des régions frontalières et détruire les bases arrière de rebelles musulmans ; l'Indonésie pourrait être tentée d'occuper les vastes terres désertes d'Océanie ; l'Australie pourrait entrer en guerre pour repousser les ambitions de ses voisins. Enfin, de très anciens conflits d'ambitions, aujourd'hui totalement inconcevables, pourraient redevenir d'actualité : entre la Grèce et la Turquie, ou entre le Mexique et les États-Unis, si l'un ou l'autre de ces pays devenait un jour une dictature.

Guerres entre pirates et sédentaires

De tout temps, des pirates ont attaqué des sédentaires, au nom de l'argent, de la foi, de la misère, d'une idéologie ou d'une ambition nationale, avec peu de moyens et sans montrer aucun respect pour la vie humaine. L'Empire romain en est mort, l'Ordre marchand risque d'y succomber.

Sur toutes les mers, comme dans l'Antiquité la plus reculée, la piraterie, criminelle ou politique, continuera de faire la loi et d'interrompre les relations entre les sédentaires. D'après les rares statistiques disponibles, la piraterie maritime aurait ainsi quadruplé de 1995 à 2006 ; elle continuera d'augmenter, en particulier autour du détroit de Malacca par où transite près de la moitié du commerce pétrolier mondial, et aux Caraïbes où circulent de plus en plus de bateaux chargés de drogue. La Méditerranée redeviendra elle aussi un lieu majeur d'exactions. Celles-ci auront également lieu sur les axes traversant les déserts et dans les quartiers populeux des grandes villes du Sud comme du Nord.

La piraterie continuera aussi de s'en prendre aux lieux de tourisme de masse des nomades virtuels. Tout ce qui se déplace sera considéré par les pirates à la fois comme une cible et comme une arme : avion, camion, train, bateau et tous les réseaux de communication.

Les pirates – religieux, nihilistes, ou seulement criminels – frapperont les sédentaires par surprise, pour faire peur, cherchant non seulement à rafler un butin, mais aussi à couper les lignes, à fermer les détroits, à arrêter les échanges, le commerce, le tourisme, la circulation. Ils attaqueront les terres – réelles et virtuelles – de l'Empire avec des virus – réels et virtuels –, transformant les premières victimes en armes nomades qui sèmeront la mort autour d'elles. Ils chercheront à désarticuler les systèmes de surveillance, effraieront les sédentaires pour qu'ils cessent totalement de se déplacer, d'entreprendre, de créer, de se distraire, et qu'ils s'enferment dans leurs bunkers.

Ils utiliseront toutes les armes des entreprises modernes, avec des avant-gardes, des groupes locaux, des « cirques » et des « théâtres ».

Certains de ces pirates – et pas seulement parmi les mouvements d'inspiration religieuse – recourront aux attentats-suicides : les premiers attentats de ce genre furent le fait de nihilistes russes à la fin du XIXe siècle, puis de l'armée japonaise pendant la Seconde Guerre mondiale, plus récemment d'indépendantistes tamouls au Sri Lanka. Des mafias s'en sont aussi déjà servies en actionnant des bombes humaines involontaires. Des terroristes islamistes en ont utilisé en Europe et au Moyen-Orient, en particulier au Liban et en Israël. Les attentats au Kenya en 2000, à New York le 11 septembre 2001, puis à Casablanca, à Madrid et à Londres s'inscrivent dans cette histoire, sans constituer ni une rupture ni un changement de nature.

Un jour, peut-être moins éloigné qu'on ne le croit, l'on verra aussi des pirates de misère, sans motivations théologiques, se faire sauter dans les centres-villes d'Europe. On verra aussi des convois de bateaux-suicides chargés d'enfants venus du Sud exploser en pleine Méditerranée, en direct devant les caméras de télévision.

Les maîtres du monde polycentrique, puis de l'hyperempire, tenteront de s'opposer à ces actes en transformant l'Alliance militaire défensive en une organisation de police mondiale. Des mercenaires à la solde de l'Alliance détruiront les bases de repli des pirates, mèneront des combats de rue dans les quartiers occupés par des bandes mafieuses, intercepteront leurs raids avant qu'ils n'atteignent leurs cibles. Ils les feront s'entre-tuer et retourneront contre eux la colère des infranomades. Les populations civiles seront prises entre tous ces feux.

À ce rythme, encore une fois, ce n'est pas l'Afrique de demain qui ressemblera un jour à l'Occident d'aujourd'hui, mais l'Occident tout entier qui pourrait demain faire songer à l'Afrique d'aujourd'hui.

L'hyperconflit

Quand se défera le monde polycentrique, quand tenteront de s'installer des corsaires, des pirates, des armées privées, des mercenaires, des terroristes, les régimes totalitaires s'entre-tueront, sans reconnaître aucune loi de la guerre ni aucun arbitre. Des pays du Nord s'associeront à des pays du Sud ; des terroristes islamistes s'allieront à des cartels de la drogue. Il y aura à la fois des guerres chaudes et froides, des guerres privées et étatiques. Polices et armées se confondront sans plus respecter les moindres lois de la guerre. Les populations civiles seront des proies qu'atteindront toutes les armes de destruction massive. Les religions du Livre s'opposeront entre elles, pour la plus grande gloire de leurs adversaires. Certains théologiens y verront le signe du déclenchement de la bataille marquant, dans la Bible, la fin des temps. Celle qui doit déboucher pour les juifs sur la venue du Messie ; pour les chrétiens, sur son retour ; pour certains musulmans, sur celui de l'Imam caché ; pour les hindouistes, par l'avènement de Kalki, dixième incarnation de

357

Vishnu. Dans tous les cas, diront-ils, elle se terminera par la victoire du bien sur le mal.

Si, une fois l'hyperempire en place, toutes ces sources de conflit se conjoignent un jour en une seule bataille, si tous les acteurs dont il a été question jusqu'ici trouvent quelque intérêt à entrer l'un après l'autre dans un même affrontement, se déclenchera alors un *hyperconflit*.

Son déclenchement pourrait avoir lieu à Taïwan, au Mexique ou au Moyen-Orient, tous lieux de confluence des principaux conflits reposant sur l'eau, le pétrole, les religions, la démographie, l'écart Nord/Sud, la contestation de frontières.

Il pourrait aussi partir d'une attaque éclair contre l'Occident d'un Iran allié au Pakistan, devenus l'un et l'autre puissances nucléaires islamiques.

Aucune institution ne serait plus alors capable de négocier des compromis ni d'enrayer l'engrenage. Le monde deviendrait un immense champ de bataille où s'entrechoqueraient nations, peuples mercenaires, terroristes, pirates, démocraties, dictatures, tribus, mafias nomades, groupes religieux, se battant les uns pour l'argent, les autres pour la foi, le sol ou la liberté.

Toutes les armes dont il a été question plus haut seront alors utilisées. L'humanité, qui dispose depuis les années 1960 des moyens nucléaires de se suicider, les utilisera. Il n'y aura plus personne pour écrire l'Histoire, qui n'est jamais que la raison du plus fort.

Rien là d'impossible : la tragédie de l'homme est que, lorsqu'il peut faire quelque chose, il finit toujours par le faire.

Pourtant, bien avant que l'humanité n'ait ainsi mis fin à son histoire – du moins voudrais-je le croire –, l'échec de l'hyperempire et la menace de l'hyperconflit conduiront les démocraties à trouver assez de ressort pour vaincre les pirates et repousser leurs propres pulsions de mort.

Les armées de l'Alliance balaieront les dictateurs ; les cartels de la drogue seront maîtrisés ; les grandes entreprises ne joueront plus leur avenir sur la croissance des commandes militaires ; toutes les religions s'apaiseront et deviendront des forces de paix, de raison et de tolérance. Des forces nouvelles, déjà à l'œuvre, prendront le pouvoir afin de créer un monde juste, apaisé, rassemblé, fraternel.

Alors, comme après la chute de l'Empire romain, renaîtront – sur les ruines d'un passé prometteur gâché par une trop longue série d'erreurs – une formidable envie de vivre, de joyeux métissages et des transgressions jubilatoires. En surgiront de nouvelles civilisations, faites des résidus des nations exsangues et de l'hyperempire en déshérence, nourries de valeurs nouvelles.

Une démocratie planétaire s'installera, limitant les pouvoirs du marché. Elle tentera de gagner d'autres guerres, beaucoup plus urgentes : contre la folie des hommes, contre le dérèglement climatique, contre les maladies mortelles, l'aliénation, l'exploitation et la misère.

Se lèvera alors la troisième vague de l'avenir, celle de l'*hyperdémocratie*. Voici l'esquisse de son histoire.

6

Troisième vague de l'avenir :
l'hyperdémocratie

À la fin de son dernier livre, rédigé en 1875, *Critique du programme de Gotha*, Karl Marx écrit cette phrase mystérieuse, en latin : « *Dixi et salvavi animam meam* » (« Je ne dis ça que pour sauver mon âme »). Comme s'il voulait faire comprendre à ses lecteurs que le programme politique qu'il venait de proposer aux socialistes allemands n'avait, à ses yeux, pas la moindre chance d'être appliqué ; comme s'il pensait que personne, jamais, n'aurait le courage, ni les moyens, de maîtriser le capitalisme et ses conséquences, à la fois enthousiasmantes et suicidaires.

Aujourd'hui, au moment où les démocraties de marché ont parcouru une grande partie du chemin prévu par l'auteur du *Capital*, et alors que le socialisme s'est fourvoyé dans bien des impasses prévues et dénoncées par Marx, la survie durable d'une humanité libre, heureuse, diverse, équitable, soucieuse de dignité et de respect, paraît impossible. Il semble même vain d'y réfléchir.

Et pourtant : quand, en 1516, Thomas More rêvait de faire élire les dirigeants d'Utopia, sa cité imaginaire, il n'imaginait pas que les ministres de son propre pays seraient, quatre siècles plus tard, élus par le peuple tout entier. De même, quand, en juillet 1914, Jean Jaurès imaginait une Europe libre, démocratique, pacifique et rassemblée, rien ne permettait d'espérer que telle serait la situation du Vieux Continent moins de quatre-vingts ans plus tard.

Il faut aujourd'hui oser faire le même acte de foi en l'avenir. Tenter une nouvelle fois de montrer que l'humanité n'est pas condamnée à se détruire ; ni par le marché, ni par la science, ni par la guerre, ni surtout par la bêtise et la méchanceté.

Tout annonce une transformation progressive de l'homme en objet, une amplification des injustices, de la précarité, de la violence ; tout indique même que nous entrons dans une sombre avant-guerre : les nations les plus sophistiquées réagissent à la barbarie par la barbarie, à la peur par l'égoïsme, à la terreur par les représailles. Il semble donc raisonnable de se résigner à admettre que l'homme n'est qu'un monstre, et que notre monde ne pourra jamais devenir une démocratie planétaire, tolérante, pacifique, diverse mais rassemblée. Pourtant, une telle dynamique est en marche : Le bien, après le marché et la guerre. Jupiter après Quirinus et Mars.

Pour sauver l'humanité de ses démons, cette troisième vague de l'avenir devra évidemment déferler avant que l'une ou l'autre des deux premières n'aient mis fin, chacune à sa façon, à l'espèce humaine.

Pour imaginer comment un tel avenir pourrait advenir à temps, il faut oser, comme les visionnaires d'antan, regarder très loin, bien au-delà de l'actuelle suprématie de l'Empire américain, de l'émergence menaçante de l'ordre polycentrique, de l'hyperempire et des innombrables conflits qui s'ensuivront. On comprendra alors que ce que je nomme ici l'*hyperdémocratie* s'inscrit tout naturellement dans cette histoire de l'avenir ; on verra que bien des forces sont déjà, souterrainement, en train d'en établir les fondations, et qu'il ne dépend que de nous, aujourd'hui, qu'elle devienne, dans quelques décennies, la réalité du monde.

Le choc démocratique

Comme à l'aube de toute révolution majeure, il nous appartient d'abord d'en mesurer l'urgence, d'en nommer les acteurs, d'en définir les valeurs et d'en imaginer les institutions, dans la modestie du quotidien et la démesure de l'idéal.

Maintes forces positives poussent dès aujourd'hui à l'instauration d'un monde vivable pour tous : les vertigineuses découvertes des sciences, les formidables progrès des techniques feront de plus en plus prendre conscience à un nombre croissant de gens que le monde est un village, que l'abondance est possible, qu'il est possible à tous de vivre bien plus longtemps et bien mieux.

On pourrait en particulier en déduire, rationnellement, que le climat peut être stabilisé, que l'eau et l'énergie peuvent abonder, que l'obésité et la misère peuvent disparaître, que la non-violence est possible, que la prospérité pour tous est réaliste, que la démocratie peut devenir universelle, que les entreprises peuvent servir le bien commun ; qu'il est même envisageable de protéger toutes les différences et d'en créer d'autres.

Et pourtant, la prise de conscience de ces potentialités ne suffirait pas à empêcher l'avènement de l'hyperempire ni à éviter l'hyperconflit : l'homme n'a jamais rien bâti sur de bonnes nouvelles.

En revanche, quelques catastrophes annoncées démontreront crûment aux plus sceptiques que notre mode de vie actuel ne peut perdurer : le bouleversement du climat, l'écart croissant entre les plus riches et les plus pauvres, l'augmentation de l'obésité et de l'usage des drogues, l'emprise de la violence dans la vie quotidienne, les actes terroristes de plus en plus terrifiants, l'impossible bunkerisation des riches, la médiocrité du spectacle, la dictature des assurances, l'envahissement du temps par les marchandises, le manque d'eau et de pétrole, la montée de la délinquance urbaine, les crises financières de plus en plus rapprochées, les vagues d'immigration échouant sur nos plages, d'abord main tendue puis le poing levé, les technologies de plus en plus meurtrières et sélectives, les guerres de plus en plus folles, la misère morale des plus riches, le vertige de l'autosurveillance et du clonage, viendront un jour réveiller les dormeurs les plus profondément assoupis. Les désastres seront, une fois de plus, les meilleurs avocats du changement.

Comme à la fin de chaque grande guerre, on parlera alors, encore une fois, de tirer des leçons du passé, de pardonner sans oublier, de reconstruire le monde autrement, d'en finir à jamais avec la violence. Des gens de toutes conditions, de toutes nationalités, de toutes cultures et obédiences réfléchiront aux conditions d'une survie durable de l'humanité. On comprendra que ni l'hyperempire ni l'hyperconflit ne peuvent créer un monde voué à durer. Des projets politiques surgiront de partout pour régler les contentieux frontaliers, rendre compatibles les multiples revendications nationales sur un même sol, apprendre aux gens à vivre sereinement avec eux-mêmes et avec les autres.

Ces projets utopistes seront peut-être récupérés un temps par des dictateurs rêvant de fonder un empire apaisé et planétaire. Une nouvelle idéologie totalitaire, englobante, rassurante, messianique, religieuse ou laïque, aura sans doute son prophète, son livre, ses prêtres, ses policiers, ses bûchers. Puis une nouvelle organisation harmonieuse du monde verra le jour : elle ne sera d'abord qu'une cohabitation planétaire du marché et de la démocratie. Peu après, ils seront l'un et l'autre dépassés par ce que je nomme ici l'*hyperdémocratie.*

Pour comprendre ce pronostic, il me faut introduire ici de nouveaux concepts :

Des acteurs d'avant-garde, que je nommerai les *transhumains*, animeront – animent déjà – des *entreprises relationnelles* où le profit ne sera plus qu'une contrainte, et non une finalité. Chacun des transhumains sera altruiste, citoyen de la planète, nomade et sédentaire à la fois, égal en droits et en devoirs à son voisin, hospitalier et respectueux du monde. Ensemble, ils feront naître des institutions planétaires et réorienteront les entreprises industrielles. Elles développeront, pour le bien-être de chaque individu, des *biens essentiels* (le plus important sera le *bon temps*), et pour le bien-être de tous un *bien commun* (dont la dimension principale sera une *intelligence collective*).

Puis, au-delà même d'un nouvel équilibre mondial entre marché et démocratie, entre services publics et entreprises, les transhumains feront naître un nouvel ordre d'abondance dont le marché sera peu à peu exclu au profit de l'économie relationnelle.

Tout cela peut paraître totalement improbable. Aucun des acteurs de ces changements ne semblent même exister. Là encore, ce n'est pas la première fois : quand, en janvier 1848, Marx parlait de la victoire prochaine de la bourgeoisie et de la force à venir de la classe ouvrière, il n'existait en fait en Europe, pratiquement ni bourgeoisie ni classe ouvrière. Il avait détecté, avant même qu'ils surgissent, les futurs acteurs de l'Histoire. Telle est encore la tâche d'aujourd'hui.

L'avant-garde de l'hyperdémocratie : transhumains et entreprises relationnelles

Quand un convoi est en marche, l'avant-garde compte beaucoup plus que les généraux se prélassant au milieu de leurs troupes. L'Histoire ne bifurque que quand des êtres aventureux, soucieux de la sauvegarde de leur liberté et de la défense de leurs valeurs, font – en général pour leur plus grand malheur – avancer la cause des hommes. Dans l'Ordre marchand, cette avant-garde fut jusqu'ici composée, on l'a vu de « cœur » en « cœur » par ce que j'ai nommé la *classe créative* : entrepreneurs, inventeurs, artistes, financiers, dirigeants politiques.

À l'avenir, une partie de cette classe, réunissant des individus particulièrement sensibles à cette histoire de l'avenir, comprendront que leur bonheur dépend de celui des autres, que l'espèce humaine ne survivra que rassemblée et pacifique. Ils cesseront d'appartenir à la classe créative marchande et refuseront de se mettre au service des pirates. Ils deviendront ce que je nomme ici les *transhumains*.

Altruistes, conscients de l'histoire de l'avenir, concernés par le sort de leurs contemporains et de leurs descendants, soucieux d'aider, de comprendre, de laisser après eux un monde meilleur, les transhumains ne se contenteront ni de l'égoïsme des hypernomades ni du désir de détruire des pirates. Ils ne se croiront pas propriétaires du monde, admettront qu'ils n'en ont que l'usufruit. Ils seront prêts à mettre en pratique les vertus du sédentaire (vigilance, hospitalité, sens du long terme) et celles du nomade (entêtement, mémoire et intuition). Ils se sentiront à la fois citoyens du monde et membres de plusieurs communautés ; leurs nationalités seront celles des langues qu'ils parleront, et non plus seulement des pays qu'ils habiteront. Pour eux, la rébellion contre l'inéluctable sera la règle, l'insolence de l'optimisme sera la morale, la fraternité servira d'ambition. Ils trouveront leur bonheur dans le plaisir de faire plaisir, en particulier aux enfants dont ils se sauront responsables. Ils réapprendront que transmettre est le propre de l'homme.

Les femmes seront plus aisément transhumaines que les hommes : trouver son plaisir à faire plaisir est le propre de la maternité. La montée progressive des femmes dans toutes les dimensions de l'économie et de la société, en particulier par la microfinance, multipliera les transhumains. Parmi les transhumains d'aujourd'hui, on pourrait citer à la fois Melinda Gates et mère Teresa ; on trouvera aussi parmi eux des milliardaires ayant confié l'essentiel de leur fortune à une fondation, des innovateurs sociaux, des professeurs, des créateurs, des religieux, des laïcs, et des gens de bonne volonté, tout simplement. Des gens pour qui autrui est une valeur en soi.

Alors que, dans le monde de la rareté, c'est-à-dire dans le marché, autrui est un rival (l'ennemi qui vient disputer les biens rares, celui contre qui se construit la liberté et avec qui il ne faut partager aucun savoir), l'autre sera d'abord pour le trans-humain le témoin de sa propre existence, le moyen de vérifier qu'il n'est pas seul. L'autre lui permettra de parler, transmettre, se montrer généreux, amou-reux, de se dépasser, de créer plus que pour ses propres besoins et plus que ce qu'il se croit capable de créer. L'autre lui permettra de comprendre que l'amour d'autrui, et donc d'abord de soi-même, est la condition de la survie de l'humanité.

Les transhumains mettront en place, à côté de l'économie de marché où chacun se mesure à l'autre, une économie de l'altruisme, de la mise à disposition gratuite, du don réciproque, du service public, de l'intérêt général. Cette économie que je nomme « relationnelle » n'obéira pas aux lois de la rareté : donner du savoir n'en prive pas celui qui le donne. Elle permettra de produire et d'échanger des services réellement gratuits – de distraction, de santé, d'éducation, de relations, etc. –, que chacun jugera bon d'offrir à l'autre et de produire sans autre rémunération que la considération, la reconnaissance, la fête. Des services non rares, car plus on donne, plus on reçoit. Plus on donne, plus on a le désir et les moyens de donner. Travailler deviendra, même dans l'économie relationnelle, un plaisir sans contraintes.

On peut aussi espérer le renforcement des États, la socialisation des dépenses sociales, l'amélioration des capacités des armées de lutter contre la piraterie, de meilleurs systèmes de droit à la propriété, la généralisation, pour les plus pauvres, de produits fabriqués par le marché, du vêtement au logement, de l'alimentation au téléphone, du crédit à l'assurance.

Les transhumains formeront une nouvelle classe créative, porteurs d'innovations sociales et artistiques et non plus seulement marchandes.

Les transhumains mettront au point les outils de leur action : comme les animateurs du marché créent des entreprises industrielles, allocataires de ressources rares, les transhumains animeront des *entreprises relationnelles*, allocatrices de ressources pour l'essentiel illimitées. Leur finalité sera d'améliorer le sort du monde, en traitant les problèmes que le marché ne pourra résoudre, en contrebalançant la mondialisation du marché par celle de la démocratie. Dans ces entreprises, le profit ne sera qu'une contrainte nécessaire à la survie, non une finalité.

Partis politiques et syndicats sont les premières entreprises relationnelles. La Croix-Rouge, Médecins sans frontières, Care, Greenpeace, WWF et surtout bien d'autres ONG créées au Sud ont pris la suite. Pour n'en citer qu'une au Sud, parmi les centaines de milliers qui existent, celle qui a permis à un bidonville de Lima, Villa El Salvador, de scolariser 90 % des enfants et des adultes. Ces entreprises relationnelles jouent déjà, en marge du capitalisme, le rôle que les marchands de Bruges et de Venise avaient en marge du féodalisme. On y trouvera bientôt toutes sortes d'institutions hors sol remplissant des missions civiques, médicales, écologiques ou sociales, ONG, intermédiaires de négociations diplomatiques, clubs de sports amateurs, lieux ou sites de rencontre gratuits ou de coopération. La plupart d'entre elles seront créées au Sud par des gens qui se prendront en main sans plus rien attendre de personne. Une des catégories les plus importantes d'entreprises relationnelles sera constituée par les institutions de microfinance, acteurs de plus en plus majeurs du marché, de la démocratie et de la relation.

La production des entreprises relationnelles, évaluée en termes marchands, représente d'ores et déjà environ 10 % du PIB mondial, et leur part est en très forte croissance. Elles ont déjà créé des concepts annonciateurs des valeurs de l'avenir : le droit d'ingérence, le droit à l'enfance, le droit à la dignité. Elles sont aussi à l'origine de la plupart des institutions internationales récentes : le Fonds pour le sida, le Tribunal pénal international, le Fonds mondial pour l'environnement. Grâce à ces entreprises d'un genre particulier, on commence à parler de *communauté internationale* (pour ne pas parler encore de *gouvernement mondial*), et de protection de la nature (pour ne pas parler encore de *bien commun*). Là se situent déjà les balbutiements d'une démocratie mondiale, que je nomme l'*hyperdémocratie*.

De nouvelles entreprises relationnelles apparaîtront, en particulier dans la gestion des villes, dans l'éducation, la santé, la lutte contre la pauvreté, la gestion de l'environnement, la protection de la femme, le commerce équitable, l'alimentation équilibrée, la valorisation du gratuit, la réinsertion sociale, la lutte contre la drogue et la surveillance des surveilleurs. Elles se substitueront à des entreprises privées et à des services publics ; elles prendront en charge la prévention des maladies, la réinsertion des marginaux, l'organisation de l'accès des plus faibles aux biens essentiels, en particulier à l'éducation, la résolution des conflits. Dans ces entreprises, de nouveaux métiers apparaîtront. Une nouvelle attitude à l'égard du travail s'y développera, consistant à trouver du plaisir à donner : à faire sourire, à transmettre, soulager, consoler.

Ensemble, ces entreprises relationnelles constitueront une nouvelle économie, aussi marginale aujourd'hui que l'était le capitalisme au début du XIIIe siècle, et tout autant annonciatrice d'avenir.

Les institutions de l'hyperdémocratie

Avant le milieu du XXIe siècle, l'hyperdémocratie commencera à se manifester dans la réalité institutionnelle du monde. On commencera à débattre de la mise en place d'institutions planétaires cohérentes, permettant à l'humanité de ne pas succomber sous les coups de l'hyperempire et d'éviter les ravages de l'hyperconflit.

Il ne servirait à rien de vouloir décrire ces institutions futures en détail : trop de temps s'écoulera avant que leur heure n'advienne ; trop d'orages éclateront, trop de technologies se feront jour. Trop de surprises aussi viendront détourner, momentanément, le cours de l'Histoire.

On peut cependant en dessiner les grands traits, sans trop risquer de se tromper, à partir de l'histoire passée et des deux premières vagues de l'avenir.

Ces institutions seront constituées d'un empilement d'organisations locales, nationales, continentales et mondiales. En leur sein, chaque être humain vaudra et influera autant qu'un autre.

La ville sera le principal lieu de vie de l'essentiel de l'humanité. Des centaines de villes seront plus peuplées qu'une centaine de pays d'aujourd'hui. Alors que plus des deux tiers des humains y vivront, des sommes gigantesques devront être consacrées à leur infrastructure. La ville sera le cadre des plus importants investissements collectifs et le premier collecteur d'impôt. C'est là que se concentrera l'essentiel de l'action politique à venir. L'urbanisme deviendra une science majeure. L'infrastructure numérique aidera à faire de la ville un lieu de rencontres, d'échanges, de vie. Une démocratie participative et associative y associera, par les technologies de l'ubiquité nomade, tous ceux qui y résideront, qui y travailleront, qui en seront les usagers ou qui seront d'une façon ou d'une autre affectés par son devenir. Des quartiers s'érigeront en autogestion.

Les États, pour résister aux attaques des marchés, devront se concentrer sur quelques fonctions souveraines : la sécurité, la tranquillité publique, la liberté, la défense de la langue, l'accès de tous, résidents durables ou de passage, aux soins et au savoir, le droit à un revenu minimum de formation. Pour remplir équitablement ces fonctions, les États, comme les villes, seront subventionnés, si nécessaire, par l'échelon continental voire planétaire. Les frontières s'effaceront. Chacun sera citoyen de plusieurs entités à la fois et il deviendra possible de défendre ses identités sans vouloir détruire celles du voisin. Les nations réussiront peu à peu à trouver des conditions d'un voisinage apaisé. De nouvelles formes de contrôle démocratique apparaîtront, fondées sur des agences autonomes de notation, surveillant en permanence le travail des élus, grâce aux techniques de l'ubiquité nomade et de l'hypersurveillance.

Chaque continent ou sous-continent regroupera les démocraties de marché qui s'y trouvent en une Union, comme le fait déjà l'Union européenne. Chaque Union aura la responsabilité de la monnaie, de la transparence des marchés, de l'harmonisation des conditions sociales, de la protection de l'environnement, de la sécurité intérieure, de la protection sociale, de la santé, de l'éducation, de l'immigration, de la politique étrangère et de la défense de l'espace commun. Elle devra se doter d'un parlement et d'un gouvernement continentaux. Elle devra aussi disposer, comme c'est déjà le cas en Europe, d'une instance de résolution des conflits entre nations du même continent. Un tel avenir devrait en particulier devenir possible au Moyen-Orient qui devra un jour rassembler toutes les nations, y compris Israël et la Palestine, en une Union régionale. L'Union européenne, avant-garde de l'hyperdémocratie, deviendra une nation d'un genre nouveau, allant sans doute un jour jusqu'à la Turquie et la Russie. C'est là que les conditions d'un équilibre entre marché et démocratie seront les mieux réunies. C'est en Europe que commencera l'hyperdémocratie.

À l'échelle mondiale devront être créées, seront créées, de nouvelles institutions, dans le prolongement de celles qui existent déjà. L'Organisation des Nations unies en sera la base. Une Constitution de la planète reprendra, en l'élargissant, la Charte actuelle des Nations unies. Elle devra pour cela prendre une dimension supranationale et non plus seulement multilatérale. Son préambule regroupera tous les droits et devoirs de chaque humain à l'égard de la nature, des autres humains et de la vie ; il inclura des droits nouveaux non prévus par la Charte actuelle ; il prévoira en particulier le nouveau droit, essentiel, fondateur, à une enfance, ce qui impliquera un devoir de parenté. D'autres droits et devoirs imposeront la protection de la vie, de la nature, de la diversité, et fixeront des frontières infranchissables au marché.

L'Assemblée générale de l'ONU, où se retrouveront des États de plus en plus nombreux, sera progressivement épaulée, d'abord par une deuxième chambre, où des élus au suffrage universel représenteront chacun un nombre égal d'êtres humains, puis par une troisième, où se retrouveront les entreprises marchandes et relationnelles. Ce Parlement planétaire lèvera des impôts planétaires, dont l'assiette sera composée du PIB de chaque pays, de ses dépenses en armements et de ses émissions de gaz à effet de serre.

Le Conseil de sécurité de l'ONU fusionnera avec le G8 et s'élargira à quelques-uns des Onze, dont l'Inde, le Brésil et l'Indonésie. Il sera ensuite composé des seuls représentants des Unions continentales.

Le Conseil de sécurité servira d'organe de contrôle d'un gouvernement planétaire constitué autour de l'actuel secrétaire général. Ce gouvernement planétaire consacrera à la protection de l'humanité beaucoup plus de ressources que ne le font aujourd'hui tous les gouvernements de la planète. Il dictera des normes sociales, tel le principe du meilleur régime social mondial, qu'il imposera progressivement à l'échelle du globe à toutes les entreprises. Il se donnera les moyens de les faire respecter.

Les institutions financières internationales, comme l'Organisation mondiale du commerce et l'Organisation internationale du travail, seront placées directement sous sa tutelle, pour ne plus obéir seulement aux instructions des pays les plus riches. Ce gouvernement planétaire se donnera les moyens militaires de lutter contre les mafias, le trafic de drogue, l'exploitation sexuelle, l'esclavage, le dérèglement climatique, le déversement des déchets et les attaques (accidentelles, terroristes ou militaires) par des nano-robots et autres pathogènes autorépliquants, qui pourraient détruire la biomasse : une *gelée bleue* (arme nanotechnologique absolue) entre les seules mains du gouvernement planétaire pour combattre la *gelée grise*. Une force planétaire d'assistance et de sécurité, dotée des meilleurs équipements, dont il a été question plus haut, protégera l'environnement et luttera contre les pirates.

Progressivement, pour appuyer ce gouvernement mondial, de nouvelles instances de contrôle, de défense et de régulation se mettront en place, à partir des instances de gouvernance de l'hyperempire et de celles des entreprises relationnelles : un Tribunal pénal planétaire assurera la compatibilité des juris-prudences élaborées dans chaque continent et jugera les principaux pirates ; une Agence mondiale de l'eau protégera sa disponibilité ; une instance universelle des marchés contrôlera les monopoles et le respect du droit du travail. Une autre instance contrôlera la qualité des produits de consommation, en particulier alimentaires. Une autre contrôlera les principales compagnies d'assurances, les autres organes de gouvernance et les très grandes entreprises essentielles à la vie ; cette instance aura les moyens de lutter contre l'économie pirate et de défendre la propriété intellectuelle et matérielle.

Une Banque centrale assurera la stabilité des principales monnaies, puis gérera une monnaie unique ; elle exclura de la communauté financière internationale toute institution permettant de blanchir l'argent de la drogue. Une Banque de développement planétaire financera les grandes infrastructures des villes et des pays qui respecteront la Constitution planétaire ; elle soutiendra les pays qui convertiront leur économie dépendant de la drogue ou du crime organisé et les confortera dans leur lutte contre les pirates. Une institution spécifique aidera à structurer les entreprises relationnelles et à vérifier qu'elles ne sont pas le masque d'institutions pirates ou terroristes. Une autre institution planétaire aidera en particulier à développer la microfinance.

Les sièges de ces institutions n'auront évidemment pas à être tous installés dans le même lieu – même s'il a été question, plus haut, de Jérusalem pour certaines d'entre elles. Leur existence pourra être aussi nomade que l'hyperempire qu'elles auront la charge d'équilibrer.

La place du marché
dans l'hyperdémocratie

Marché et démocratie retrouveront ainsi peu à peu un équilibre planétaire. D'une part, les institutions de l'hyperdémocratie permettront au marché de fonctionner de façon efficace et d'éviter le sous-emploi des capacités de production en lançant des grands travaux mondiaux d'infrastructure urbaine, d'énergie et de numérique. D'autre part, régulé et mondialisé, le marché ne cherchera plus à pénétrer le sanctuaire de la démocratie. Il trouvera même son intérêt à développer des outils au service de la démocratie, à créer des infrastructures urbaines, des produits contre la pollution, contre l'obésité et pour les plus pauvres. De nouvelles technologies rendront ainsi possible une nouvelle abondance en énergie et en eau dans un environnement protégé et un climat apaisé ; des architectes et des urbanistes inventeront des villes à taille humaine ; des artistes feront prendre conscience que la beauté du monde mérite qu'on la protège et développe.

Le microcrédit dominera le système bancaire ; des entreprises relationnelles marchandes (c'est-à-dire ayant le profit pour finalité et la relation comme produit) fourniront des services personnels (de la santé à l'éducation en passant par les loisirs), des services à domicile (garde d'enfants, aide aux populations en difficulté). Les marchés réorienteront le progrès technique vers les industries de la santé, en particulier alimentaire, du savoir et de l'environnement. Ils valoriseront plus le temps vécu que le temps stocké, les services plus que les produits industriels. Ils rendront gratuit le spectacle du temps stocké et payant le spectacle vivant. Le cinéma deviendra gratuit, et les cinéphiles paieront pour voir les mêmes comédiens sur une scène de théâtre. Les fichiers musicaux seront gratuits, et les mélomanes paieront pour assister aux concerts ; les livres et journaux deviendront gratuits, et les lecteurs paieront les éditeurs pour entendre des conférences et débattre avec les auteurs. La gratuité s'étendra à tous les domaines essentiels à la vie.

L'économie relationnelle et l'économie de marché auront chacune intérêt au succès de l'autre : l'économie relationnelle aura intérêt à ce que le marché soit le plus efficace possible ; réciproquement, l'efficacité du marché dépendra de manière cruciale du climat social engendré par l'économie relationnelle. Enfin, les grandes entreprises du marché seront de plus en plus jugées par leurs actionnaires eux-mêmes, sur leur capacité à servir l'intérêt général, à promouvoir les activités relationnelles.

Le résultat collectif de l'hyperdémocratie : le bien commun, dont l'intelligence universelle

L'hyperdémocratie développera un *bien commun*, qui créera de l'*intelligence collective*.

Le bien commun de l'humanité, finalité collective de l'hyperdémocratie, ne sera ni la grandeur, ni la richesse, ni même le bonheur, mais la protection de l'ensemble des éléments qui rendent possible et digne la vie : climat, air, eau, liberté, démocratie, cultures, langues, savoirs... Ce bien commun sera comme une bibliothèque à maintenir, un parc naturel, à transmettre après l'avoir cultivé et enrichi sans l'avoir modifié de façon irréversible. La façon dont la Namibie entretient sa faune, dont la France entretient ses forêts ou dont certains peuples protègent leur culture donne une idée de ce que pourrait être une conception avancée du bien commun. Celui-ci ne saurait être ni un enjeu du marché, ni la propriété des États, ni un bien multilatéral ; ce devra être un bien supranational.

L'essentiel de la dimension intellectuelle du bien commun sera constitué par une *intelligence universelle* propre à l'espèce humaine, différente de la somme des intelligences des humains.

L'intelligence collective d'un groupe n'est pas la somme des savoirs de ses membres, ni même la somme de leurs aptitudes à penser ; c'est une intelligence propre, qui pense autrement que chacun des membres du groupe. Ainsi, un réseau neuronal fait de cellules devient une machine à apprendre, un réseau téléphonique remplit d'autres fonctions que celles de chacun des centraux ; un ordinateur réfléchit différemment de chaque microprocesseur ; une ville est un être distinct de chacun de ses habitants ; un orchestre est autre chose que l'addition de ses musiciens ; un spectacle d'une autre nature que le rôle tenu par chacun des acteurs ; les résultats d'une recherche valent plus que l'apport de chacun des chercheurs qui la mènent. Toute intelligence collective est le résultat de ponts, de liens entre les intelligences individuelles, nécessaires pour créer du neuf.

L'humanité crée, de la même façon, une intelligence collective, universelle, distincte de la somme des intelligences particulières des êtres qui la composent et distincte des intelligences collectives des groupes ou des nations.

La finalité de cette intelligence universelle ne sera pas d'ordre utilitaire. Elle sera inconnaissable, gratuite. Elle pourra se traduire en diverses œuvres : d'innombrables réseaux coopératifs planétaires permettront de créer des corpus de savoir et des œuvres d'art universelles, transcendant les savoirs et les œuvres de tous de ceux qui y auront participé. Cette intelligence universelle existe en fait, à l'état embryonnaire, depuis toujours. Elle a permis à l'humanité de survivre en s'adaptant. Elle se développe de plus en plus vite avec les nouvelles technologies. Elle créera un rapport tout à fait nouveau à la propriété intellectuelle, qui ne pourra plus être absolue et devra être partagée avec l'ensemble de l'humanité, nécessaire à la créativité de chacun.

Par exemple, les développements de logiciels libres formeront une œuvre de l'intelligence universelle. De même, alors que l'encyclopédie Wikipédia n'est pour l'heure que l'agrégat des intelligences de ses auteurs, on y verra – on y voit déjà – naître, par le travail de tous, un résultat collectif différent de ce que chacun a voulu y mettre.

L'Histoire poussera ainsi à l'intégration croissante des intelligences collectives en une intelligence universelle ; elle sera aussi dotée d'une mémoire collective qui conservera et accumulera son savoir. Par sa nature, elle durera au moins aussi longtemps que l'humanité.

L'intelligence universelle pourra même concevoir un jour des machines à son propre service, défendant le bien commun pour lui-même.

L'intelligence universelle pourra ensuite faire émerger une intelligence de l'espèce, une *hyper-*

intelligence, qui agira en fonction de son propre intérêt, qui pourra différer de l'intérêt de l'intelligence
universelle d'une génération d'êtres humains. Enfin,
au degré ultime d'évolution, pourra naître – est peut-
être déjà née – une *hyperintelligence du vivant,* dont
l'humanité n'est qu'une infime composante. Cette
hyperintelligence du vivant n'agirait alors plus en
fonction du seul intérêt de l'espèce humaine.

L'histoire singulière de l'*Homo sapiens sapiens*
trouverait là son terme. Non pas dans l'anéantissement, comme dans les deux premières vagues de
l'avenir, mais bel et bien dans le dépassement.

Le résultat individuel de l'hyperdémocratie : les biens essentiels, dont le *bon temps*

L'hyperdémocratie ne réalisera pas que des
objectifs collectifs. Elle permettra aussi à chaque
être humain de réaliser des objectifs personnels,
inaccessibles par le seul marché : avoir accès à des
biens essentiels, en particulier à du *bon temps*.

J'appelle ici *biens essentiels* ceux auxquels
chaque être humain doit avoir droit pour mener une
vie digne, pour participer au bien commun. Parmi
ces biens essentiels, l'accès au savoir, au logement,
à la nourriture, aux soins, au travail, à l'eau, à l'air, à

la sécurité, à la liberté, à l'équité, à la dignité, aux réseaux, à l'enfance, au respect, au droit de quitter un lieu ou d'y rester, à la compassion, à la solitude, de vivre des passions simultanées, des sincérités parallèles, d'être entouré dans ses derniers jours.

Cela conduira à supprimer toute punition infamante, violente, ou d'enfermement.

Le principal bien essentiel sera donc l'accès au *bon temps*. Un temps où chacun vivra non pas le spectacle de la vie des autres, mais la réalité de la sienne propre. Chacun y aura la possibilité de choisir son modèle de réussite, d'épanouir ses talents, y compris ceux que chacun ne se connaît pas encore. « Prendre du bon temps » signifiera alors vivre libre, longtemps et jeune, et non pas, comme dans l'Ordre marchand, se hâter de « profiter ».

Ces deux projets – individuel et collectif – de l'hyperdémocratie se nourriront l'un l'autre : l'intelligence universelle de l'humanité augmentera avec le bon temps dont disposera chacun, et réciproquement l'intelligence universelle créera les conditions du bon temps pour chacun. Il ne pourra y avoir d'hyperdémocratie qu'entre personnes ayant accès aux biens essentiels.

Le bien commun de l'humanité sera d'autant plus élevé qu'un nombre plus élevé d'humains auront accès aux biens essentiels : comme un centre de recherche a intérêt à ce que ses chercheurs trouvent, comme les locuteurs d'une langue ont intérêt à ce que ceux qui la parlent soient le plus nombreux possible, comme une famille a intérêt à voir ses membres le plus heureux possible, chaque être humain aura intérêt à ce que les autres soient en pleine possession des moyens de leur dignité et de leur liberté, donc en bonne santé et bien formés. L'humanité aura intérêt à ce que chaque humain soit heureux de vivre ; l'altruisme deviendra l'intérêt de chacun. Être transhumain deviendra raisonnable.

Le détournement de l'hyperdémocratie

Pendant de longues décennies, l'hyperempire tentera d'empêcher l'hyperdémocratie de naître. Certains maîtres du marché, hypernomades pour la plupart, chercheront à en saper les valeurs, à empêcher d'en laisser naître les institutions, et à annihiler ses acteurs. Ils traiteront de traîtres les hypernomades transhumains. Ils leur feront peur, tenteront de les corrompre, de les faire changer de camp. Puis, sentant la force de la vague, ils essaieront de commercialiser, dans des entreprises spécialisées, des « objets nomades relationnels » : robots de compagnie, fraternités virtuelles, jeux en trois dimensions simulant l'altruisme, commerce faussement équitable. Ils vendront ce qu'ils appelleront eux aussi du « bon temps » : temps de vacances ou temps produit par des objets nomades et réplicables en série. Ils mettront sur le marché des « auto-surveilleurs » censés mesurer la capacité relationnelle. Ils inventeront aussi des prothèses relationnelles, puis des clones, « frères artificiels » permettant de disposer pour soi de réserves d'organes : le « bonheur » du clone sera d'aider le cloné à survivre.

Par ailleurs, certains maîtres de mouvements religieux, théologiens, gourous, tenteront – tentent déjà – de récupérer les concepts de l'hyperdémocratie. Ils assiéront leurs fonds de commerce sur la charité, la maîtrise du temps et du sens, la gratuité, la fraternité, l'intelligence universelle, le bon temps, le bien commun.

Certains savants expliqueront – expliquent déjà – que l'incapacité à trouver du sens au temps, à se montrer altruiste, est une maladie que des drogues ou des manipulations génétiques de leur invention pourront guérir.

Enfin, certains hommes politiques tenteront d'instaurer une dictature plus ou moins planétaire destinée à faire surgir un « homme nouveau », digne de vivre dans l'hyperdémocratie. Ils expliqueront qu'il sera même possible un jour de concevoir des êtres assez maîtres d'eux-mêmes pour être exempts du désir d'accumuler, de gaspiller, de jalouser ; des êtres heureux du bonheur des autres, programmés pour aimer être ce qu'ils sont, débarrassés même de tout désir et de tout égoïsme. En assassinant évidemment tous ceux qui, pour des raisons de classe, de religion, ou tout autre, ne seront pas dignes de cette nouvelle élite.

*

*   *

Je veux croire qu'un jour, bien avant la fin du XXIe siècle et malgré tant d'obstacles, de précipices vertigineux et de caricatures, l'hyperempire aura pris assez d'ampleur pour faire percevoir l'unité du monde sans être parvenu à détruire l'identité humaine. Je veux aussi espérer que l'hyperviolence menacera assez fortement l'humanité pour lui faire prendre conscience de la nécessité de changer radicalement d'attitude à l'égard d'elle-même. Je suis encore convaincu que les transhumains seront alors assez nombreux, et assez organisés, pour contenir la première vague de l'avenir et pour détruire la seconde.

Je veux également croire que les dictatures caricaturant l'hyperdémocratie dureront moins longtemps que celles qui ont caricaturé le socialisme. Je veux croire encore que les religions trouveront une façon de se tolérer et de s'enrichir les unes les autres.

Je veux croire enfin que l'horreur de l'avenir prédit ici contribuera à le rendre impossible.

Si tel est le cas, se dessinera, au-delà d'immenses désordres, la promesse d'une Terre hospitalière pour tous les voyageurs de la vie.

D'ici là, auront eu lieu bien des événements, pires et meilleurs que ceux imaginés ici. La beauté aura su héberger et protéger les ultimes étincelles d'humanité. On aura écrit et façonné des chefs-d'œuvre ; on aura découvert des concepts ; on aura composé des chansons. Surtout, on aura aimé. Et on aimera encore.

7

Et la France ?

La brève histoire qui précède permet de poser les questions clés qui conditionnent l'avenir de la France, comme celui de tout autre pays : comment se situe-t-elle dans la neuvième forme de l'Ordre marchand ? Comment se prépare-t-elle à la nouvelle phase de l'Empire américain, au polyordre, à l'hypersurveillance, à l'hyperempire, aux menaces de l'hyperconflit ? Disparaîtra-t-elle dans l'une des trois vagues de l'avenir ? Pourrait-elle au contraire se poster, une fois de plus, à l'avant-garde des libertés et cette fois à l'avant-garde de l'hyperdémocratie ? Saura-t-elle enfin survivre et trouver sa place dans une démocratie planétaire enfin apaisée ?

À observer de près notre pays, à partir de tout ce qui précède, les réponses à ces questions apparaîtront clairement.

La France va mal. Son économie est incertaine, sa cohésion sociale menacée, ses finances en danger, son influence internationale affaiblie.

Pourtant, demain, les candidats aux élections futures, négligeant l'histoire de l'avenir, proposeront des dépenses en plus et des impôts en moins, tout en promettant un maintien durable de la croissance et la fin du chômage. Naturellement aussi, la « rupture » avec le passé. Mais il y a et il y aura toujours tant de raisons de ne rien faire !

Jusqu'à ce que l'avenir, s'exprimant par la voix du marché et de la démocratie, se venge ; il portera le masque de la Banque centrale européenne, de la Commission de Bruxelles, de manifestations monstres dans les rues des villes françaises ou d'un vote massif en faveur des extrêmes. Sans doute même arborera-t-il, dans un carnaval bigarré, tous ces masques à la fois.

Si tel était le destin à venir, le déclin de la France aurait alors vraiment commencé : dans un monde de plus en plus dynamique, rapide, nomade, basculant dans l'ordre polycentrique, au bord de multiples guerres, la France basculerait du « milieu » vers la « périphérie ». Ultérieurement, comme toutes les autres nations, elle disparaîtrait dans l'épanouissement de l'hyperempire et les grondements de l'hyperconflit. Il serait alors trop tard pour se demander comment on en est arrivé là.

Pourtant, tout cela est prévisible et résistible. À condition de tirer les leçons de ce qui précède, en particulier de comprendre comment les années à venir détermineront en grande partie les cinquante suivantes et de se redonner des marges de manœuvre. La France pourrait alors survivre aux trois vagues de l'avenir, tenir son rang dans l'hyperdémocratie et même y devenir un modèle.

Une brève histoire de l'avenir français

Le survol de l'Histoire, au début de ce livre, nous apprend que la France a eu trois occasions de devenir la puissance dominante de l'Europe, le « cœur » même de l'Ordre marchand : aux XVIIe, XVIIIe et XIXe siècles. Elle ne l'est jamais devenue, pour au moins trois raisons.

D'une part, elle a toujours privilégié la défense de l'*agriculture*, des industries alimentaires, de la rente foncière et des intérêts bureaucratiques qui y sont liés, au détriment de l'industrie, du profit, de la mobilité, de l'innovation et des technologies du mouvement. La France a toujours vécu dans la nostalgie d'un passé magnifié, en faisant la révérence au pouvoir, dans la peur du peuple et le respect de ses castes bureaucratiques, inlassablement reconstituées. Aujourd'hui, alors que des milliards de subventions sont encore consacrés à l'agriculture, aux industries dépassées et aux services, on considère un patrimoine foncier comme noble, et une fortune industrielle suspecte.

D'autre part, la France a toujours négligé de constituer une force navale, une marine militaire et commerciale. Elle n'a pas su donner la priorité au développement d'un port en Normandie ou en Bretagne, alors que l'arrière-pays agricole et industriel, le long de la Seine jusqu'à Paris, aurait pu en faire le « cœur » de l'Atlantique ; à l'inverse, elle n'a pas su donner à Marseille, grand port de Provence, l'arrière-pays nécessaire pour en faire le « cœur » de la Méditerranée. Le Havre, premier port français, n'est, aujourd'hui, que le neuvième port européen. La France, pays sédentaire, ne s'est jamais préparée au retour du nomadisme.

Enfin, la France n'a jamais réussi à former, à susciter, ni à accueillir une *classe créative* : elle n'a jamais formé assez de marins, d'ingénieurs, de chercheurs, d'entrepreneurs, de marchands, d'industriels ; elle n'a jamais attiré chez elle assez de scientifiques, de financiers, de créateurs d'entreprises : seulement des théoriciens et des artistes commandités par le pouvoir, et des administrateurs chargés de synthétiser et d'administrer mais surtout pas de prendre des risques. Philippe le Bel, Richelieu, Mazarin, Colbert, Napoléon, Poincaré, Pinay, et tant d'autres depuis lors, marquent les bornes de notre fausse gloire, perpétuant avec entêtement ces choix qu'on savait déjà dépassés à Bruges ou à Gênes au XIIIe siècle.

Au total, elle n'est jamais devenue un « cœur » parce qu'elle n'a su, à aucun moment, souscrire aux lois de l'histoire de l'avenir.

L'avenir de la France dépendra désormais de la façon dont elle saura se plier à ces lois et suivre les règles du succès : se créer un environnement relationnel, susciter le désir d'un destin commun, favoriser la création la plus libre, bâtir un grand port et une grande place financière, former équitablement les citoyens aux savoirs nouveaux, maîtriser les technologies de l'avenir, élaborer une géopolitique et construire les alliances nécessaires.

La France peut encore le faire ; elle pourra d'abord briller dans l'ordre polycentrique. C'est encore une grande puissance : avec une population représentant moins de 1 % de la population mondiale, elle produit encore plus de 3 % du PIB mondial. Elle est la première destination touristique de la planète ; le deuxième fournisseur de services ; le deuxième exportateur de produits agricoles et agroalimentaires ; le deuxième pays d'accueil des investissements étrangers ; la quatrième puissance commerciale du monde (quatrième exportateur et cinquième importateur) ; le cinquième producteur industriel ; elle a l'une des meilleures productivités horaires du monde : sa production de richesses a doublé depuis 1970. Ses meilleurs équipements routiers, aéroportuaires, hospitaliers et de télécommunications comptent parmi les plus performants ; elle a le meilleur système de Sécurité sociale au monde et l'un des droits du travail les plus protecteurs ; pas un citoyen ou un étranger n'y est exclu de l'école ou de l'hôpital. En 2006, la France dépense 12 milliards d'euros pour payer un revenu minimum aux plus pauvres ; 6 millions de personnes bénéficient de la Sécurité sociale sans cotiser ; 13 millions de personnes sont logées dans des HLM. Elle est le pays du monde où l'espérance de vie augmente le plus vite (trois mois de plus tous les ans depuis vingt ans) et celui où le taux de natalité est le moins faible d'Europe – donc un des pays qui vieilliront le moins vite. Elle continue à épargner plus que la moyenne mondiale et place encore l'essentiel de son épargne chez elle. Elle dispose enfin, grâce au nucléaire, d'une autonomie énergétique unique au monde.

Par ailleurs, certaines entreprises françaises sont encore parmi les premières mondiales, avec plusieurs marques planétaires, dans des secteurs clés de l'avenir : nucléaire, pétrole, gaz, aéronautique, pharmacie, assurances, traitement de l'eau, agroalimentaire, esthétique, luxe, tourisme.

La qualité de vie en France est telle que, malgré sa fiscalité, peu de gens, même parmi les plus taxés, la quittent : la proportion de grands diplômés français s'expatriant reste faible, comparée à celle des autres pays développés (seuls les États-Unis, la Corée du Sud, le Japon, l'Australie et l'Espagne font mieux). Les Français à l'étranger, qui sont près de 2 millions, sont efficaces, entreprenants et le plus souvent au service d'entreprises françaises. Les ONG françaises sont parmi les plus influentes du monde. La langue française demeure, géopolitiquement du moins, la deuxième du monde : plus de 250 millions de personnes la parlent comme première ou seconde langue ; 51 États dont 29 pays l'ont comme langue officielle (contre 59 États et 50 pays pour l'anglais) ; le français est la langue de l'administration, de l'enseignement, de la justice, des médias, du commerce, des affaires ou de l'armée dans 52 pays. La France a le troisième cinéma mondial et elle est l'un des premiers pays du monde en termes de livres publiés par habitant.

Pour les plus optimistes, jamais l'avenir, quel qu'il soit, ne menacera ce bonheur français : notre pays est immensément riche ; son climat relationnel le protège mieux qu'aucun autre face aux vagues de l'avenir. La France peut maîtriser les technologies de la surveillance et de l'ubiquité nomade ; elle a eu dans le passé à surmonter des défis beaucoup plus graves que ceux qu'elle affronte aujourd'hui. L'idée d'un déclin n'est, pensent-ils, qu'une banale obsession, présente dans la mentalité française depuis le XVIIIe siècle, qui se nourrit d'une jalousie à l'égard des élites, que chacun rêve tout à la fois de décapiter et d'infiltrer.

Et pourtant, ce déclin est là, tangible, pour qui veut bien prendre le temps de comparer les données françaises à celles des autres pays développés et à la dynamique de l'avenir.

La France travaille moins que les autres : elle ne compte que 18 millions d'actifs sur 65 millions d'habitants ; la durée annuelle de travail y est de 1 607 heures, la plus basse du monde (à égalité avec l'Allemagne), alors qu'elle est aux États-Unis et au Japon de 1 810 heures. Les Japonais travaillent chaque année 13 semaines de plus que les Français. De plus, la productivité globale du travail baisse en France depuis l'an 2000. Le Français – qui produit encore 5 % de plus par heure travaillée qu'un

Américain – produit 35 % de moins au long de sa vie active.

Les produits français ne suivent pas autant qu'ils devraient les évolutions de la demande mondiale : depuis l'an 2000, la France a perdu près d'un point de part du marché mondial ; beaucoup d'entreprises françaises fabriquent en France des produits de pays émergents à des coûts de pays développés. La quasi-totalité des grandes entreprises récemment privatisées, de l'industrie à l'assurance, ont disparu ou ont été vendues à l'étranger. La France ne produit presque aucun objet nomade. Elle se prépare peu à l'hypersurveillance. Faute d'avoir pu – ou su – contrebalancer leurs handicaps en termes de coûts par une supériorité en termes d'innovation ou de qualité, beaucoup de firmes françaises se délocalisent, créant du chômage et pesant sur les salaires. La pression sur les prix, imposée par les consommateurs, nuit aux travailleurs. Le déficit commercial français connaît un record jamais atteint, même aux pires moments de l'histoire du pays. Le solde extérieur, en baisse constante, négatif depuis 2004, dépasse 0,5 % du PIB en 2006.

Même si certaines de nos grandes écoles, et quelques universités font encore illusion, 12 % seulement de la population française possède un diplôme d'enseignement supérieur ; même la Hongrie et la

401

Corée du Sud font mieux. Là aussi, la rente reste la loi : le parcours de chacun est déterminé par sa formation initiale, elle-même définie par le milieu d'origine. La dépense nationale par étudiant stagne à un niveau très bas (elle est même inférieure à la dépense par lycéen) ; depuis toujours, la France a peur de ses universités, et plus encore depuis 1968 ; elle se punit elle-même en croyant les tenir en laisse ; et les universités, rêvant d'échapper au lot commun, se subdivisent en d'innombrables fausses grandes écoles. Dans le classement mondial établi chaque année par les Chinois, la première université française est quarante-huitième ; 35 % des 25-64 ans en France n'ont pas atteint le second cycle de l'enseignement secondaire, contre 27 % en Allemagne, 16 % au Japon et au Royaume-Uni, et 13 % aux États-Unis. Les faiblesses de la classe créative commencent à être inquiétantes, en particulier parmi les chercheurs : s'ils représentent 0,9 % de la population active aux États-Unis et au Japon (dont 83 % dans le privé), ils ne sont plus aujourd'hui que 0,6 % en France (dont seulement 40 % dans le privé). Trop peu d'entre eux travaillent sur les sujets d'avenir : nanotechnologies, nouveaux matériaux, infrastructure numérique, technologies écologiques. Parmi les 700 entreprises mondiales consacrant plus de 35 millions de dollars d'investissements en recherche et développement, 300 sont américaines, 154 japonaises, 54 allemandes, 41 anglaises et seulement 36 françaises. Conséquence directe : les Français déposent deux fois moins de brevets industriels que les Allemands ou les Suédois.

Par ailleurs, la France a le taux d'emploi le plus bas du monde ; et la croissance y crée très peu d'emplois : moins de 10 000 pour un point de croissance. On ne laisse pas s'y développer les activités peu productives, comme les jardiniers aux États-Unis ou les assistantes maternelles au Danemark. Depuis vingt ans, même en période de forte croissance, le taux de chômage semble incapable de descendre au-dessous de 7 % de la population active. Encore ne s'agit-il là que de la statistique officielle, car le nombre de personnes réellement sans emploi serait en fait le double. Plus de la moitié des salariés n'atteignent d'ailleurs l'âge de la retraite qu'après une période de préretraite, de chômage ou d'invalidité. De plus, même si le chômage baisse depuis peu avec le ralentissement de la croissance démographique, sa durée en France est encore particulièrement longue : alors qu'un chômeur canadien reste en moyenne quatre mois sans travail, il passe en France seize mois et demi sans travailler. Un jeune de moins de 25 ans sur quatre est au chômage ; et c'est le cas de près du double des jeunes issus des minorités dites visibles, même et surtout s'ils sont diplômés.

Par ailleurs, si l'augmentation du rythme des départs à la retraite a déjà provoqué une diminution de 63 000 chômeurs en 2005, le nombre d'entrées nettes sur le marché du travail (le solde entre arrivées et départs à la retraite) a largement décru, passant de 108 000 en 2004 à 29 000 en 2006.

La société française est particulièrement inégalitaire : alors que les grandes fortunes y sont de plus en plus immenses, la classe moyenne n'est plus le point de départ d'une promotion sociale, comme c'était le cas depuis 1950. 3,5 millions de personnes vivent au-dessous du seuil de pauvreté (défini comme la moitié du revenu moyen), dont environ 1 million occupent un emploi précaire. Plus de 1 million de personnes vivent du RMI. Les plus pauvres sont de plus en plus concentrés dans des quartiers particuliers, occupés par des minorités spécifiques. Si 15 % des élèves sont en grande difficulté au sortir de l'enseignement primaire, c'est le cas du double, voire du triple dans les « zones sensibles » ; 60 000 jeunes, venant pour l'essentiel de ces quartiers, sortent chaque année du système éducatif sans aucune qualification. Alors que, depuis 1982, les collèges des zones d'éducation prioritaire devraient légalement disposer de moyens supplémentaires, la dépense publique par élève dans ces ZEP est en fait inférieure d'un tiers à la moyenne nationale ! Enfin, il manque en France 1,5 million de logements, dont plus de la moitié en logements sociaux.

Cependant, la rente est partout : dans les fortunes foncières, dans le marché de l'immobilier, dans le recrutement des élites, dans la taille de l'État. Un million de fonctionnaires sont venus, en vingt ans, grossir l'appareil d'État ; la moitié des actifs travaillent dans le secteur public et bénéficient de protections particulières ; 200 000 fonctionnaires collectent encore l'impôt à l'heure de l'administration électronique. Les dépenses publiques et les impôts augmentent beaucoup plus vite que la production ; certains impôts, comme la CSG, ont même quadruplé en dix ans. Pourtant, le déficit budgétaire se maintient, depuis plus de quinze ans, au-dessus de 3 % du PIB.

En conséquence, la dette publique, qui représentait 35 % du PIB en 1991, est passée à 58 % en 2002 et à 67 % en 2006 : chaque nouveau-né commence sa vie de citoyen français avec une dette personnelle de près de 20 000 euros. En réalité, cette dette est beaucoup plus élevée – le double, sans doute – si l'on y ajoute, comme on devrait le faire, l'ensemble des engagements « hors bilan » telles les retraites que l'État et les collectivités publiques devront payer à leurs anciens collaborateurs.

Le poids de cette dette fut longtemps négligeable : jusque dans les années 1970, le taux de croissance du PIB étant supérieur au taux d'intérêt, le déficit budgétaire n'alourdissait pas son poids. Malgré l'augmentation de son volume, la charge en est ensuite encore restée stable grâce à la baisse des taux d'intérêt : le service de la dette ne représentait que 3,8 % du PIB en 1995. En 2006, il n'est encore que de 3 % du PIB, soit 15 % du budget de l'État, c'est-à-dire le montant de l'impôt sur le revenu. De plus, la dette française reste inférieure à l'épargne des Français, placée pour l'essentiel dans les entreprises du pays. Enfin, grâce à l'euro, on ne perçoit pas la gravité de cet endettement : sans l'euro, avec un tel déficit extérieur et une telle dette, il y a longtemps que le franc aurait dû être dévalué.

Cette faiblesse économique pèse sur notre politique sociale et culturelle, qui manque de moyens ; sur notre défense et notre politique étrangère, la France n'a plus les moyens de repenser comme il le faudrait ses moyens militaires et sa diplomatie ; elle avait tout misé sur la dissuasion nucléaire pour se protéger du pacte de Varsovie, et sur la construction de l'Europe pour édifier une démocratie de marché continentale. Aujourd'hui, il n'y a plus d'Union soviétique ; et la construction de l'Europe est durablement enlisée. La France n'a plus ni projet en Europe, ni défense adaptée aux nouvelles menaces. Elle n'a plus que le dixième budget de défense du monde. Elle dépense l'essentiel de son budget d'équipement militaire pour un avion dépassé, et dont personne à l'étranger ne veut, le Rafale. Elle n'a pas non plus encore choisi comment se situer entre des États-Unis de plus en plus crispés, une Méditerranée de plus en plus dangereuse, une Russie de plus en plus puissante, une Chine et une Inde de plus en plus compétitives, une Afrique de plus en plus misérable, une économie criminelle florissante, des entités pirates de plus en plus nombreuses et agressives. Elle n'a que le dix-huitième budget par habitant pour l'aide au développement. Enfin le français est une langue maternelle uniquement en France, en Belgique wallonne, en Suisse romande, au Québec, dans quelques rares régions d'Afrique et du Canada anglais ; le français est loin, en termes d'usage, de l'anglais, du chinois, de l'hindi, de l'espagnol, du portugais même ; enfin, il n'est que la sixième langue utilisée sur le net.

Aussi, au moment où s'annonce, au loin, l'éventualité d'un déclin américain, le déclin français, lui, a bel et bien commencé.

Le déclin français

En tout cas, un déclin relatif : depuis plusieurs années, la richesse de la France augmente moins que celle du reste du monde. Alors que la croissance mondiale annuelle dépasse les 4 %, celle de la France peine à atteindre les 2 %. De même pour la croissance par habitant : depuis 2002, elle ne cesse de ralentir, n'atteignant que 0,9 % par an contre 2,4 % aux États-Unis et 2,8 % pour l'ensemble du globe. Le chômage, en baisse, est encore le double de ce qu'il est dans beaucoup d'autres pays européens. La France, qui était encore en 1980 la quatrième puissance mondiale en PIB et la huitième en PIB par habitant, n'est plus aujourd'hui que la sixième en PIB et la dix-neuvième en PIB par habitant. Dix-neuvième !

Dans les cinquante prochaines années, la France traversera toutes les péripéties décrites dans les chapitres précédents. Elle sera, comme les autres, envahie par l'hypersurveillance, puis par l'autosurveillance et par toutes les autres dimensions de l'avenir. Elle les traversera avec ses particularités.

Si elle suit la tendance actuelle, la France comptera 70 millions d'habitants en 2050 ; à partir de 2045, seule l'immigration permettra à sa population de continuer à croître. La France aura bientôt un nouveau visage : sa population sera de plus en plus concentrée sur l'axe Lyon-Marseille. L'axe du sud, de Toulouse à Montpellier, attirera un grand nombre d'étrangers. La population sera de plus en plus diverse. Les villes moyennes croîtront particulièrement vite.

Au rythme actuel d'évolution, dans dix ans, alors que l'Empire américain sera à son apogée, le niveau de vie des Français ne sera plus que de 60 % de celui des Américains ; il sera même en passe d'être dépassé par celui d'un grand nombre des Onze. Cela se traduira très concrètement dans la vie quotidienne, quand il ne sera plus possible au pouvoir politique de faire croire à l'abondance, par un plus fort endettement.

Le déclin deviendra alors cumulatif.

D'abord, le vieillissement de l'humanité aura, en France comme ailleurs, des conséquences majeures sur le niveau de vie. Certes, en 2025, la France sera encore un pays jeune, comparé aux autres nations européennes : elle n'aura perdu que 3 % des 15-24 ans, alors que, pendant la même période, l'Allemagne aura perdu 25 % de cette classe d'âge. Mais, si on continue à y travailler aussi peu qu'aujourd'hui, la population active française décroîtra : dès 2010, un actif sur quatre sera âgé de plus de 50 ans contre seulement un actif sur cinq actuellement. Alors qu'en 2000 les plus de 60 ans étaient 12,6 millions, ils seront près de 25 millions en 2050. D'ici à 2050, la proportion des 20-59 ans passera de 54 % à 46 %, leur effectif baissant légèrement (de 33 millions en 2006 à 32 millions). Le nombre des moins de 20 ans restera un peu au-dessus de 15 millions, comme aujourd'hui, et la proportion des moins de 20 ans dans la population totale tombera à 22 %, contre 25 % aujourd'hui.

La population active diminuant, la croissance économique de la France dépendra uniquement de l'amélioration de la productivité, de plus en plus incertaine.

Ce vieillissement masquera certes le chômage (près de 6 millions de personnes prendront leur retraite d'ici à 2020), mais il réduira la croissance maximale possible de 2 % aujourd'hui à 1 %. Il aggravera la disparité entre actifs et inactifs : le ratio de dépendance démographique – qui désigne le nombre de personnes à l'âge de la retraite par rapport au nombre de personnes en âge de travailler – atteindra un cotisant pour un retraité vers 2025, alors qu'il était de quatre cotisants pour un retraité dans les années 1980, et de quinze cotisants pour un retraité en 1945. En 2030, les plus de 60 ans représenteront les deux tiers des 20-60 ans, contre un tiers aujourd'hui. En 2050, il y aura 80 personnes de plus de 60 ans pour 100 personnes en activité.

Pour financer les retraites, il faudra alors soit retarder considérablement l'âge de la retraite, soit doubler l'impôt sur le revenu d'ici à 2020, soit doubler la TVA d'ici à 2040, soit intégrer 500 000 étrangers chaque année. Ou bien encore espérer que la natalité redémarre aussi promptement qu'elle a baissé.

Les actifs d'alors renverront les retraités du moment, travailleurs d'aujourd'hui, à leurs responsabilités en refusant de financer des retraites qu'ils n'auront pas préparées ; les actifs d'aujourd'hui seront donc les premières victimes du déclin qu'ils n'auront su éviter.

Ils ne seront pas les seuls : les contribuables le seront aussi. Si rien n'est fait pour réduire le déficit budgétaire et enrayer le vieillissement de la population, la dette publique représentera 80 % du PIB en 2012 et 130 % en 2020. Les intérêts annuels de la dette seront de 120 milliards d'euros en 2030 (contre 40 en 2006). Autrement dit, la charge du remboursement qui pèsera sur les contribuables sera le triple de celle d'aujourd'hui. Les impôts devront augmenter pour la financer. Ou bien on acceptera le retour de l'inflation, ce qui conduira à augmenter le coût de la dette et donc, là encore, les impôts.

Les hypernomades seront de plus en plus fuyants. Les nomades virtuels de plus en plus pauvres.

Les bouleversements de l'hyper et de l'auto-surveillance se feront sentir plus péniblement en France, où la tradition du service public est particulièrement vivace.

De nouveaux dangers pourraient surgir : fragilisation de l'appareil d'État, précarisation des classes moyennes et vieillissement des élites, aggravations des inégalités, échec de l'intégration des minorités, perte de contrôle de l'essentiel des grandes firmes françaises, exacerbation de la rivalité avec l'Allemagne, menaces terroristes aggravées. Les mœurs évolueront au moins aussi vite qu'ailleurs.

Demain, la crise

Si le pays ne fait rien face à la crise financière qui s'annonce, l'Ordre marchand autour de nous agira bientôt et précipitera le phénomène. Les agences de notation qui, on l'a vu, assureront de plus en plus la gouvernance, analysant ces prévisions, dégraderont la cote de la France. Le pays devra alors rémunérer plus cher ses emprunts sur le marché financier mondial : une hausse de 1 point de l'ensemble des taux d'intérêt se traduira par une augmentation de 8 milliards d'euros de la charge de la dette, et donc par une hausse équivalente des impôts.

De plus, l'Union européenne et la Banque centrale européenne, inquiètes de voir l'euro fragilisé par un des pays membres, exigeront de la France qu'elle réduise ses dépenses publiques et ses prestations sociales, et qu'elle brade des actifs. Cela entraînera une forte récession, une aggravation considérable du chômage, une baisse significative du niveau de vie et le départ des meilleurs chefs d'entreprise, ingénieurs, cadres, étudiants et chercheurs. Il sera plus difficile de maintenir les dépenses sociales, en particulier celles nécessaires à l'intégration. La crise sociale se fera plus violente. Certains, en France, parleront de sortir de l'euro. D'autres – ou les mêmes – proposeront de sortir de l'Union européenne ou même de mettre fin à la démocratie. D'autres – ou encore les mêmes – de chasser les étrangers et même de retirer la nationalité française aux enfants d'étrangers.

La classe créative s'envolera vers d'autres cieux, l'innovation au travail baissera ; cela entraînera une baisse de la productivité – et donc, à terme, de la production et des revenus –, ce qui rendra encore plus difficile le remboursement de la dette. Et plus difficile encore le financement des investissements nécessaires pour mettre à niveau l'infrastructure urbaine, les universités, les réseaux numériques, les économies d'énergie.

Ceux des Français qui auront refusé de subir – et surtout de financer – un tel destin partiront vivre chez un des maîtres de l'avenir. La déconstruction des nations aura commencé, en France plus tôt qu'ailleurs.

Cette tragédie se déroulera dans quinze ou vingt ans, exactement au moment où s'annoncera, à l'échelle du monde, la crise de la neuvième forme, où les conflits entre nations, mercenaires et pirates, deviendront de plus en plus violents, où les trois vagues d'avenir entreront en collision. Nos institutions n'y résisteront pas. En 2025, la Ve République aura duré plus longtemps que tout autre régime antérieur. Si la France n'agit pas avant, elle sera, comme le furent d'autres avant elle, entraînée irréversiblement dans une crispation identitaire. Un jour elle disparaîtra comme ont disparu avant elle tant d'autres grandes nations convaincues de l'éternité de leur destin.

*
* *

Les Français devraient tirer, dès maintenant, les conclusions de cette histoire de l'avenir, de ses ressorts, de ses menaces et de ses potentialités. Ils devraient en déduire que, plus le temps passe, moins la politique aura les moyens d'influer sur le réel, et qu'il est encore possible, pendant quelques années, d'éviter le désastre, de tirer notre épingle du jeu par la mise en œuvre d'un programme d'urgence nécessaire, quelle que soit la majorité politique à venir.

Je n'entends pas détailler ici l'ensemble des réformes qui s'imposent. J'entends seulement donner les principes qui devraient tous les guider. Ces réformes tournent autour de deux idées : rendre à l'avenir ce qu'on lui a pris ; permettre au pays de tirer le meilleur de l'avenir.

Rendre à l'avenir ce qu'on lui a pris

Les générations actuelles devront d'abord avoir le courage de faire le bilan de ce qu'elles laisseront aux suivantes, et de leur redonner des marges de manœuvre.

Cette phase pédagogique, fondamentalement politique, sera essentielle pour créer un consensus autour des profondes réformes nécessaires.

Ensuite, pour retrouver de réelles marges de manœuvre, il faudra établir les budgets de telle façon qu'ils dégagent un excédent suffisant pour rembourser la dette. Il faudra en particulier réduire les dépenses de l'État d'au moins 10 % par an, et augmenter les impôts d'au moins 5 % par an. C'est faisable : en 2002, le Brésil était considéré comme en cessation de paiement ; il a réussi à dégager en 2006 un excédent budgétaire de 4 %, échappant à l'engrenage de l'endettement.

Cela passera en France par des mesures courageuses et impopulaires, trop longtemps retardées : la réforme des institutions pour les rendre enfin efficaces ; la chasse au gaspillage dans les administrations militaires, fiscales et sociales ; la réduction massive des subventions à l'agriculture et aux industries dépassées ; l'usage des technologies de l'ubiquité nomade dans les services publics ; la réduction du nombre d'échelons décentralisés.

Une fois tout cela mis en œuvre sans faillir, la France aura retrouvé les moyens de sa liberté. Elle pourra alors engager les autres réformes dictées par l'histoire de l'avenir.

Permettre au pays de tirer le meilleur de l'avenir

Ces réformes qui découlent de toute l'histoire de l'avenir, racontée dans les chapitres précédents, s'organiseront dans sept directions, énoncées ici sans ordre de priorité.

Promouvoir les technologies de l'avenir : la recherche universitaire et industrielle devra se voir attribuer des moyens beaucoup plus importants, en particulier dans les domaines des nouveaux matériaux, des économies d'énergie, des véhicules hybrides, des piles à combustible, de l'utilisation de nouveaux carburants, des énergies renouvelables, des nanotechnologies, des autosurveilleurs, de l'ubiquité nomade et de l'urbanisme.

Créer une société équitable : il faudra organiser une mobilité équitable du travail, par un véritable statut rémunéré de tout chercheur d'emploi ; réformer profondément les services publics, pour les amener à servir en priorité les plus démunis ; pour être équitable avec les générations ultérieures, il faudra retarder l'âge de la retraite d'au moins six ans, y compris pour les salariés du secteur public, à l'exception des salariés exerçant des métiers pénibles ou dangereux pour autrui (ce qui, compte tenu de l'augmentation de l'espérance de vie, permettra à chacun de ceux qui travailleront en 2007 d'avoir devant eux autant d'années de retraite que ceux qui quittèrent leur dernier emploi en 1988) ; il faudra tenir compte de l'espérance de vie dans le calcul des cotisations et des pensions. Il faudra enfin accepter le principe de l'entrée sur le territoire de plusieurs centaines de milliers d'étrangers par an – et pas seulement d'étrangers détenant des diplômes. Pour réussir leur intégration, il faudra lancer une ambitieuse politique scolaire, culturelle et urbaine. Il faudra faire du logement social une priorité ; mettre en œuvre, en faveur des minorités dites visibles, une discrimination positive temporaire de sept ans, et limiter à la même durée l'instauration de la parité hommes/femmes, autre forme de discrimination positive.

Renforcer l'efficacité du marché : il faudra mettre le pays en situation d'ubiquité nomade, c'est-à-dire construire les réseaux de communication – ports, trains, aéroports, réseaux de fibres optiques, infrastructures urbaines – nécessaires à la phase à venir de la neuvième forme ; mener une bataille frontale contre tout ce qui peut réduire la mobilité (drogues, alcool, obésité) ; promouvoir le goût du travail, de la concurrence, de l'effort, de la curiosité, de la mobilité, de la liberté, l'aspiration au changement, au neuf ; favoriser les nouvelles entreprises, en particulier dans les domaines de la santé et de l'éducation ; réduire la fiscalité du capital et de l'épargne, inciter à faire fortune par son travail ; favoriser la concurrence dans les services ; réduire les barrières à l'entrée de nombreuses professions ; mettre en place des systèmes de veille technologique ; attirer les investissements étrangers, en particulier dans les technologies de l'ubiquité nomade, de la santé et de l'éducation, des entreprises relationnelles ; donner une meilleure place aux plus innovants des agents publics ; réduire et simplifier les structures administratives, en particulier en fusionnant régions et départements.

Favoriser les industries du mieux-être avec des emplois de services nombreux, du tourisme, du luxe, du système de santé à la logistique.

Créer, attirer et retenir une classe créative : il faudra doubler la dépense moyenne par étudiant, regrouper les universités, favoriser leur autonomie de gestion, encourager leurs relations avec le secteur privé ; faire en sorte que l'origine sociale ne pèse plus sur la réussite universitaire ni sur l'accès aux fonctions de responsabilité ; réformer le collège où tout se joue ; développer les capacités des étudiants à transformer leurs savoirs en richesses concrètes ; donner une deuxième et une troisième chance à ceux qui auraient échoué dans leurs études ; mener une très ferme politique de sécurité intérieure ; promouvoir la qualité de la vie sociale et culturelle dans les pôles de développement pour y attirer des élites venues du monde entier. La promotion de l'esthétique urbaine, industrielle, sociale, sous toutes ses formes, sera fondamentale.

Renforcer les moyens de l'influence et de la souveraineté : il faudra faire de la promotion mondiale de la langue française, et de sa défense en France, une priorité majeure ; doter l'armée de moyens de surveillance et d'intervention rapide ; concentrer l'aide au développement sur les pays qui le mériteront par les efforts qu'ils auront déployés pour se doter d'institutions démocratiques ; définir une politique claire de développement de l'Europe de l'Est et de la Méditerranée, régions dont dépendra, dans le prochain demi-siècle, la sécurité de la France. Il faudra aller vers la limitation des transports individuels et une gestion plus rationnelle de l'eau, de l'énergie, des déchets et des ressources de la mer. L'énergie nucléaire restera nécessaire.

Faire naître l'hyperdémocratie : la France aura tout intérêt à aider à la naissance de l'hyperdémocratie qui protégera ses valeurs et son existence même. Elle devra donc proposer la création d'instances de gouvernance mondiale disposant de ressources propres, évoquées au chapitre précédent, en particulier par la fusion du G8 et du Conseil de sécurité. À l'échelle européenne, elle devra inciter à la mise en place d'un véritable gouvernement continental, doté de compétences politiques, militaires et sociales – et pas seulement, comme aujourd'hui, économiques et monétaires. Elle devra faire comprendre à ses partenaires que l'Europe est la mieux placée pour créer le premier espace d'harmonie relationnelle de la planète. L'État français conservera pour lui-même toutes les compétences nécessaires à l'intégration sociale, à la promotion de la langue, de la culture, de l'éducation ; il devra favoriser, fiscalement, financièrement, la constitution d'entreprises relationnelles de toute nature (des partis, des syndicats, des ONG, des associations, des réseaux coopératifs réels ou virtuels, en particulier dans les activités d'éducation et de prévention). Il faudra développer la démocratie participative, en particulier régionale, en employant les technologies de l'ubiquité nomade et de l'hypersurveillance, et organiser des espaces urbains et virtuels pour que s'y rencontrent ceux qui ont envie de se rendre utiles et ceux qui peuvent offrir des occasions de l'être. Cette démocratie participative aidera à faire surgir des citoyens à la fois intégrés et fidèles à leurs communautés. Des citoyens capables de donner à la France les moyens de trouver la meilleure place dans l'histoire de l'avenir.

*

* *

Immense chantier dont chaque élément constituera, à lui seul, une réforme majeure, en France
comme ailleurs.

Si les dirigeants de notre pays apprennent à
comprendre les lois de l'Histoire et analysent clairement les trois vagues de l'avenir, ils sauront faire
en sorte qu'il soit encore possible de vivre heureux
en France et d'y mettre en œuvre un idéal humain
fait de mesure et d'ambition, de passion et
d'élégance, d'optimisme et d'insolence.

Pour le plus grand bénéfice de l'humanité.

REMERCIEMENTS

Jérémie et Bethsabée Attali, Jeanne Auzenet, Frédéric Boulet, Vincent Champain, Daniel Cohen, Claude Durand, Pascal Heisserer, Pierre Joo, Jean Karoubi, Olivier Lepick, Jean-Pierre Philippe, Pascal Picq, Thomas Valode ont bien voulu, parmi beaucoup d'autres, débattre avec moi de certains des sujets évoqués ici, ou relire tout ou partie de ce manuscrit et me faire part de leurs commentaires. Je les en remercie. Je remercie aussi Rachida Azouz, Murielle Clairet, Ghislaine Olive, pour avoir su déchiffrer les versions successives de ce manuscrit. Je remercie Jérémie Attali et Joachim Frydman pour la conception et la réalisation de la photo de couverture. Je remercie Hélène Guillaume pour son infinie patience dans la relecture des épreuves de ce livre. Je remercie aussi les auditeurs de mes conférences sur ces sujets, qui m'ont permis, par leurs questions, de préciser et de clarifier ma pensée.

Je remercie enfin tous les lecteurs de ce livre qui voudront bien me faire part de leurs commentaires en m'écrivant à **j@attali.com**.

TABLE

DU MÊME AUTEUR

Essais :

Analyse économique de la vie politique, PUF, 1973.
Modèles politiques, PUF, 1974.
L'Anti-économique (avec Marc Guillaume), PUF, 1975.
La Parole et l'Outil, PUF, 1976.
Bruits, PUF, 1977, nouvelle édition Fayard, 2000.
La Nouvelle Économie française, Flammarion, 1978.
L'Ordre cannibale, Grasset, 1979.
Les Trois Mondes, Fayard, 1981.
Histoires du Temps, Fayard, 1982.
La Figure de Fraser, Fayard, 1984.
Au propre et au figuré, Fayard, 1988.
Lignes d'horizon, Fayard, 1990.
1492, Fayard, 1991.
Économie de l'Apocalypse, Fayard, 1994.
Chemins de sagesse : traité du labyrinthe, Fayard, 1996.
Mémoires de sabliers, Éditions de l'Amateur, 1997.
Dictionnaire du XXIe siècle, Fayard, 1998.
Fraternités, Fayard, 1999.
La Voie humaine, Fayard, 2000.
Les Juifs, le monde et l'argent, Fayard, 2002.
L'Homme nomade, Fayard, 2003.
Foi et raison, Bibliothèque nationale de France, 2004.

Romans :

La Vie éternelle, roman, Fayard, 1989.
Le Premier Jour après moi, Fayard, 1990.
Il viendra, Fayard, 1994.
Au-delà de nulle part, Fayard, 1997.
La Femme du menteur, Fayard, 1999.
Nouv'elles, Fayard, 2002.
La Confrérie des Éveillés, Fayard, 2004.

Biographies :

Siegmund Warburg, un homme d'influence, Fayard, 1985.
Blaise Pascal ou le génie français, Fayard, 2000.
Karl Marx ou l'esprit du monde, Fayard, 2005.

Théâtre :

Les Portes du Ciel, Fayard, 1999.

Contes pour enfants :

Manuel, l'enfant-rêve (ill. par Philippe Druillet), Stock, 1995.

Mémoires :

Verbatim I, Fayard, 1993.
Europe(s), Fayard, 1994.
Verbatim II, Fayard, 1995.
Verbatim III, Fayard, 1995.
C'était François Mitterrand, Fayard, 2005.

Composé par
Paris Photocomposition
75017 PARIS

Impression réalisée sur CAMERON par
BRODARD ET TAUPIN
La Flèche

pour le compte des Éditions Fayard
en juillet 2007

Imprimé en France
Dépôt légal : août 2007
N° d'édition : 92862 – N° d'impression : 43111
35-57-3370-0/26